FiNALE Prüfungstraining

Nordrhein-Westfalen
Mittlerer Schulabschluss 2014

Arbeitsheft

Deutsch

Peter Delp
Andrea Heinrichs
Harald Stöveken
Martina Wolff

westermann

FiNALE
Der Online-Test

Liebe Schülerin, lieber Schüler,

unter **www.finaleonline.de** findest du interaktive Testaufgaben, mit denen du vorab deinen Leistungsstand ermitteln kannst. Das Testergebnis verweist dann auf bestimmte Aufgaben in diesem Arbeitsheft, mit denen du zu deinem Fehlerschwerpunkt üben kannst.
Außerdem findest du auf der Webseite die Original-Prüfungsaufgaben 2013 mit ausführlichen Lösungen. Sobald die Prüfungsaufgaben zur Veröffentlichung freigegeben sind, kannst du die Materialien mit folgendem Codewort kostenlos herunterladen:

DE9IY58

Druck A² / Jahr 2013
Alle Drucke der Serie A sind im Unterricht parallel verwendbar.

Redaktion: Katrin Spiller
Kontakt: finale@westermann.de
Layout und Herstellung: Sandra Grünberg
Umschlaggestaltung: Sandra Grünberg
Satz: KCS GmbH, Buchholz/Hamburg
Druck und Bindung: westermann druck GmbH, Braunschweig

ISBN 978-3-14-**171406**-7

Inhaltsverzeichnis

Was erwartet dich in diesem Heft?

Du bist in der 10. Klasse und vor dir liegt die Zentrale Prüfung nach Klasse 10, das große „FiNALE“. Darauf will dich dieses Heft vorbereiten. Es gibt dir die Möglichkeit, dich mit den Prüfungsaufgaben und ihren Anforderungen vertraut zu machen.

Im **Teil A** erhältst du Hinweise, wie du dich zweckmäßig auf die Prüfung vorbereiten kannst. An Beispielen lernst du Prüfungsaufgaben und ihre Bewertung kennen.

Im **Teil B** wiederholst du wichtige Arbeitstechniken und Strategien, wie du Schreibaufgaben bearbeitest.
Zu jedem Arbeitsschritt – von der ersten Orientierung bis zur Überarbeitung deines Textes – bekommst du wichtige Informationen und hilfreiche Tipps.

In den **Teilen C, D** und **E** findest du Prüfungsbeispiele zu den Themenbereichen „Recht und Gerechtigkeit“, „Mensch und Natur“ und „Medien“.
Manche Prüfungsbeispiele enthalten Lösungshilfen, die darauf hinweisen, worauf du bei der Erschließung der Texte und bei der Anlage deines Schreibplans achten musst. Diese Prüfungsbeispiele sind mit dem Zusatz „angeleitetes Üben“ versehen.
Andere Prüfungsbeispiele sind zum selbstständigen Üben gedacht und ebenfalls mit einem entsprechenden Hinweis versehen (selbstständiges Üben).

Teil F bietet Original-Prüfungsaufgaben, die dir einen Eindruck von den Prüfungsanforderungen vermitteln. Die zentrale Prüfungsarbeit 2013 ist zum Zeitpunkt des Drucks dieses Arbeitsheftes noch nicht geschrieben worden. Sobald die Original-Prüfungsaufgaben zur Veröffentlichung freigegeben worden sind, können sie unter www.finaleonline.de zusammen mit ausführlichen Lösungen kostenlos mit dem Codewort **DE9IY58** heruntergeladen werden.

Mit dem **Glossar** schließt dieses Arbeitsheft zur Abschlussprüfung. Hier kannst du wichtige Grundbegriffe zur Erschließung von literarischen Texten und Sachtexten nachschlagen.

Und natürlich gibt es ein **Lösungsheft**, in dem du die Richtigkeit jedes Arbeitsschrittes überprüfen kannst. Außerdem findest du zu jeder Original-Prüfungsaufgabe eine mögliche Musterlösung, sodass du einschätzen kannst, was von dir in der Abschlussprüfung erwartet wird.

In diesem Arbeitsheft findest du Schreibraum für wichtige vorbereitende Notizen.
Darauf verweist auf den Prüfungsvorlagen (auf blauem Fond) dieses Zeichen:

Deinen Text zur Schreibaufgabe musst du allerdings auf einem Extrablatt anfertigen.
Dies gilt auch, wenn du bei bestimmten Aufgaben diesem Zeichen begegnest:

Das Zeichen mit der Uhr findest du in den Teilen C, D und E:
Damit du ein Gefühl für die zur Verfügung stehende Arbeitszeit bekommst, solltest du dir bei diesen Prüfungsaufgaben eine Uhr bereitstellen (siehe Seite 6).

Wir hoffen, dass du dich nach der Bearbeitung dieses Heftes sicher für das „FiNALE“ fühlst, und wünschen dir für die Prüfung toi, toi, toi.

Das Autorenteam

A Vorbereitung auf die Abschlussprüfung

A 1 Vorgaben für die Prüfung

A 1.1 Die Zeitvorgaben in der Prüfung

INFO

Die schriftliche Abschlussprüfung in Deutsch dauert 150 Minuten. Sie besteht aus zwei Teilen:

Teil I: Prüfung des Leseverstehens
Du sollst zeigen, dass du den Inhalt eines Textes verstanden hast. Dazu werden dir Fragen gestellt, die du in 30 Minuten beantworten sollst.

Teil II: Schreibaufgabe
Du erhältst zwei Prüfungsvorlagen zur Auswahl. Innerhalb von 10 Minuten musst du dich für eine Vorlage entscheiden.
Entweder musst du einen literarischen Text (Erzählung, Gedicht) analysieren oder du musst einen informativen Text verfassen. Dazu gibt es Aufgabenstellungen mit mehreren Unterpunkten. Für diese Schreibaufgabe stehen dir 120 Minuten zur Verfügung.

Teil I – 30 min

Teil II – Analysieren – Aufgabentyp 4a – 120 min

oder

Teil II – Informieren – Aufgabentyp 2 – 120 min

1. Trage auf diesem Zeitstrahl ein, wie viel Zeit für die einzelnen Prüfungsteile zur Verfügung steht.

8.00 8.30 9.00 9.30 10.00 10.30 11.00 11.30 12.00 Uhr

2. In diesem Heft findest du in den Teilen A bis F verschiedene Prüfungsbeispiele. Schreibe die Seitenangaben auf.

Aufgaben zum Leseverstehen:

______

______

______

Verfassen eines informativen Textes (Aufgabentyp 2):

______

______

______

Analyse eines Textes (Aufgabentyp 4a):

______

______

______

A 1.2 Erfahrungen auswerten: Zeitplanung und Zeitkontrolle

1. Für die Bearbeitung von Teil II der schriftlichen Prüfung hast du 120 Minuten Zeit. Es ist daher wichtig, dass du ein Gefühl für diese Zeit bekommst. Bearbeite die Prüfungsbeispiele in den Teilen C bis E deshalb immer mit einer Uhr und halte die Zeiten fest.

a) Prüfungsbeispiel: ______________________	geplante Zeit	benötigte Zeit
1. Sich über den Text/die Texte und die Aufgabenstellung orientieren		
2. Aufgabentext oder -texte lesen und Inhalt(e) erfassen		
3. Aufgabentext oder -texte untersuchen und auswerten		
4. Einen Schreibplan anlegen		
5. Deinen Text schreiben		
6. Deinen Text überarbeiten		
	120 Minuten	

b) Prüfungsbeispiel: ______________________	geplante Zeit	benötigte Zeit
1. Sich über den Text/die Texte und die Aufgabenstellung orientieren		
2. Aufgabentext oder -texte lesen und Inhalt(e) erfassen		
3. Aufgabentext oder -texte untersuchen und auswerten		
4. Einen Schreibplan anlegen		
5. Deinen Text schreiben		
6. Deinen Text überarbeiten		
	120 Minuten	

c) Prüfungsbeispiel: ______________________	geplante Zeit	benötigte Zeit
1. Sich über den Text/die Texte und die Aufgabenstellung orientieren		
2. Aufgabentext oder -texte lesen und Inhalt(e) erfassen		
3. Aufgabentext oder -texte untersuchen und auswerten		
4. Einen Schreibplan anlegen		
5. Deinen Text schreiben		
6. Deinen Text überarbeiten		
	120 Minuten	

2. Notiere: Wo gab es Abweichungen von deiner Planung? Welche Schlüsse ziehst du daraus?

____

____

____

A 1.3 Was wird bei der Aufgabenstellung „Analysiere …" erwartet?

1. Die Aufgabenstellung unten könnte aus einer Prüfungsvorlage stammen, bei der du einen erzählenden Text untersuchen sollst. Lies die Aufgaben. (Achtung: Der zugehörige Text fehlt hier.)

1 Analysiere den Text „Das Wiedersehen" von Gertrud Schneller. Gehe dabei folgendermaßen vor:
a) Schreibe eine Einleitung, in der du Titel, Autorin, Textsorte und Thema benennst.
b) Fasse den Inhalt in eigenen Worten zusammen.
c) Beschreibe Peters Situation.
d) Stelle anhand von Textbeispielen Peters und Jeans Gefühlslage dar.
e) Erkläre die Überschrift „Das Wiedersehen" und erläutere die Textaussage.

2 In den Zeilen 51 bis 53 sagt Peter: *„Die wirkliche Strafe, weißt du, die kommt erst jetzt."*
Erläutere, was er damit meint, und nimm Stellung zu dieser Aussage.

2. a) In der Aufgabenstellung oben ist in einer Unterstreichung hervorgehoben worden, was von dir erwartet wird. Unterstreiche auch in den weiteren Unteraufgaben, was du tun sollst. Die Verben geben dir Hinweise.
   b) Lies die Info rechts. Sie erklärt, was unter den Arbeitsanweisungen genau zu verstehen ist.
   Unterstreiche in der Info wichtige Stellen.

3. a) Lies die Aufgabenstellungen oben noch einmal.
   b) Woran erkennst du an der Aufgabenstellung **1** d), dass du dich auf den Text beziehen musst?

   ____

   ____

   c) Woran erkennst du, dass du in der Aufgabenstellung **1** e) auch deuten musst?

   ____

   ____

   d) Woran erkennst du an der Aufgabenstellung **2**, dass du die Textstelle deuten und sie bewerten sollst?

   ____

   ____

INFO zu 2.

beschreiben: Textaussagen oder Sachverhalte in eigenen Worten strukturiert wiedergeben
darstellen: einen Zusammenhang, ein Ergebnis, eine Problemstellung sachlich, strukturiert formulieren
erläutern: Textaussagen auf der Basis von Kenntnissen und Einsichten darstellen und durch Informationen und Beispiele veranschaulichen
erklären: Textaussagen, Sachverhalte auf der Basis von Kenntnissen und Einsichten darstellen
Stellung nehmen: eine Problemstellung, einen Sachverhalt auf der Grundlage von Kenntnissen, Einsichten und Erfahrungen kritisch prüfen und die Einschätzung sorgfältig abwägend formulieren
benennen: Informationen zusammentragen
zusammenfassen: Inhalte in eigenen Worten wiedergeben

INFO zu 3.

Um einen erzählenden Text zu verstehen, musst du ihn ***analysieren***:
- Wo und wann spielt die Handlung?
- Welche Personen sind wichtig?
- In welchem Verhältnis stehen sie zueinander?
- Wie ist die Handlung aufgebaut?
- Wie wird erzählt (Erzählperspektive)?
- Welche sprachlichen Besonderheiten fallen auf und welche Funktion haben sie?
- Um welche Textsorte handelt es sich?

Zur Analyse gehört auch die ***Deutung***.
Dazu beantwortest du folgende Fragen:
- Welche Wirkung hat der Text auf den Leser?
- Mit welcher Absicht wurde er geschrieben?
- Welches Problem macht der Text deutlich?

A 1.4 Was bedeutet die Aufgabenstellung „informieren"?

Die Aufgabenstellung unten könnte aus einer Prüfung stammen, in der du einen informativen Text verfassen sollst. (Achtung: Die zugehörigen Texte und Materialien fehlen hier).

1 Die Umwelt-AG deiner Schule plant eine Info-Wand, auf der ihr über Berufe in der Natur informieren wollt. Du hast dich für den Beruf des Försters entschieden. Verfasse einen informativen Text für deine Mitschülerinnen und Mitschüler und informiere sie darin über dieses Berufsbild.

a) Formuliere für den Text eine passende Überschrift.
b) Formuliere einen Einleitungsteil, in dem du nennst, worüber du informieren willst.
c) Stelle die vielfältigen Aufgaben und Einsatzorte eines Försters anhand von Beispielen aus dem Material ausführlich dar.
d) Erläutere die Zukunftsperspektiven eines Försters und begründe sie.
e) Schlussfolgere anhand der Materialien und eigener Überlegungen, welche Eigenschaften und Fähigkeiten jemand mitbringen sollte, der Förster werden will.
f) Notiere unterhalb deines Textes die von dir genutzten Materialien.

1. Die Aufgabenstellungen geben dir Hinweise zum Adressaten, der Situation bzw. dem Thema und dem Schreibziel. Markiere diese Stellen und notiere sie:

Adressat: ______

Situation/Thema: ______

Schreibziel: ______

INFO zu 2.

verfassen: einen Text formulieren
(be)nennen: Informationen zusammentragen
beschreiben: Textaussagen oder Sachverhalte in eigenen Worten strukturiert wiedergeben
darstellen: Inhalte, Aussagen oder Zusammenhänge sachlich und strukturiert formulieren
erläutern: Sachverhalte oder Textaussagen veranschaulichen und durch zusätzliche Informationen verständlich machen
erklären: Textaussagen, Sachverhalte auf der Basis von Kenntnissen und Einsichten darstellen
begründen: eigene Aussagen erklären, z. B. durch Konjunktionen (*weil, denn, …*) einleiten
schlussfolgern: auf der Grundlage gegebener Informationen zu eigenen Erkenntnissen gelangen

2. In den Aufgabenstellungen **1** a) und b) ist unterstrichen worden, was von dir erwartet wird. Unterstreiche auch in den weiteren Teilaufgaben, was du tun sollst. Die Verben geben dir Hinweise. Vergleiche deine Lösung mit der Info zu 2.

3. Schreibe in einem kurzen Satz auf, welche Materialien du verwendet hast.

INFO zu 1.

Um einen informativen Text schreiben zu können, musst du dir Folgendes verdeutlichen:
- An welchen **Adressaten** richtest du dich?
- **Worüber** sollst du informieren (Situation/Thema)?
- Welches **Schreibziel** hast du?
- Welche **Informationen** aus dem vorgegebenen Material sind für deinen Text geeignet?

Orientiere dich sprachlich und inhaltlich an deinem Adressaten.

INFO zu 1 f)

Zum Schluss sollst du die von dir genutzten Materialien angeben. Damit vergewisserst du dich, dass du die Materialien, die du nennst, bewusst bearbeitet hast. Außerdem machst du deutlich, dass die Informationen der Materialien nicht von dir persönlich stammen, sondern andere Urheber haben.

A 2 Die Prüfungsaufgaben

A 2.1 Die Überprüfung des Leseverstehens

Im Prüfungsteil I erwarten dich verschiedene Aufgabenarten. Mit ihnen wird überprüft, ob du den Text richtig gelesen und verstanden hast. Dazu musst du richtige Lösungen ankreuzen, Lückentexte ausfüllen, Aussagen aus dem Text erklären, eine Skizze deuten oder zu bestimmten Standpunkten Stellung nehmen.

Doch zunächst musst du dir den Text erschließen: Unterstreiche unbekannte Begriffe und kläre sie, markiere Schlüsselstellen, finde Überschriften zu Sinnabschnitten usw. Lies die Aufgabenstellungen genau und vergewissere dich mithilfe der passenden Textstellen, dass deine Antworten zutreffen.

1. Diese Prüfungsvorlage wurde bereits teilweise bearbeitet. Überprüfe und korrigiere die Antworten. An manchen Stellen war der Schüler unsicher. Du findest dort Fragezeichen ??. Sie sind ein Hinweis für dich, diese Antworten genau zu überprüfen.

Mensch und Natur

Teil I

Lies zunächst den Text sorgfältig durch und bearbeite anschließend die Fragen 1 – 14.

M 1 Schmelzende Pole, steigende Pegel

Situation: das Eis Schmilzt

Das Eis wird dünn – viel schneller als gedacht: Die Pole sind massiv vom Klimawandel betroffen. Das einst ewige Eis schmilzt, die Gletscher schrumpfen und Permafrostböden[1] tauen auf. Das bedroht nicht nur Eisbär & Co., sondern die ganze Welt: Das Wasser steigt und steht uns schon bis an den Hals.

treiben

Klimawandel

Es muss nicht erst ein Eisberg am Nordseestrand vorbeidriften, bis wir merken, wie eng unser Verhältnis zu Arktis und Antarktis ist. Die Polarregion spürt sie längst, die Gegenwart des Menschen: Der Klimawandel lässt sie buchstäblich verschwinden.

Rekordwerte bei der Eisschmelze

Seit Jahren melden Forscher Rekordwerte bei der Eisschmelze am Nordpol. Und mit jeder neuen Studie werden die Zahlen schockierender: So hat der Rückgang des Eises in den Sommern 2007 und 2008 nie dagewesene Ausmaße angenommen. Die Gletscher in Grönland schmelzen ab, und der Lebensraum vieler Arten ist massiv bedroht.

??

Die Gletscher der Antarktis wandern immer schneller zum Meer und verlieren in jedem Jahr über 100 Milliarden Tonnen Eismasse – das entspricht 100 Billionen Liter Wasser. Schon jetzt steigt der Meeresspiegel jährlich um drei Millimeter. Doch wenn die Eisschmelze im bisherigen Ausmaß fortschreitet, könnte sich der Meeresspiegel bis zum Jahr 2100 um bis zu achtzig Zentimeter heben.

??

Wenn diese zwei großen Süßwasserreservoirs[2] der Erde schmelzen, drohen weltweit Flutkatastrophen. Tiefliegende Regionen wie Bangladesh könnten komplett überflutet werden. Aber auch die flachen Küstenregionen Polens sind gefährdet. Und die deutsche Insel Sylt muss schon jetzt jedes Jahr frischen Sand heranbaggern, weil die Fluten die Insel buchstäblich abtragen. Dazu wird das Ökosystem Ozean aus dem Gleichgewicht gebracht, weil etwa der Salzgehalt des Wassers abnimmt.

Klimaflüchtlinge weltweit

Dabei gibt es schon die ersten Klimaflüchtlinge: 2005 wurden 980 Menschen von den Carteret-Inseln (Papua Neuguinea) auf 100 Kilometer entfernte Inseln umgesiedelt; 11 000 Bewohnern der Inselkette Tuvalu (Pazifischer Ozean), die in Australien Klimaasyl[3] erbaten, wurde die Aufnahme verweigert; als eine Sturmflut Bangladesh und Südindien ereilt, fliehen 100 000 Reisbauern – mehr als 4 000 Menschen werden vermisst. 2007 überschwemmen arktische Stürme wiederholt die Siedlung Shismaref (Alaska); die Bevölkerung gibt auf und packt die Koffer. Seit 2008 spart der Präsident der Malediven, um im Ernstfall Land in Indien oder anderswo zu kaufen, denn den 385 000 Maledivern steht das Wasser bis zum Hals. Indonesien will auf seinen unbewohnten Inseln Klimaflüchtlingen Zuflucht gewähren, obwohl rund 2 000 der insgesamt rund 17 000 indonesischen Inseln bis Mitte des Jahrhunderts ebenfalls verschwinden könnten.

1 Permafrostböden: Dauerfrostboden, ab einer gewissen Tiefe das ganze Jahr hindurch gefroren

2 Süßwasserreservoirs: großer Speicher für einen Vorrat an Süßwasser

3 Klimaasyl: Menschen suchen aufgrund der klimatischen Veränderungen Zuflucht in anderen Ländern

aus: http://www.br-online.de/wissen/umwelt/klimawandel-DID1206608167923/arktis-klimawandel-pole-ID1242393083146.xml (Stand: 03.11.2009)

M 2 Sommereis-Decke der Arktis

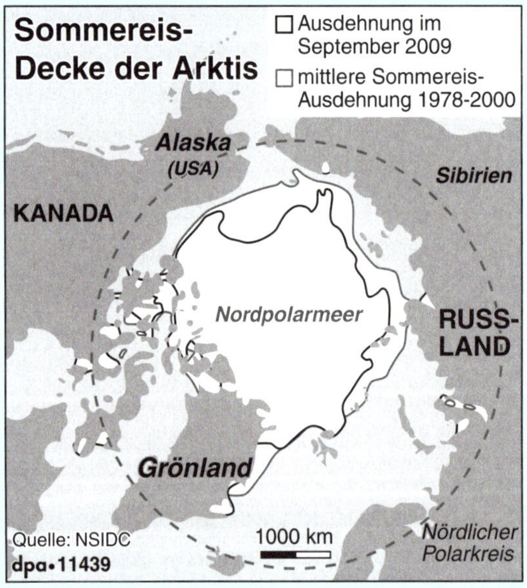

TIPP zu 1 bis 5

1. Lies jede Aufgabe und überlege genau, wie sie gemeint ist.
2. Suche im Text die passenden Stellen und vergleiche beide Aussagen.
3. Hilfreich ist es, wenn du vor der Bearbeitung der Aufgaben den Text und das Schaubild sorgfältig erschlossen hast; d. h. unbekannte Begriffe sind geklärt, Schlüsselstellen markiert, Sinnabschnitte gebildet und Zwischenüberschriften formuliert.

Aufgaben 1 – 14

1 Kreuze die richtige Aussage an. Laut Text verursacht der Klimawandel …

a)	die Ausrottung der Eisbärbestände in der Antarktis.	
b)	das Schmelzen der Pole und damit das stetige Steigen des Wasserstandes der Meere.	X
c)	die Verdunstung von Meerwasser, was zur Folge hat, dass viele Menschen unter Trinkwassermangel leiden werden.	

2 Im Text heißt es in Zeile 10ff: *„Es muss nicht erst ein Eisberg am Nordseestrand **vorbeidriften**, bis wir merken, wie eng unser Verhältnis zu Arktis und Antarktis ist."* Erkläre die Aussage in eigenen Worten.

Damit will der Autor ausdrücken, dass nicht erst ein Eisberg am Strand vorbeitreiben muss, damit die Menschen die Auswirkungen des Klimawandels wahrnehmen können.

3 In Zeile 49 f. wird beschrieben: *„… weil die Fluten die Insel buchstäblich **abtragen**."* Erkläre, was damit gemeint ist.

Die Nordsee spült jedes Jahr Teile der Insel weg und verkleinert damit Sylt. ??

4 Der Text lässt sich in sechs Sinnabschnitte einteilen.
Notiere zu jedem Abschnitt die Zeilenzahlen und ergänze jeweils eine Zwischenüberschrift.

Abschnitt	Zeilenangaben	Überschrift
1	Z. 1-9	Darstellung der Situation: Das Eis schmilzt, die Gletscher schrumpfen, Permafrostböden tauen auf. → Das Wasser steigt …
2	Z. 10-17	Klimawandel ist für das Schmelzen der Pole verantwortlich
3	Z. 18-27	Rekordwerte bei der Eisschmelze bedroht viele Arten
4	Z. 28-39	??
5	Z. 40-54	??
6	Z. 55-81	Klimaflüchtlinge in verschiedenen Regionen der Erde

5 Im Text werden verschiedene Auswirkungen des Klimawandels genannt.
Schreibe sechs dieser Auswirkungen in die leeren Kreise des Clusters.

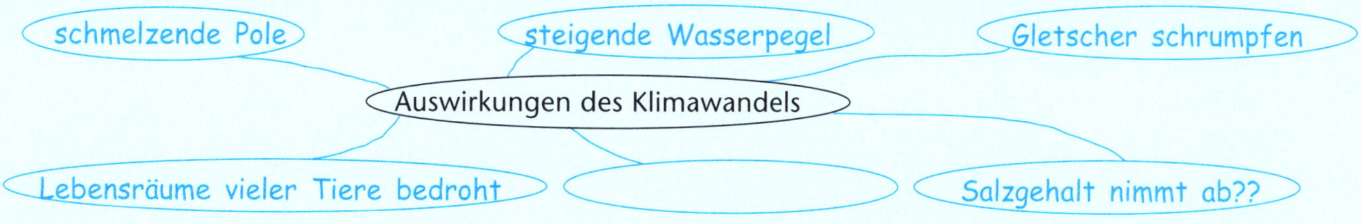

TIPP zu 6 bis 8

1. Suche im Text die passenden Stellen und lies sie noch einmal genau.
2. Wenn du eine eigene Entscheidung begründen sollst, denke daran, deine Meinung am Text zu belegen. Du musst also Zeilenangaben in Klammern ergänzen.

6 Welche der folgenden Aussagen beschreibt das Thema des Textes am besten? Kreuze an. Begründe deine Wahl, indem du einen Bezug zum Text herstellst.

a)	Der Text „Schmelzende Pole, steigende Pegel" gibt einen allgemeinen Überblick über die Auswirkungen des Klimawandels.	
b)	Der Text „Schmelzende Pole, steigende Pegel" informiert darüber, dass die Pole der Arktis und Antarktis schmelzen und welche Auswirkungen dies hat.	X
c)	Der Text „Schmelzende Pole, steigende Pegel" warnt davor, dass die Erde in einigen Jahren im Wasser versinken könnte, denn der Wasserstand steigt enorm.	

Begründung:

Meiner Ansicht nach beschreibt die Aussage b) das Thema des Textes am besten, denn der Text stellt lediglich einen Aspekt des Klimawandels und seine Auswirkungen dar: das Schmelzen der Pole und damit das Ansteigen des Wasserpegels der Ozeane. Daher passt die Aussage a) nicht zum Thema. Im Text wird darüber informiert, dass der Meeresspiegel bis zum Jahr 2100 um bis zu achtzig Zentimeter steigen könnte. Das würde bedeuten, dass viele flache Küstenregionen und Inseln auf der ganzen Welt überflutet würden. Dieses wird anhand anschaulicher Beispiele verdeutlicht. Allerdings ist zu keiner Zeit die Rede davon, dass die Erde komplett im Wasser versinken könnte. Daher finde ich Aussage c) unpassend.

7 Kreuze an, welche der folgenden Aussagen laut Text zutreffen und welche nicht.

		trifft zu	trifft nicht zu
a)	Für das Schmelzen der Pole ist der Mensch verantwortlich.	X	○
b)	Im Jahr 2006 war die Eisschmelze am stärksten.	○	X ??
c)	Die Gletscher der Antarktis verlieren im Jahr über 100 Milliarden Tonnen Eismasse. Dadurch steigt der Meeresspiegel um jährlich fünf Millimeter.	○	X
d)	Tiefliegende Regionen und flache Küstenregionen sind von Flutkatastrophen gefährdet.	X	○
e)	Das Ökosystem der Ozeane ist aber nicht betroffen, da es nach der Eisschmelze viel mehr Wasser gibt.	○	X
f)	In den letzten vier Jahren gab es bereits Tausende Klimaflüchtlinge, die ihre Heimat verlassen mussten.	X	○

8 Liste auf, in welchen Regionen, die im Text angegeben werden, bereits Menschen von den steigenden Meeresspiegeln betroffen sind, und gib die passenden Textbelege dazu an.

Bangladesh: Überflutung der tiefliegenden Regionen (Z. 43-45, 64-67) ??

Sylt: Teile der Insel werden durch die Nordsee abgetragen (Z. 47-50)

Carteret-Inseln (Papua-Neuguinea): Umsiedelung von 980 Menschen (Z. 56-59)

Tuvalu (Pazifischer Ozean): 11000 Klimaflüchtlinge werden in Australien nicht aufgenommen (Z. 60-63)

9 Im zweiten Sinnabschnitt wird die Verantwortung der Menschen für den Klimawandel durch ein Stilmittel veranschaulicht: *„Die Polarregion spürt sie längst, die Gegenwart der Menschen …"* (Z. 13–15). Kreuze an, um welches Stilmittel es sich hier handelt.

a) Personifikation ○
b) Neologismus ☒ ??
c) rhetorische Frage ○
d) Vergleich ○

10 In Z. 34–39 heißt es:
„Doch wenn die Eisschmelze im bisherigen Ausmaß fortschreitet, könnte sich der Meeresspiegel bis zum Jahr 2100 um bis zu achtzig Zentimeter heben."

In welchem Verhältnis steht der durch „Doch wenn…" eingeleitete Nebensatz (Gliedsatz) zur Hauptaussage? Kreuze die richtige Aussage an.

Der Nebensatz (Gliedsatz) …

a)	gibt eine Begründung für die nachgestellte Hauptaussage.	
b)	gibt die Bedingung für die nachgestellte Hauptaussage an.	X
c)	gibt die Folge der Hauptaussage an.	
d)	gibt die Wirkung der Hauptaussage an.	

TIPP zu 9 und 10

1. In der Prüfung werden dir auch Aufgaben zur Sprache des Textes gestellt, z. B. zu Formen des Verbs, zu Satzgliedern, zu rhetorischen Figuren usw. Auch darauf solltest du dich zu Hause vorbereiten.
2. Wenn du unsicher bist, schlage im Glossar dieses Heftes nach (ab S. 140). Das Glossar kannst du ebenfalls zum Lernen nutzen.

TIPP zu 11 bis 13

1. Als Ergänzung zu den Texten musst du zum Nachweis deines Leseverständnisses zum Teil auch Schaubilder, Grafiken oder Diagramme auswerten. Wie du sie erschließen kannst, übst du im Kapitel B 4 auf den Seiten 25/26.
2. Die Aufgaben verlangen von dir, dass du das Material im Vorfeld erschlossen hast.
3. Oftmals musst du die Aussagen aus Text und Schaubild, Grafik oder Diagramm miteinander vergleichen.

⑪ Beschreibe das Thema sowie die Darstellung des Schaubildes in eigenen Worten. Berücksichtige dabei auch, welche Entwicklung gezeigt wird.

Das Schaubild stellt die Sommereis-Decke der Arktis im Nordpolarmeer dar. Es zeigt eine Karte, auf der die Staaten Alaska, Kanada, Grönland und Russland rund um die Arktis abgebildet sind. Der Nördliche Polarkreis ist durch eine gestrichelte Linie angedeutet. Durch zwei verschiedene Linien wird die Sommereis-Ausdehnung zwischen 1978 bis 2000 und im September 2009 angezeigt. Es wird deutlich, dass zwischen den Linien ein großer Unterschied besteht, denn an den Seiten zu Alaska und Russland ist die Sommereis-Decke 2009 um bis zu 1000 Kilometer zurückgegangen. Dies zeigt die Eisschmelze.

⑫ Überlege, was mit diesem Schaubild veranschaulicht werden soll. Kreuze die zutreffende Aussage an. Die Grafik veranschaulicht …

a)	die Ausdehnung der Sommereis-Decke in Arktis und Antarktis in den Jahren 1978 bis 2009.	
b)	die Ausbreitung der mittleren Sommereis-Decke in der Arktis im Jahre 2009 bis nach Grönland, Kanada und Russland.	
c)	den Rückgang der mittleren Sommereis-Decke im Nordpolarmeer in den letzten 30 Jahren und damit das Schmelzen des ewigen Eises.	X

⑬ Begründe, ob Text und Schaubild zusammenpassen.

Meiner Ansicht nach passen Text und Schaubild gut zusammen, denn die Grafik veranschaulicht die Aussagen des Textes. Gleichzeitig werden die Aussagen (Z. 18-27) durch die Abbildung belegt, denn sie zeigt die Eisschmelze am Nordpol, sodass das ganze Ausmaß des Klimawandels besser vorstellbar ist.

⑭ Im Text heißt es (Z. 6–9): *„Das bedroht nicht nur Eisbär & Co., sondern die ganze Welt: Das Wasser steigt und steht uns schon bis an den Hals."*
Kreuze an, ob du diese Aussage nachvollziehbar findest, und begründe deine Entscheidung mit Bezug auf den Text „Schmelzende Pole, steigende Pegel" und die Grafik.
Ich finde die Aussage nachvollziehbar. ☒ Ich finde die Aussage nicht nachvollziehbar. ○

Begründung:

Angesichts der im Text beschriebenen Auswirkungen (Z. 18-39) und der Darstellung in der Grafik finde ich diese Aussage nachvollziehbar, denn die Auswirkungen des Klimawandels sind bereits heute deutlich zu spüren. Das Schmelzen der Pole wird nicht nur Auswirkungen auf das Ökosystem haben und den Lebensraum vieler Tierarten verändern, sondern viele Menschen werden ihre Heimat verlieren und somit ihre Existenzgrundlage. Deshalb passt dieses Sprichwort fast wortwörtlich auf die derzeitige Klimasituation der Erde.

A 2.2 Die Schreibaufgabe: ein Beispiel (Aufgabentyp 4a)

Im Teil II der Prüfung wird überprüft, ob du Sachtexte, literarische Texte, Gedichte und ggf. auch Schaubilder und Anzeigen analysieren kannst (Aufgabentyp 4a) oder ob du zu einem bestimmten Sachverhalt einen informativen Text schreiben kannst (Aufgabentyp 2).

Beim Aufgabentyp 4a musst du den vorgegebenen Text zunächst untersuchen und in einem zweiten Schritt deine Untersuchungsergebnisse schriftlich formulieren. In einer abschließenden Aufgabe wird meist eine Stellungnahme zum Text von dir erwartet.

1. Die unten stehende Prüfungsvorlage wurde bereits von einem Schüler bearbeitet.
   Lies dir zunächst die an ihn gestellten Aufgaben und dann den Text dazu durch.

2. Bereite den Text für eine Analyse vor.

Recht und Gerechtigkeit

Teil II

Lies bitte zuerst den Text, bevor du dich der Bearbeitung der Aufgaben zuwendest.
Schreibe dann einen zusammenhängenden Text.

1 **Analysiere** den Text. Gehe dabei so vor:

a) Schreibe eine Einleitung, in der du Titel, Autor, Textsorte und Thema **benennst**.
b) **Gib** den Inhalt des Textes **wieder**.
c) **Beschreibe**, wie der Text aufgebaut ist und berücksichtige dabei die Textart.
d) **Stelle dar**, welche Figuren sich gegenüberstehen und welche Absichten sie verfolgen.
e) **Erläutere**, welche Antwort mit der „Ringparabel" auf die Ausgangsfrage (Z. 32–36) gegeben wird und was der Jude dadurch erreicht.
f) Im Text heißt es in Z. 129/130: *„... und verehrte ihm überdies noch ansehnliche Geschenke."*
Erkläre diese abschließende Wendung, **nimm Stellung** dazu und **begründe** deine Meinung.

Die Ringparabel aus dem „Decameron" *von Giovanni Boccaccio*

Sultan

Geldnot

[...] Saladin hatte sich durch seine vorzügliche Tapferkeit von einem geringen Manne bis zum Sultan von Babylon emporgeschwungen und manchen Sieg über sarazenische und christliche Könige erfochten. Aber seine vielen Kriege und große Pracht hatten auch seinen ganzen Schatz erschöpft; und als ein plötzlicher Zufall eine ansehnliche Summe Geldes erforderte, wusste er nicht, wo er so geschwind es hernehmen sollte. Endlich besann er sich auf einen reichen Juden namens Melchisedech, der in Alexandrien Geld auf Zinsen lieh. Dieser, glaubte er, könnte ihm aushelfen, wenn er nur wollte; aber Melchisedech war so geizig, dass er es gutwillig nie würde getan haben, und Gewalt wollte der Sultan nicht brauchen. In der Not sann er auf ein Mittel, wie ihm der Jude dienen müsste, und entschloss sich, endlich zwar Gewalt anzuwenden, sie aber doch mit einigem Schein zu bemänteln. Er ließ ihn rufen, empfing ihn sehr freundschaftlich und befahl, sich neben ihm niederzulassen. „Braver Mann", sprach er, „ich habe dich von vielen Leuten für weise und erfahren in göttlichen Dingen rühmen hören. Ich wünschte von dir zu wissen, welche von drei Religionen du für die wahre hältst, die jüdische, die sarazenische oder die christliche."

List

Ausgangsfrage

Jude durchschaut die List

Der Jude, welcher wirklich ein gescheiter Mann war, merkte wohl, dass Saladin die Absicht hatte, seine Worte zu benutzen, um ihm einen verdrießlichen Handel auf den Hals zu ziehn. Er glaubte also, wenn er sein Spiel nicht gleich verloren geben wollte, keine von diesen drei Religionen mehr loben zu dürfen als die andere, und bekümmert um eine unverfängliche Antwort, besann er sich endlich auf folgende Ausflucht:

---

ab hier Parabel

„Mein Beherrscher", erwiderte er, „die Frage, die ihr mir vorlegt, ist schön. Um mein Urteil darüber zu fällen, muss ich folgende Geschichte erzählen. Ich besinne mich, sofern ich nicht irre, gehört zu haben, dass ehedem ein großer und reicher Mann unter andern raren Edelsteinen in seinem Schatz auch einen vorzüglich schönen und kostbaren Ring besessen hat. Er schätzte ihn seines Werts und seiner Schönheit wegen so sehr, dass er wünschte, er möge beständig in seiner Familie bleiben, und er befahl daher, dass dasjenige von seinen Kindern, bei dem sich dieser Ring fände und dem er ihn hinterließe, für seinen Erben angesehn und von den übrigen als der Vornehmste geachtet und geschätzt werden sollte. Sein Erbe beobachtete bei seinen Nachkommen ebendiese von seinem Vorfahren festgesetzte Ordnung, und so ging der Ring von einer Hand in die andere.

Endlich kam er an einen Vater von drei Söhnen, die gleich schön, tugendhaft und ihrem Vater äußerst gehorsam waren. Er liebte sie folglich alle drei gleich stark. Die Söhne kannten die Bedeutung des Ringes, und jeder war begierig, der Erbe zu sein. Jeder bat also den alten Vater, ihm beim Sterben den Ring zu hinterlassen. Der ehrliche Mann, der gleiche Liebe für sie hatte, war wirklich im Zweifel, welchen er zum Besitzer des Ringes machen sollte. Er hatte ihn allen versprochen und war also darauf bedacht, wie er allen dreien sein Versprechen halten wollte. Er ließ daher bei einem guten Künstler insgeheim noch zwei andere Ringe fertigen. Diese waren dem ersten so ähnlich, dass er selbst kaum den rechten unterscheiden konnte, und als er zum Sterben kam, gab er jedem seiner Söhne heimlich einen davon.

Nach dem Tode des Vaters verlangte jeder die Erbschaft nebst der Ehre. Da einer dem anderen dieselbe verweigerte, brachte jeder seinen Ring hervor zum Beweise, dass er ein Recht darauf habe. Man fand die Ringe einander so ähnlich, dass der rechte nicht zu unterscheiden war. Die Frage, welcher von ihnen der rechtmäßige Erbe des Vaters sei, blieb daher unentschieden und soll auch heute noch unausgemacht sein.

Ende Parabel

Sachteil

Dies ist, mein Beherrscher, meine Meinung von den drei Religionen, welche Gott der Vater den drei Nationen gegeben hat und worüber ihr die Frage aufwarft. Jede hält ihre Gesetze für wahr und glaubt ihre Gebote unmittelbar von ihm zu haben. Die Frage, wer recht hat, ist ebenso unentschieden wie die von den drei Ringen."

Reaktion des Sultans

Als Saladin sah, dass der Jude sich sehr gut aus der ihm gelegten Schlinge zu ziehen wusste, entschloss er sich, ihm sein Anliegen vorzutragen, ob er ihm helfen wolle. Er verhehlte ihm auch die Absicht nicht, die er gehabt, wenn er nicht so bescheiden geantwortet hätte. Der Jude ließ sich willig finden, die verlangte Summe vorzustrecken. Saladin zahlte sie ihm nachher völlig zurück und verehrte ihm überdies noch ansehnliche Geschenke.

aus: Boccaccio, Giovanni: Das Decameron. Erster Tag, III (2.4). Nach der Übertragung von A.G. Meißner bearb. von J.v. Guenther. Goldmann Verlag, München 1964, S. 26f, leicht verändert und gekürzt

3. Untersuche den folgenden Schülertext:
   a) Finde heraus, wie der Schüler seinen Text strukturiert hat. Wo beginnen jeweils Einleitung, Hauptteil und Schluss?
   b) Halte am Rand stichwortartig die Inhalte des Hauptteils fest.
   c) Bearbeite die folgenden Aufgaben und schreibe dein Ergebnis an den Rand:
      - Kennzeichne, wo die Aspekte der Aufgabenstellung berücksichtigt werden, z. B. Aufgabe 1b): Z. 5 – …
      - Prüfe, ob die Absätze sinnvoll gesetzt sind.
      - Überprüfe, ob die genannte Textart vorliegt und durch welche Merkmale sie belegt wurde.
      - Wo hat der Schüler Aussagen mit Textbelegen gestützt? Unterstreiche die Stellen.
      - An welchen Stellen würdest du etwas ergänzen, wo etwas streichen?
      - Schreibe dir die Ausdrücke und Wendungen, die du dir merken willst, heraus.

Der Text „Die Ringparabel" wurde von Giovanni Boccaccio verfasst und stammt aus dem Buch „Das Decameron. Erster Tag. III (2.4)". Es handelt sich um einen epischen Text, in dem der Autor zeigt, dass man durch überlegtes Handeln Gefahren vermeiden und Sicherheit erlangen kann.

Der Sultan Saladin benötigt Geld, da sein Reichtum durch Kriegsführung und Prunksucht aufgebraucht ist. Das Geld will er sich von dem reichen Juden Melchisedech leihen, weiß jedoch, dass dieser sehr geizig ist. Gewalt will der Sultan aber nicht ohne Grund einsetzen. Er versucht es also mit einer List. Er lässt den Mann zu sich rufen und verlangt eine Antwort auf die Frage, welche der drei Religionen, die jüdische, die sarazenische oder die christliche, die wahre sei. Da er davon ausgeht, dass der Jude eine falsche Antwort gibt, will er ihn bestrafen, um an sein Geld zu kommen. Aber der Jude durchschaut die List und erzählt die Parabel von den drei Ringen: Ein reicher Mann hat einen kostbaren Ring, der in seiner Familie immer an den Erben weitergegeben wird. Da er aber Vater von drei Söhnen ist, die er alle gleich liebt, lässt er zwei weitere Ringe anfertigen, die man nicht von dem Original unterscheiden kann. Er gibt jedem Sohn einen. Nachdem der Mann gestorben ist, will jeder der Söhne das Erbe antreten, doch der rechtmäßige Erbe kann nicht ermittelt werden, weil alle Söhne einen Ring erhalten haben. So bleibt die Frage nach der Rechtmäßigkeit unentschieden. Die Aussage der Parabel überträgt der Jude auf die Frage des Sultans und erklärt, dass die ebenfalls unentschieden sei, da die Gesetze und Gebote der drei Religionen gleichermaßen von Gott ausgingen. Als Saladin erkennt, wie weise und gerecht Melchisedech urteilt, entschließt er sich, sein Anliegen direkt vorzutragen und erzählt ihm von seiner List. Der Jude leiht ihm daraufhin das Geld, und Saladin zahlt es ihm später voller Dankbarkeit zurück.

Der Text von Boccaccio besteht aus einer Rahmenhandlung (Z. 1 – 48, Z. 109 – 130) und der Parabel (Z. 49 - 108). Somit stellt der Rahmen den Sachteil dar, auf den der Bildteil (Parabel) übertragen werden kann. Die Parabel ist eine gleichnishafte Erzählung, die inhaltliche Parallelen zur Erzählung im Sachteil aufweist, z.B. entsprechen die drei Religionen den drei Ringen. Der Jude überträgt die Aussage selbst auf die Erzählung (Z. 109 - 118), um zu verdeutlichen, dass er durch das Gleichnis seine Meinung zu der Frage des Sultans dargestellt hat. Im Text werden Saladin, der mächtige Sultan von Babylon, und Melchisedech, ein reicher Jude, gegenübergestellt. Saladin hat durch seinen Lebensstil seinen Reichtum verbraucht und muss sich Geld leihen. Er wendet eine List an. Er glaubt, der Jude würde die Frage nach der wahren Religion nicht richtig beantworten, deshalb könnte er ihn bestrafen (Z. 123-126). Doch der Jude Melchisedech ist gescheit und gibt ihm eine bildhafte Antwort (Z. 49-108), aus der hervorgeht, dass er alle drei Religionen als rechtmäßig ansieht. Somit ist die List nicht gelungen. Durch seine kluge Antwort bringt Melchisedech den Sultan dazu, von seinem Plan Abstand zu nehmen, und entzieht sich selbst der Gefahr. Durch den Gebrauch seines Verstandes gewinnt der Jude die eigene Sicherheit und sogar einen dankbaren Freund (Z. 128 - 130).

Die Ausgangsfrage des Sultans, die Bestandteil seiner List ist, ist im Grunde eine sehr alte Frage, die schon viele Glaubenskriege unter Völkern und Religionsgruppen verursacht hat: Welche von den drei Weltreligionen ist die wahre? In der Ringparabel wird eine verschlüsselte Antwort darauf gegeben, denn der Vater liebt seine drei Söhne alle gleich, sodass er ihnen allen einen Ring vermacht, damit er Gerechtigkeit erzielen kann. Dies ist ebenfalls auf den Konflikt bei der Frage nach der wahren Religion übertragbar: Keine der drei Religionen ist die wahre; Gesetze und Gebote kommen von Gott und sollten gleichberechtigt nebeneinander bestehen. Saladin ist so überwältigt von der Klugheit und Bescheidenheit des Juden, dass er ihm das Geld vollständig zurückzahlt und ihm zusätzlich noch Geschenke macht (Z. 128 - 130). Ich denke, dass Saladin selbst erleichtert darüber war, dass der Jude ihm die Gelegenheit gegeben hat, nicht hinterhältig, sondern offen und ehrlich sein Ziel zu erreichen. Deshalb wollte er ihm seine Dankbarkeit beweisen, sodass der Jude durch seine Klugheit sich nicht nur gerettet, sondern auch einen Freund gefunden hat.

Wonach richtet sich die Note der Schreibaufgabe?

1. Beurteile den Schüleraufsatz anhand des Bewertungsbogens.

Auf-gabe	Anforderung	erfüllt	nicht erfüllt
1a)	Die Schülerin / Der Schüler nennt Autor, Titel, Textart sowie Quelle und stellt das Thema vor: • kluges und überlegtes Handeln führt zum Ziel.		
1b)	Die Schülerin / Der Schüler gibt mit eigenen Worten in knapper Form den Inhalt des Textes wieder: • Sultan Saladin leidet aufgrund seines Lebensstils unter Geldnot, will sich Geld vom Juden leihen. • Der Sultan wendet List an, um an das Geld zu kommen; fragt, welche der drei Religionen die wahre sei. • Melchisedech erkennt die Absicht des Sultans und erzählt die Parabel von den drei Ringen. • Er überträgt die Fabel auf die Frage des Sultans: Alle drei Religionen sind gleichberechtigt. • Der Sultan ist angetan von der Weisheit des Juden und offenbart ihm ehrlich sein Anliegen. • Der Jude leiht ihm das Geld; Saladin zahlt es zurück.		
1c)	Die Schülerin / der Schüler beschreibt den Aufbau: • Sachteil / Rahmenhandlung (Z. 1–48; Z. 109–130) • Bildteil / Parabel / gleichnishafte Erzählung (Z. 49–108) • Übertrag des Bildteils auf den Sachteil (Z. 109–118)		
1d)	Die Schülerin / Der Schüler stellt dar, welche Figuren sich mit welcher Absicht gegenüberstehen: • Saladin will durch eine List den Juden hintergehen. • Der Jude nutzt seinen Verstand, um die List zu umgehen. • Saladin schätzt die Weisheit und reagiert offen und ehrlich.		
1e)	Die Schülerin / Der Schüler erläutert, welche Antwort mit der Ringparabel auf die Ausgangsfrage gegeben wird und welche Absicht der Jude damit verfolgt: • Kernfrage nach der wahren Religion wird so beantwortet, dass alle drei gleichberechtigt nebeneinander existieren, weil Gesetze und Gebote von Gott gegeben wurden. • Melchisedech verdeutlicht dies; entgeht damit der Strafe.		
1f)	Die Schülerin / Der Schüler nimmt Stellung zum Zitat: • Sie / Er erklärt es. • Sie / Er nennt seine Auffassung und begründet sie. • Sie / Er bezieht eigene Erfahrungen / Kenntnisse mit ein.		

Formulierung der Schreibaufgabe	**Die Schülerin / Der Schüler (Darstellungsleistung)**	**erfüllt**	**nicht erfüllt**
1	• strukturiert ihren / seinen Text schlüssig und gedanklich klar.		
2	• ist sicher im Satzbau und formuliert abwechslungsreich.		
3	• drückt sich präzise und differenziert aus.		
4	• schreibt sprachlich richtig.		

B Arbeitstechniken und Strategien zur Bearbeitung von Schreibaufgaben

B 1 Arbeitstechnik: Im Wörterbuch nachschlagen

Das Wörterbuch ist für die Abschlussprüfung ein wichtiges Hilfsmittel:

- Du benötigst es zum Klären von unbekannten Wörtern.
- Du kannst nachschlagen, um die Rechtschreibung von Wörtern zu überprüfen. Das ist vor allem für die Überarbeitung eigener Texte wichtig.

1. Erkläre, welche Bedeutung die unterstrichenen Wörter im Textzusammenhang haben. Benutze dein Wörterbuch.

Will man <u>effektiv</u> handeln, um möglichen Folgen der <u>globalen</u> Erderwärmung entgegenzuwirken, so ist es unerlässlich, zu erforschen, was uns in der Zukunft erwarten könnte. Nur dann sind zielgerichtete <u>Strategien</u> möglich. In der Vergangenheit wurden dazu Hunderte von Studien mit unterschiedlichen Ergebnissen <u>publiziert</u>. Aber durch die <u>Komplexität</u> der Vorgänge ist auch jetzt noch vieles unklar.

effektiv handeln: ______________________

____

globale Erderwärmung: ______________________

____

zielgerichtete **Strategien:** ______________________

____

wurde **publiziert:** ______________________

____

Komplexität der Vorgänge: ______________________

____

TIPP

1. Bei Fremdwörtern gibt es oft mehrere Bedeutungen. Um die richtige Bedeutung herauszufinden, mache die Einsetzprobe: Setze jede angegebene Bedeutung im Text an die Stelle des Fremdwortes. Welche Bedeutung ist im Textzusammenhang sinnvoll? Prüfe und wähle aus.
2. Manche Wörter findet man nicht auf Anhieb im Wörterbuch, weil sie im Text in veränderter Form vorkommen. Gehe daher vor dem Nachschlagen so vor:
   - Bilde von gebeugten Verben die Grundform (den Infinitiv): *aß → essen.*
   - Bilde bei Nomen die Einzahlform (Singular): *Kakteen → Kaktus.*
   - Schlage bei zusammengesetzten Wörtern erst unter dem ersten Wortteil nach. Wenn dort die Wortzusammensetzung nicht zu finden ist, musst du auch den zweiten Wortteil nachschlagen:
   - Reflexionsprozess: *→ Reflexion → Prozess.*

2. In dem folgenden Text befinden sich sechs Rechtschreibfehler. Streiche falsch geschriebene Wörter durch und schreibe sie unten richtig auf.

Durch gewachsenes Umweltbewustsein sind viele Landflechen als Schutzgebiete ausgewiesen worden. Besonders am Meer ist der zugang zu sehr gefärdeten Gebieten für Menschen beschrängt. Dadurch soll verhindert werden, dass die Schäden, die bereits durch extreme Stürme endstanden sind, durch die Menschen verstärkt werden.

____

____

B 2 Arbeitstechnik: Texte erschließen und Inhalte zusammenfassen – literarische Texte

Um einen literarischen Text zu erschließen, gehst du am besten schrittweise vor.

1. Bearbeite den Text auf Seite 22 mithilfe des Tipps.

TIPP

VOR DEM LESEN

1. Vermutungen äußern

Stelle Vermutungen zum Inhalt an:
- Lies die Überschrift des Textes. Worum geht es wohl in der Erzählung?
- Gibt es zu dem Text eine Abbildung? Was ist darauf zu sehen?

WÄHREND DES LESENS

Lies den Text und überprüfe, ob deine Vermutungen stimmen.

2. Unbekannte Begriffe klären
- Markiere Begriffe und Textstellen, die du nicht verstehst.
- Versuche, die Bedeutung selbst herauszufinden, indem du den Satzzusammenhang betrachtest. Oft wird in den folgenden Sätzen die Bedeutung erklärt. Schlage ansonsten im Wörterbuch nach (siehe B 1, S. 20) und notiere die Bedeutung am Rand.

3. Schlüsselstellen unterstreichen
- Unterstreiche Schlüsselstellen. Das sind die Textstellen, die Antwort auf folgende Fragen geben:
  - Wo und wann spielt die Erzählung?
  - Welche Personen handeln dort?
  - Worum geht es?
- Halte am Rand weitere Beobachtungen fest:
  - Wie wirkt der Text auf dich (lustig, ernst, spannend, …)?
  - Wer erzählt die Geschichte (siehe Glossar: „Merkmale erzählender Texte“, S. 142)?
  - Welche sprachlichen Mittel werden verwendet (siehe S. 144)?
  - …

NACH DEM LESEN

4. Informationen entnehmen
- Bilde Sinnabschnitte. Das sind Absätze, die inhaltlich eng zusammengehören. Ein neuer Sinnabschnitt beginnt, wenn z. B. eine neue Person auftritt oder ein wichtiges Ereignis geschieht. Du kannst dich auch an den vorhandenen Absätzen orientieren.
- Formuliere zu jedem Sinnabschnitt eine Überschrift (ein Stichwort oder einen kurzen Satz).

5. Inhalte zusammenfassen
- Notiere zu jeder Überschrift stichwortartig den Inhalt des Sinnabschnittes. Nimm dazu die unterstrichenen Schlüsselstellen zu Hilfe.
- Bilde aus den Stichpunkten zum Inhalt vollständige Sätze und verknüpfe sie miteinander. So erhältst du eine kurze Inhaltszusammenfassung des Textes.
- Bestimme die Textsorte (Erzählung, Kurzgeschichte, Roman, Jugendbuchauszug, Gedicht).

Survival-Trip *Wolfram und Philipp Eicke (Textauszug)*

Alexander/ Christoph: suchen Lagerplatz in Wildnis (Schweden)

Der 16-jährige Christoph verbringt seine Sommerferien in einem Feriencamp in Schweden. Gemeinsam mit dem Betreuer Alexander bricht er auf, um in der Wildnis in einen neuen Lagerplatz suchen.

etwas auszusetzen

kein Lagerplatz in Sicht

Es ist der dritte Abend. Noch immer haben wir nicht den neuen Lagerplatz gefunden, den Alexander für das Camp suchen will. Keiner ist ihm gut genug. Immer hat er was zu mäkeln. Schließlich sagt er: „Wenn wir bis morgen Vormittag nicht fündig geworden sind, geht's zurück ins Camp.“ Das ist doch mal 'ne Aussicht!

Ich-Erzähler

Alexander geht angeln

Für die Nacht bleiben wir an einem schönen kleinen See. Das Ufer ist voller Steine. Alexander nimmt seinen Rucksack mit ans Wasser und baut sich die Angel zurecht. Ich gehe Feuerholz sammeln. Aus einem Augenwinkel sehe ich von Weitem, wie Alexanders Angelstock mit einer Schleuderbewegung durch die Luft saust, als er die Schnur auswirft. Dann ein Poltern und ein Schrei. Alexanders Schrei!

Eine Elchkuh greift Alexander an

Ich lasse das Holz fallen und renne los. Alexander wird angegriffen! Von einem riesigen Tier! Es hat ihn mit dem Kopf vor die Brust gestoßen. Mit voller Wucht. Alexander taumelt. Er greift nach seinem Rucksack, will ihn wie einen Schutz vor den Körper halten. Ist das ein Elch? Ohne dieses Schaufelgeweih. Eine Elchkuh. So groß wie ein Pferd. Wütend stößt sie den Rucksack beiseite, Alexander kann ihn nicht festhalten, der Rucksack platscht in den See. Das alles geht so rasend schnell, so überraschend, dass ich erst mal schnallen muss, was da los ist. Alexander ist in Gefahr! Wieder senkt das gewaltige Tier den Kopf zum Angriff. Die Steine am Ufer! Dicht vor meiner Nase. Ich bücke mich, wie im Traum. Hebe einen Stein auf. Und werfe. Der war zu klein. Und schlecht gezielt. Noch einen! Alexander hält sich stöhnend die Brust. Das Tier will wieder angreifen. Da! Der ist für dich! Endlich hat ein Stein getroffen. Die Elchkuh hält inne, schaut in meine Richtung. Wieder packe ich einen Stein und schleudere ihn wütend gegen das Fell. Alexander zieht sich vorsichtig hinter einen Felsen am Ufer zurück. Ich werfe wieder. Noch mal getroffen! Die Elchkuh schüttelt sich. Schnüffelt, schnaubt – und setzt sich in Bewegung. In meine Richtung! Gelähmt vor Schreck sehe ich sie auf mich zukommen. Immer schneller. Himmel, was soll ich tun? Da schreit jemand. Bin ich das? Ja, der Schrei kommt aus mir selbst! Ich renne. So schnell wie noch nie in meinem Leben. Quer durchs Unterholz. Mein Atem – nur noch Keuchen. Ich renne. Die Welt – ein einziges Krachen und Knacken. Zweige peitschen mir ins Gesicht, da sind auch Dornen. Ich wehre sie mit den Armen ab. Ich renne. Hinter mir ist das Schnauben der Elchkuh. Kratzer, Schrammen, Ratscher – völlig egal. Es gibt keinen Schmerz mehr, keine Empfindungen am Körper. Nur noch die Angst. Und den Baum da vorne! Er gabelt sich. Ein dicker Ast in meiner Reichweite! Schon hab ich ihn gepackt, ziehe mich hoch – wieso bin ich plötzlich so stark? Schon bin ich oben. Keinen Augenblick zu früh. Die Elchkuh stößt mit wütender Kraft gegen den Stamm. Der Baum zittert. Mühsam halte ich mich fest. Klettere ein Stück höher. […]

Aus: Survival-Trip. Texte. Medien. Schroedel Verlag 2009, S. 71–76

B 3 Arbeitstechnik: Texte erschließen und Inhalte zusammenfassen – Sachtexte

Um einen Sachtext zu erschließen, gehst du am besten schrittweise vor.

1. Bearbeite den Text auf Seite 24 mithilfe des Tipps.

TIPP

VOR DEM LESEN

1. Vermutungen äußern
- „Überfliege" den Text: Wovon könnte der Text handeln?
- Lies die Überschrift, die Zwischenüberschriften und betrachte die Abbildungen.
  - Notiere am Rand, was du bereits über das Thema weißt.
  - Stelle W-Fragen an den Text: (Was …? Wer …? Warum …? Wo …? Wann …?)

WÄHREND DES LESENS

Lies den Text und überprüfe, ob deine Vermutungen stimmen.

2. Unbekannte Begriffe klären
- Markiere Begriffe und Textstellen, die du nicht verstehst.
- Versuche, die Bedeutung selbst herauszufinden, indem du den Satzzusammenhang betrachtest. Oft wird in den folgenden Sätzen die Bedeutung erklärt. Schlage ansonsten im Wörterbuch nach (siehe B 1, S. 20) und notiere die Bedeutung am Rand.

3. Schlüsselstellen unterstreichen
- Unterstreiche Schlüsselstellen:
  - Textstellen, die Antwort auf deine W-Fragen geben.
  - Informationen, die du interessant findest.

NACH DEM LESEN

4. Informationen entnehmen
- Bilde Sinnabschnitte. Das sind Absätze, die inhaltlich eng zusammengehören. Du kannst dich auch an den vorhandenen Absätzen orientieren.
- Formuliere zu jedem Sinnabschnitt eine Überschrift (ein Stichwort oder einen kurzen Satz).
- Notiere zu jeder Überschrift stichwortartig den Inhalt des Sinnabschnittes. Nimm dazu die unterstrichenen Schlüsselstellen zu Hilfe.

5. Inhalte zusammenfassen
- Bilde aus den Stichpunkten zum Inhalt vollständige Sätze und verknüpfe sie miteinander. So erhältst du eine kurze Inhaltszusammenfassung des Textes.
- Bestimme die Textsorte (Reportage, Zeitungsbericht, Interview).

Livestream & Downloads: Was ist erlaubt, was ist verboten? (…)

Wo? Im Internet
Was? Musik wird heruntergeladen
Problem: Musik ist nicht urheberrechtsfrei

Im Internet gibt es Unmengen von Musik, die frei verwendet werden kann. Diese Musik ist allerdings nicht urheberrechtsfrei[1], sondern liegt unter einer Lizenz, die dem Verwender gestattet, die Musik herunterzuladen und Dritten anzubieten. Die berühmteste freie Lizenz[2] ist die Creative Commons Lizenz. Aktuelle Musik aus den Charts wird allerdings praktisch nie unter dieser Lizenz angeboten. Generell sind alle Downloads erlaubt, solange das Material nicht offensichtlich rechtswidrig im Internet verbreitet wird. Erlaubt ist etwa das Betrachten von Youtube-Videos und Herunterladen von Musikstücken, die von Bands kostenlos ins Internet gestellt werden. Auch das kostenlose Mitschneiden von Online-Radios mit der Software Radio.fx ist legal. Ebenso erlaubt ist der Austausch von MP3-Files im Freundeskreis. Generell kann als Faustregel gelten, solange man keine Musik zum Upload[3] anderen zur Verfügung stellt, sondern sich nur Musik herunterlädt, ist dies erlaubt. Doch Achtung: Wenn offensichtlich ist, dass Musikstücke illegal angeboten werden, dann dürft ihr euch diese Musik nicht mehr herunterladen. Unter Juristen ist derzeit aber umstritten, wann für den Laien ein Angebot offensichtlich illegal ist. Verboten ist das Verteilen von MP3-Files an viele Personen gleichzeitig, etwa durch Hochladen auf eine Website oder im sozialen Netzwerk Facebook. Auch massenhafte E-Mails mit Musikdateien an andere zu verschicken wäre demnach illegal. Streng verboten ist das Runter- und Hochladen von Musik bei Tauschbörsen oder Plattformen wie Rapidshare.

Auch bei Filmen im Internet ist Vorsicht geboten. Angebote wie www.kino.to, wo fast jeder Film kostenlos bereitgestellt wird, sind aus Sicht von Juristen auf jeden Fall rechtswidrig. Doch weil die Betreiber im Ausland registriert sind, sind die Verantwortlichen nur schwer zu belangen. Damit ist aber noch nicht geklärt, ob sich auch die Konsumenten strafbar machen. Solange Internetnutzer die Filme nur anschauen, ohne eine Kopie auf ihrer Festplatte zu speichern, sind sie eventuell noch im legalen Bereich. Aber sobald gespeichert wird, sieht es anders aus. Es gibt auch Juristen, die bereits die temporäre[4] Speicherung zur Wiedergabe des Films im RAM-Speicher des Benutzers als illegale Kopie werten. Abgemahnt und angeklagt werden könnten Nutzer in jedem Fall, sobald ein Filmproduzent seine Rechte durchsetzen will. Noch heikler wird es bei den Livestreams[5] im Internet, etwa von Bundesligaspielen. Diese Angebote funktionieren wie Tauschbörsen. Sie werden fast immer peer-to-peer[6] übertragen und sind damit in höchstem Maße illegal. Zum Glück der Nutzer verfolgt bislang noch kein Rechte-Inhaber der Bundesliga seine Interessen mit Abmahnungen. Doch es ist nicht ausgeschlossen, dass bald auch damit begonnen wird.

Was? Filme im Internet: kostenloses Bereitstellen ist rechtlich verboten

In: fluter. Nr. 38, 2011. Thema Recht, S. 15

1 urheberrechtsfrei: das Urheberrecht: Recht auf Schutz geistigen Eigentums
2 die Lizenz: eine Berechtigung
3 Upload: der Vorgang des Hochladens
4 temporär: zeitweilig, vorübergehend
5 Livestream: Wiedergabe von TV-Sendungen im Internet
6 peer-to-peer: Verbindung zweier Computer, von Rechner zu Rechner

B 4 Arbeitstechnik: Schaubilder auswerten

Häufig findest du in Prüfungsaufgaben auch Schaubilder wie Diagramme und Tabellen. Diese enthalten Zusammenfassungen von Daten, die nach bestimmten Gesichtspunkten geordnet sind.
Folgende Aufgabenstellungen sind bei Schaubildern möglich:

- Du musst überprüfen, ob die vorgegebenen Aussagen zu einem Schaubild richtig sind oder nicht.
- Du musst feststellen, ob die Informationen eines Schaubildes die Aussagen eines Textes bestätigen, ergänzen oder widerlegen. Dazu musst du ein Schaubild richtig lesen und verstehen.

1. Werte Schaubild A (Seite 26) nach folgenden Schritten aus:

Erster Schritt: Sich orientieren

a) Worum geht es in dem Schaubild A? Notiere stichpunktartig.

Thema: ______

Zahlenangaben: ______

graue Balken: ______

blaue Balken: ______

Vergleiche zwischen: ______

______

TIPP zum ersten Schritt

1. Lies die Überschriften und Erläuterungen. Um welches Thema geht es?
2. Welche Zahlenangaben werden gemacht? Werden sie in Prozent, Promille oder in absoluten Zahlen (z. B. in Tausend) angegeben?
3. Worauf beziehen sich diese Angaben?
4. Was wird miteinander verglichen?

Zweiter Schritt: Den Inhalt des Schaubildes erfassen und stichpunktartig aufschreiben

b) Schreibe die Informationen auf, die du dem Schaubild entnehmen kannst.

______

______

______

______

TIPP zum zweiten Schritt

1. Sieh dir das Schaubild genauer an. Worauf bezieht sich der größte Wert?
2. Worauf bezieht sich der niedrigste Wert?
3. Gibt es weitere Auffälligkeiten?

Dritter Schritt: Aufgabenstellung beantworten und Ergebnisse aufschreiben

c) Beantworte die Aufgaben zu Schaubild A. Achte genau auf die Aufgabenstellung.

______

______

______

______

TIPP zum zweiten Schritt

1. Formuliere in ganzen Sätzen.
2. Verwende folgende Formulierungen:
   es gibt weniger als …
   mehr als bei …
   genauso oft …
   seltener …
   auffällig ist, dass …

2. Bearbeite in gleicher Weise die Schaubilder B und C.

Schaubild A: Säulendiagramm
Erneuerbare Energien in Deutschland

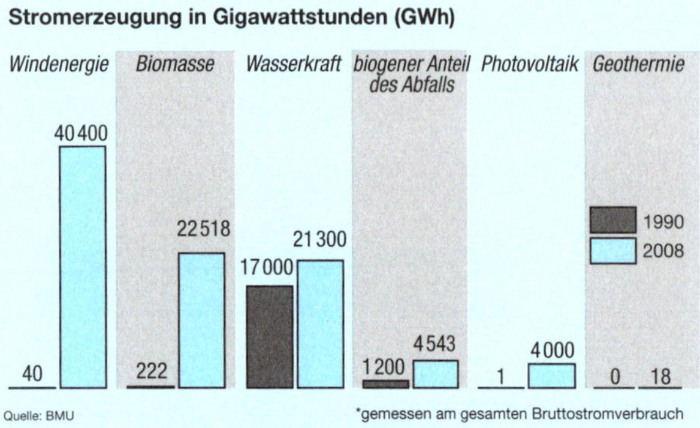

INFO

Säulendiagramme zeigen oft absolute Zahlen an. Die Länge der Säule gibt einen Zahlenwert an, den man meist auf der y-Achse ablesen kann. Neben der x-Achse wird angegeben, worauf sich die Säulen beziehen.

Aufgaben:

1. Welche Art der Energieerzeugung hat von 1990 bis 2008 den größten Zuwachs erzielt?
2. Vergleiche den Anteil von Windenergie und Wasserkraft 1990 und 2008.

Schaubild B: Kreisdiagramm
Stromverbrauch in Deutschland
Was private Haushalte verbrauchen

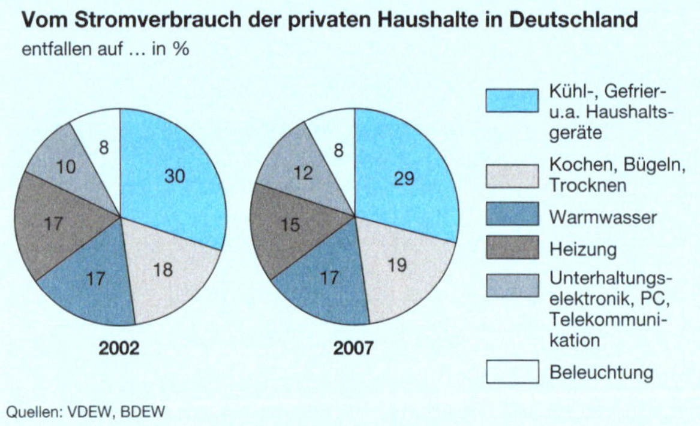

INFO

Kreisdiagramme zeigen die prozentuale Zusammensetzung einer Gesamtmenge. Dabei ist der Kreis in mehrere Teile unterteilt, die jeweils den Anteil an der Gesamtmenge wiedergeben.

Aufgaben:

1. Wie hoch war der Stromverbrauch für Unterhaltungselektronik in den Jahren 2002 und 2007?
2. In welchen Bereichen wurde 2007 im Vergleich zu 2002 weniger, wo mehr verbraucht?

Schaubild C: Verlaufsdiagramm
Die Entwicklung der Straftaten und der Aufklärungsrate

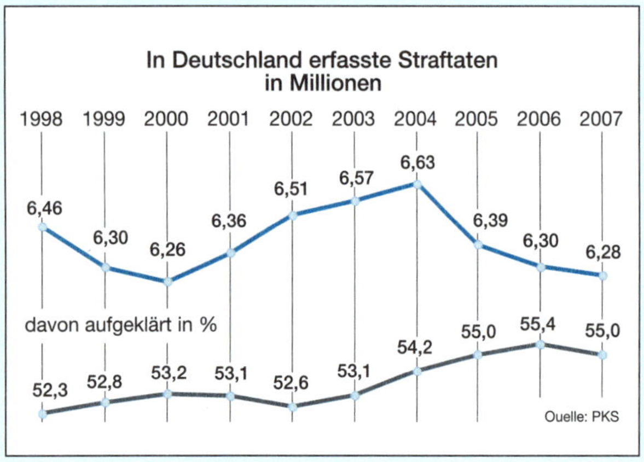

INFO

Kurven- oder Liniendiagramme eignen sich dazu, Daten von verschiedenen Zeitpunkten grafisch zu vergleichen.

Aufgaben:

1. In welchen Jahren nahm die Zahl der aufgeklärten Straftaten im Vergleich zum Vorjahr ab?
2. In welchem Zeitraum ist ein Anstieg der erfassten Straftaten zu verzeichnen?

B 5 Schreibaufgabe zu einem informativen Text in sechs Schritten bearbeiten

Auf den folgenden Seiten lernst du die wichtigsten Arbeitsschritte zur Erarbeitung eines informativen Textes kennen. Auf den Seiten 28–30 findest du eine Prüfungsvorlage, mit deren Hilfe du diese Schritte üben kannst. Auch in den Prüfungsaufgaben zum angeleiteten Üben in den Kapiteln C und D wird auf diese grundlegenden Seiten verwiesen.

Erster Schritt: Sich orientieren

1. Lies die Aufgabenstellung in der Prüfungsvorlage auf Seite 28 „mit dem Stift".

2. Mache dir klar, in welcher Situation und an wen du schreibst:

   Adressat: ______________________

   Situation/Thema: ______________________

TIPP zum ersten Schritt

Lies die Aufgabenstellung. Unterstreiche alle wichtigen Hinweise (Verben, Schlüsselwörter). So erhältst du Anhaltspunkte, worauf du beim Lesen der Materialien achten musst.

3. Gib mit eigenen Worten wieder, was du tun sollst. Beachte die Reihenfolge der Teilaufgaben.

   Schreibziel: ______________________

   ____

   ____

4. Notiere stichpunktartig, was dir zu dem Thema „Überfischung" einfällt. Welche Unterthemen könnten dargestellt werden? Wovon könnten die Materialien handeln?

   ____

   ____

   ____

Zweiter Schritt: Materialien erschließen und Inhalte erfassen

5. Lies die Texte einmal und betrachte auch die Bilder und Grafiken genau. Kennzeichne wichtige Informationen durch Unterstreichungen und halte sie am Rand fest:

   M 1: Fangquoten steigen weltweit; chinesische Fischerei fängt fast 1/3 aller Fische weltweit; Empfehlungen nicht anerkannt

TIPP zum zweiten Schritt

1. Unterstreiche alle unbekannten Begriffe und kläre sie mithilfe eines Wörterbuches oder aus dem Sinnzusammenhang.
2. Kennzeichne mit Markierungen und Symbolen (!?) Textstellen, die für das Verständnis der Texte wichtig sind. Verweise kannst du mit Pfeilen (→) verdeutlichen.
3. Bilde zur Wiedergabe des Inhalts Abschnitte und formuliere Zwischenüberschriften.
4. Orientiere dich bei der Erschließung der Materialien an den Arbeitstechniken B 3 und B 4.

Mensch und Natur

Teil II

Bearbeite die folgenden Aufgaben in einem zusammenhängenden Text.

Du bist Reporter bei der Schülerzeitung. Die nächste Ausgabe soll dem Thema „Umweltschutz“ gewidmet werden. Deine Aufgabe ist es, die Leser der Schülerzeitung über das Problem der Überfischung der Weltmeere zu informieren. Damit du deinen Schülerzeitungsartikel schreiben kannst, bekommst du eine Materialsammlung (M 1–M 5).
Lies dir zunächst die Aufgabenstellung und dann die Materialien aufmerksam durch, bevor du mit dem Schreiben beginnst.

1. Verfasse auf der Grundlage der Materialien M 1 bis M 5 einen **informativen Text** für deine Mitschülerinnen und Mitschüler und **kläre** sie darin über das Problem der Überfischung **auf**. Berücksichtige dabei folgende Gesichtspunkte:
   a) **Formuliere** für den Text eine passende Überschrift.
   b) **Formuliere** einen Einleitungsteil, in dem du deine Leser auf das Problem der Überfischung aufmerksam machst.
   c) **Stelle** die derzeitige Situation in den Weltmeeren **dar**, z. B. den Artenrückgang.
   d) **Erläutere** anhand konkreter Beispiele die Folgen, wenn die Überfischung weiterhin in der dargestellten Form betrieben wird.
   e) **Schlussfolgere**, was der einzelne Verbraucher zum Schutz der Fische unternehmen kann.
   f) **Notiere** unterhalb deines Textes die von dir genutzten Materialien.

M 1 Fangquoten weltweit

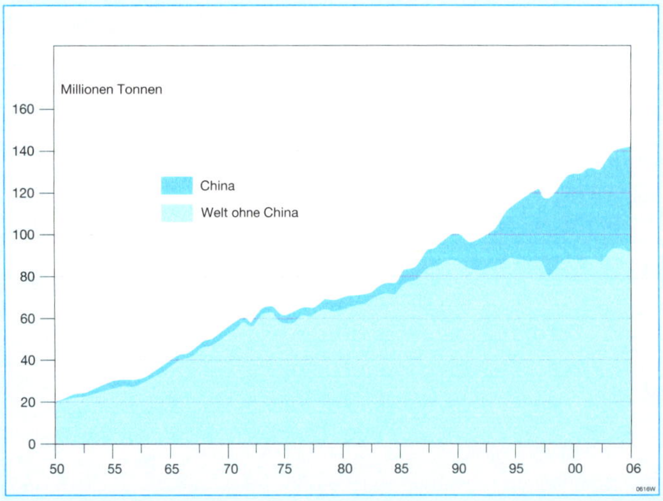

Bei der Festlegung der jährlichen Fangquoten werden die Empfehlungen der Wissenschaft regelmäßig ignoriert.

(FAO/Food Agricultural Organization of the United Nations)
Quelle: FAO 2009, Grafik: westermann

Chinesische Fischtrawler fangen tonnenweise Fisch!

M 2 Chinesische Fischtrawler vor Mauretanien

Vor der westafrikanischen Atlantikküste holen industrielle „Fischinseln“, vor allem chinesische, Fische tonnenweise aus dem Meer und verarbeiten sie direkt an Bord. Die Schiffe müssen monatelang nicht anlanden. Sie entziehen den Einheimischen die Existenzgrundlage. Kontrollen fehlen, weil die Gelder nicht zur Verfügung stehen. Kurioserweise werden die Netze der einheimischen Fischer von der EU bezahlt.

M 3 Interview mit einem Umweltexperten der FAO

Reporter: Wie ist es um die Fischbestände in den Weltmeeren bestellt?

Umweltexperte: Die weltweite Nachfrage ist in den letzten Jahren explodiert. Über 80 Prozent der Bestände, darunter Thunfischarten, Rotbarsch, Scholle oder Nordseekabeljau, gelten nach Schätzungen der FAO trotz internationaler Regelungen und Fangquoten als überfischt oder stehen unmittelbar davor. Sollte sich an der gegenwärtigen kommerziellen Fischereipolitik nichts ändern, werden die meisten Fischbestände bis zum Jahr 2048 kollabieren.

Reporter: Wer ist denn Schuld am Schwund der Fische?

Umweltexperte: Jeder Deutsche verzehrt ca. 16 kg Fisch pro Jahr, zum Beispiel Alaska-Seelachsfilet. Von 1950 bis 2003 hat sich der Fischverbrauch um 600% erhöht. Um den globalen Hunger zu stillen, wurden im Jahr 2006 weltweit 92 Millionen Tonnen Fisch gefangen – wobei die tatsächliche Fangmenge aufgrund von Beifang und illegalem Fang weitaus höher liegt. Darüber hinaus wurden rund 51,7 Millionen Tonnen Fisch in Aquakulturen gezüchtet. Aber diese Kulturen werden zum Teil auch mit Fisch gefüttert, wie in Brasilien. Für die Zucht von einem Kilo Lachs braucht man vier Kilo Futterfische.

Reporter: Lässt sich der Fang weltweit nicht über Fangquoten regulieren?

Umweltexperte: Das ist so eine Sache. Es gibt vorgegebene Fangquoten, doch wirtschaftliche Interessen dominieren hier. Während Island und Norwegen sich bei Fangquoten vorbildlich verhalten, liegen die Fangquoten der EU etwa 35% über der von der Wissenschaft empfohlenen Fangmenge. Der Bestand des Blauflossen-Thunfischs kollabierte bereits 2007. 2012 wird wohl der letzte in die Netze gehen und auf den Tellern edler Sushi-Restaurants landen.

Reporter: Wie weit ist die Technologisierung der Fischerei fortgeschritten?

Umweltexperte: Auf den Meeren befinden sich etwa 2,1 Millionen Schiffe auf Beutezug. Rund 23.000 sind industrialisierte Trawler, die mit Sonargeräten und Satellitennavigation Fischgründe aufspüren und befischen. Je stärker die Bestände zurückgehen, desto größer werden Netze und die modernen Ausrüstungen.

Reporter: Wie sieht es mit der illegalen Fischerei aus, also Fischpiraterie?

Umweltexperte: Jedes Jahr kommen laut Expertenschätzungen 500.000 Tonnen illegal gefangener Fisch in der EU auf den Teller. Und es lohnt sich: Für einen einzelnen Blauflossen-Thunfisch werden heute mehr als 100.000 US-$ auf dem japanischen Fischmarkt bezahlt.

Reporter: Welche Auswirkungen hat diese Überfischung der Meere?

Umweltexperte: Die kommerzielle Überfischung bedroht nicht nur das gesamte Ökosystem Meer, sondern gefährdet auch die Ernährungssicherheit vor allem in West- und Nordafrika sowie Asien. Weltweit ernähren sich 2,6 Milliarden Menschen hauptsächlich von Fisch. Ein Kollaps der Bestände hätte dramatische Auswirkungen auf die Ernährungssicherheit dieser Menschen. Überfischung und die Fischerei-Abkommen der Industrieländer entreißen kleinen Fischern die Arbeit und ihre Existenzgrundlage.

Reporter: Was kann der Verbraucher zum Schutz der Fischbestände beitragen?

Umweltexperte: Wer dem Sterben in den Ozeanen ein Ende setzen will, sollte wissen, dass einige Fischarten wie Schwertfisch, Seeteufel oder Kabeljau/ Dorsch definitiv nicht mehr auf den Teller und die Speisekarte gehören.

Nach: Rima Hanano: Überfischung der Meere. In: RESET 2009 (bearbeitet)

M 4 Nachhaltige Fischprodukte

Siegel für nachhaltige Fischprodukte, wie das MSC-Siegel, sollen den Käufern die Fischwahl erleichtern. Die Standards dafür wollen gewährleisten, dass der Fisch bzw. die Meeresfrüchte aus einer nachhaltigen Fischerei oder Aquakultur kommen. Auch garantiert das Siegel die vollständige Rückverfolgbarkeit der Produkte.

ZERTIFIZIERTE NACHHALTIGE FISCHEREI MSC www.msc.org/de ™

„Als nachhaltige Fischerei gilt für Greenpeace grundsätzlich: Sie hält den Bestand der Zielart auf einem gesunden Niveau, ohne andere Arten des Ökosystems negativ zu beeinflussen. Andere Arten werden weder getötet noch wird ihre Nahrungsquelle oder ihr Lebensraum zerstört.“ (Greenpeace)

Nach Meinung von Greenpeace gibt es derzeit kein Siegel für nachhaltige Fischprodukte, das uneingeschränkt zu empfehlen ist. Greenpeace empfiehlt nur in Ausnahmefällen z. B. MSC-Produkte:

Das Siegel des Marine Stewardship Council (MSC-Siegel) ist das verbreitetste Siegel im Bereich der nachhaltigen Fischerei. Folgende Standards gelten:

- Die Fischer dürfen nur so viel Fisch entnehmen, wie nachwachsen kann.
- Die angewendeten Fangmethoden dürfen den Lebensraum Meer nicht schädigen.
- Der Fang von zu kleinen und anderen als den gewünschten Fischen, dem sogenannten Beifang (Schildkröten, Delfinen oder Haien), muss möglichst gering sein.

Autorentext; Zitat aus: M. Schneemann: Fisch im Ausverkauf (http://www.greenpeace.de/themen/meere/nachrichten/artikel/fisch_im_ausverkauf/26.082010)

M 5 Einkaufsratgeber Fisch & Meeresfrüchte

Entscheiden Sie sich mit Hilfe des WWF-Einkaufsratgebers Fisch & Meeresfrüchte[1] für Fischprodukte aus der Kategorie „Gute Wahl“ und helfen Sie so, die Meere und Fischbestände zu schonen:

WWF-Empfehlung für Lachs:
Gute Wahl: Pazifischer Lachs (Ostpazifik USA), alle Fische bzw. Fischprodukte mit den Siegeln von MSC, Bioland und Naturland
Zweite Wahl: Wild- und Zuchtlachs aus Irland, Norwegen und Schottland
Lieber nicht!: Wild- und Zuchtlachs aus Chile, dem Nordost-Atlantik und dem Nordwest-Pazifik (Beringsee)

1 Einkaufsratgeber unter: www.wwf.de/fischratgeber: „Bewertung am Beispiel Lachs, Stand März 2013“

Dritter Schritt: Materialien untersuchen und auswerten

6. Was in den einzelnen Texten und Materialien dargestellt wird, hast du in Aufgabe 5 bereits festgestellt (S. 27). Nun musst du überprüfen, welche Informationen du für den informativen Text deiner Schülerzeitung nutzen kannst. Streiche zunächst die Aussagen oder Materialien, die keine brauchbaren Informationen zur Thematik oder zu den Teilaufgaben bieten. Lies dir dazu noch einmal genau die Aufgabenstellung durch.

TIPP zu 6.

Berücksichtige bei der Auswahl der Materialien deine Adressaten: die Leser der Schülerzeitung.

7. Auf den folgenden beiden Seiten findest du zwei mögliche Vorgehensweisen, die vorgegebenen Materialien auszuwerten: A) eine Tabelle (S. 32) und B) eine Mindmap (S. 33). Entscheide dich für eine Darstellungsart. Im Lösungsheft findest du jeweils eine Kopiervorlage.

8. a) Ergänze die Kategorien der Teilaufgaben und die Informationen aus den Materialien stichwortartig in der Tabelle oder in der Mindmap. Lies vorher den Tipp unten.
   b) Ergänze Stichworte in der Kategorie *Daran muss ich denken: …*, um deinen Text vorzubereiten. Zudem notierst du hier, welche Materialien du verwendet hast (1f).

TIPP zu 8.

- Kategorien sind die Überschriften für deine Tabellenspalten. Um sie zu erhalten, formulierst du aus den Teilaufgaben Stichworte: z. B. *1b) Formuliere einen Einleitungsteil, in dem du dass Thema so darstellst, dass du deine Leser auf das Problem der Überfischung aufmerksam machst. → Einleitung (auf Problem aufmerksam machen).*
- Nutze deine Markierungen und Randnotizen zu den Materialien, um die Tabelle bzw. die Mindmap auszufüllen.

TIPP zur Auswertung der Materialien mithilfe einer Tabelle oder einer Mindmap

1. Lies noch einmal die Aufgabenstellung.
2. Lege dir eine **Tabelle** mit so vielen Spalten wie Teilaufgaben an oder lege dir eine **Mindmap** mit so viel Ästen wie Teilaufgaben an.
3. Finde Überschriften für die **Spalten** oder **Äste**. Orientiere dich dabei am Wortlaut der Aufgabe. Die Überschrift für Aufgabe 1b) könnte lauten: *Einleitung (auf Problem aufmerksam machen).*
4. Ergänze eine weitere **Spalte** oder einen weiteren **Ast** mit *Daran muss ich denken: …* Hier notierst du Stichpunkte zu Vorbereitung des informativen Textes und die Materialien, die du verwendet hast: *Wie werde ich vorgehen? Welche Materialien werde ich für welche Teilaufgabe nutzen? Wie werde ich meinen informativen Text formulieren?*
5. Sichte die Materialien nacheinander. Prüfe noch einmal, ob deine Markierungen und Randnotizen vollständig sind. Überlege auch, zu welcher Teilaufgabe die Informationen passen könnten und welche Informationen du ganz streichen kannst.
6. Ergänze die Informationen **in eigenen Worten stichwortartig** in der passenden Spalte deiner Tabelle oder an dem passenden Ast deiner Mindmap.
7. Notiere auch passende Zitate, mit denen du deinen Text anschaulicher gestalten kannst. Zum Teil kannst du auch Quellenangaben, wie zum Beispiel Internet-Adressen, für deinen Text nutzen. *(Gib dem Verbraucher hier konkrete Tipps, wo er sich informieren könnte.)*
8. Arbeite mit bunten Farben, um den Überblick zu behalten und Wiederholungen zu vermeiden.

A) Tabelle

Adressat: Leser der Schülerzeitung

Situation/Thema: „Überfischung der Weltmeere"

Schreibziel: Informativer Text für die Schülerzeitung; Ausgabe zum Thema „Umweltschutz"

Aufgaben / Material	1 b) Einleitung (auf Problem aufmerksam machen)	1 c) Situation in den Weltmeeren	1 d)	1 e)	Daran muss ich denken:
M 1	/	- Fangquoten werden nicht berücksichtigt	/	/	- Material sichten - wichtige Informationen markieren - Randbemerkungen - Adressaten und Aufgabe im Blick behalten - Tabelle anlegen - Stichworte aus den Materialien zu den Aufgaben notieren - für die Einleitung Zitat und Informationen aus M 3 nutzen - …
M 2	/	- industrielle Fischtrawler holen tonnenweise Fisch aus dem Atlantik → einheimische Fischer fangen nicht genügend Fisch	wen man weter fis => extemen Fischtung Betiebt dch wir der bis Fischbeten [illegible]		
M 3	- Umweltexperte warnt, Zitat Z. 12–16 - Menschen wollen nicht auf Annehmlichkeiten verzichten (z. B. Sushi) → unverantwortlich				
M 4					
M 5					

B) Mindmap

Adressat: Leser der Schülerzeitung
Situation/Thema: „Überfischung der Weltmeere"
Schreibziel: Informativer Text für die Schülerzeitung; Ausgabe zum Thema „Umweltschutz"

Überfischung der Weltmeere

1 b) Einleitung (auf Problem aufmerksam machen)
- Umweltexperte warnt, Zitat Z. 12–16
- Menschen wollen nicht auf Annehmlichkeiten verzichten (z. B. Sushi) → unverantwortlich

1 c) Situation in den Weltmeeren
- M 1: Fangquoten werden nicht berücksichtigt
- M 2: industrielle Fischtrawler holen tonnenweise Fisch aus dem Atlantik → einheimische Fischer fangen nicht genügend Fisch

1 d)

1 e)

Daran muss ich denken:
- Material sichten
- wichtige Informationen markieren
- Randbemerkungen
- Adressaten und Aufgabe im Blick behalten
- Mindmap anlegen
- Stichworte aus den Materialien zu den Aufgaben notieren
- für die Einleitung Zitat und Informationen aus M 3 nutzen
- ...

TIPP

Notiere zu jedem Stichwort die Materialien.

Vierter Schritt: Schreibplan anlegen

TIPP zum vierten Schritt

Deine Schreibaufgabe besteht darin, in einem informativen Text die Aufgabe 1 zusammenhängend zu bearbeiten. Nutze die Aufgabenstellung und deren Unterpunkte für deine Gliederung. Verwende deine erarbeitete Stichwortsammlung (Tabelle oder Mindmap). Zum Abschluss nennst du die Materialien, die du verwendet hast (Aufgabe 1f). Gehe so vor:

1. Finde eine passende **Überschrift** (Aufgabe 1a). Orientiere dich dabei an der Vorgabe des Themas. Achte auch darauf, dass die Überschrift zum Lesen anregt.
2. In der **Einleitung** führst du in das Thema ein und machst auf das Problem aufmerksam. Du weckst das Interesse deiner Leser, zum Beispiel durch ein Zitat aus den Materialien. Damit hast du die Aufgabenstellung 1b) bearbeitet.
3. Im **Hauptteil** wendest du dich den Aufgaben 1c) bis d) zu. *Hier beschreibst du die derzeitige Situation in den Weltmeeren und erläuterst anhand konkreter Beispiele die Folgen der Überfischung.*
4. Im **Schlussteil** (Aufgabe 1e) schlussfolgerst du, *was jeder einzelne Verbraucher zum Schutz der Fische unternehmen kann.* Hier kannst du auch einen Appell an deine Leser richten.
5. Abschließend notierst du in einem Satz noch die Materialien, die du verwendet hast (Aufgabe 1f). Orientiere dich dazu an deiner Tabelle oder Mindmap.

9. In einem Schreibplan legst du die Abfolge deiner Gedanken in Stichpunkten fest. Stelle diese Gliederung für deinen Aufsatz zusammen. Sie sichert ab, dass du deine Ergebnisse zusammenhängend und strukturiert darstellst. Übertrage den folgenden Schreibplan für deinen Text auf ein Extrablatt und vervollständige ihn.

Schreibplan

Aufgabe 1

- Aufgabe 1 a) Überschrift:

Einleitung:

- Ausgabe der Schülerzeitung zum Thema „Umweltschutz"
- Thema: Problem der Überfischung der Weltmeere → Rückgang der Bestände
- Zitat aus M 3 (Z. 12-16: Fischbestände kollabieren bis 2048)
- M 3: Menschen wollen nicht auf Annehmlichkeiten verzichten (z.B. Sushi)

→ unverantwortlich ...

Hauptteil:

- Aufgabe 1 c) Beschreibung der Situation in den Weltmeeren: 80 Prozent der Fischbestände gelten als überfischt oder stehen kurz davor (M 3) ...
- Aufgabe 1 d) Erläuterung der Folgen (mit Beispielen): ...

Schluss:

- Aufgabe 1 e) Schlussfolgerungen: Was kann der einzelne Verbraucher tun?
- Aufgabe 1 f) verwendete Materialien notieren: ...

Fünfter Schritt: Eigenen Text schreiben

TIPP zum fünften Schritt

1. Schreibe deinen Text. Lasse an der Seite und unten einen breiten Rand, damit du Platz für die Überarbeitung und Ergänzungen hast.
2. Formuliere eine Überschrift, die auf das Problem aufmerksam macht: *Bald keine Fischstäbchen mehr?*
3. Bringe die Ergebnisse deiner Vorarbeit in eine schlüssige und zusammenhängende Reihenfolge. Achte darauf, dass du die Stichworte aus den verschiedenen Materialien miteinander verknüpfst. Orientiere dich an den **Teilaufgaben**. Lasse nach jeder Aufgabe einen **Absatz**.
4. Berücksichtige beim Ausformulieren deines zusammenhängenden Textes den Adressaten *(deine Mitschülerinnen und Mitschüler)*. Schreibe sachlich, aber auch anschaulich und lebendig: *Wir müssen unser Konsumverhalten deutlich einschränken, wenn wir wollen, dass sich die Fischbestände erholen.*
5. Halte dich an die dargestellten Fakten und Zahlen. Verwende Fachbegriffe, erkläre aber auch Begriffe und Namen, die in der Alltagssprache nicht häufig vorkommen.
6. Formuliere grundsätzlich in eigenen Worten. Kennzeichne Zitate oder Belege durch Anführungszeichen und Angabe der Quelle oder zitiere indirekt: *Nach Angaben der FAO habe sich der Fischverbrauch in 53 Jahren „um 600 % erhöht".*

10. Verfasse deinen informativen Text. Orientiere dich dazu an deinem Schreibplan. Beginne mit der <u>Einleitung</u>.

1) Bald keine Fischstäbchen mehr?

In unserer Ausgabe „Umweltschutz" darf das Thema „Überfischung der Weltmeere" nicht fehlen, denn wir Menschen gehen unverantwortlich mit den wenigen noch vorhandenen Fischbeständen um. So spricht ein Umweltexperte der FAO gerade unsere Generation an, wenn er warnt: „Sollte sich an der gegenwärtigen [...] Fischereipolitik nichts ändern, werden die meisten Fischbestände bis zum Jahr 2048 kollabieren." ...

11. Schließe nach einem Absatz deinen <u>Hauptteil</u> an:

Über 80 Prozent der Fischbestände sind aktuell überfischt oder stehen unmittelbar davor. Das hat viele verschiedene Gründe. Der Hauptgrund besteht aber darin, dass ...

12. Im <u>Schlussteil</u> gibst du Tipps, was der Verbraucher zum Schutz der Meere tun kann, und formulierst einen Appell:

Daraus ergibt sich, dass wir dringend umdenken müssen. Hinweise für den richtigen Konsum ...

13. Im Anschluss gibst du in einem Satz die Materialien an, die du verwendet hast.

Zum Verfassen meines informativen Textes habe ich die Materialien ... genutzt.

Sechster Schritt: Text überarbeiten

14. Überarbeite deinen Text. Verwende dazu die Checkliste.

CHECKLISTE zur Überarbeitung von informativen Texten

1. Den Text inhaltlich überprüfen (Inhaltsleistung)

- ✓ Hast du eine interessante Überschrift gewählt?
- ✓ Hast du in deinem Text alle Unterpunkte der Schreibaufgabe berücksichtigt?
- ✓ Hast du den Text sinnvoll gegliedert? Ist er durch Absätze überschaubar gestaltet?
- ✓ Sind die Informationen für den Leser nachvollziehbar und interessant dargestellt?
- ✓ Wurden die Informationen (Fakten, Zahlen) richtig aus den Materialien übernommen?
- ✓ Hast du die Stichworte aus Tabelle oder Mindmap miteinander verknüpft und Zusammenhänge hergestellt?

2. Den Text sprachlich überprüfen (Darstellungsleistung)

- ✓ Hast du unnötige Wiederholungen vermieden?
- ✓ Fallen dir beim Lesen unklare Formulierungen auf, die du noch erklären musst?
- ✓ Sind deine Sätze vollständig?
- ✓ Wo kannst du komplizierte Sätze vereinfachen?
- ✓ Hast du Zusammenhänge durch sinnvolle Satzverknüpfungen verdeutlicht?
- ✓ Überprüfe auch Rechtschreibung, Zeichensetzung und Grammatik, denn sie fließen in die Bewertung ein und können den Lesefluss beeinträchtigen. Kontrolliere mehrfach.

B 6 Schreibaufgabe zu einem Sachtext in sechs Schritten bearbeiten

Auf den folgenden Seiten lernst du die wichtigsten Arbeitsschritte für das Lesen und Erschließen eines Sachtextes sowie für die Bearbeitung der Aufgaben kennen. Auf den Seiten 37 und 38 findest du einen Text, an dem du diese Schritte üben kannst. Auch in den Prüfungsaufgaben zum angeleitetem Üben in den Kapiteln C und D des Arbeitsheftes wird auf diese grundlegenden Seiten verwiesen.

Erster Schritt: Sich orientieren

TIPP zum ersten Schritt

Stürze dich nicht gleich in die Arbeit, sondern verschaffe dir eine erste Orientierung:

1. Was verlangt die Aufgabe von dir? Lies die Aufgabenstellung und unterstreiche alle wichtigen Hinweise auf das, was du tun sollst. Du erhältst oft schon Anhaltspunkte, auf was du beim Lesen des Textes achten musst.
2. Worum geht es in dem Text? Was verrät dir die Überschrift?

1. Lies die Aufgabenstellung in der Prüfungsvorlage rechts „mit dem Stift".
2. Gib mit eigenen Worten wieder, was du tun sollst.

___

___

___

3. Notiere stichpunktartig, was dir zu dem Titel einfällt: Wovon könnte der Text handeln?

___

___

___

Zweiter Schritt: Text lesen und Inhalt erfassen

4. Schau dir die Unterstreichungen und Randnotizen zum ersten Absatz an. Verfahre in gleicher Weise mit dem folgenden Text (siehe auch B 3, S. 23).

5. Welche Erklärungen hast du für die folgenden Textstellen gefunden?

Frustration (Z. 34): ___

___

scheinbar ausbleibende Hilfe (Z. 35): ___

___

___

tolerieren (Z. 102): ___

___

TIPP zum zweiten Schritt

Mache dir klar, worum es in diesem Text geht:

1. Unterstreiche und kläre dazu alle Textstellen, die dir unklar sind.
2. Verwende ein Wörterbuch oder erschließe die Bedeutung aus dem Textzusammenhang. Schreibe deine Erläuterungen an den Rand.
3. Kennzeichne Textstellen, die besonders wichtig erscheinen oder die du noch klären willst, mit Symbolen (! ?+ –).

Recht und Gerechtigkeit

Teil II

1 **Analysiere** den Text „Wenn Recht und Ordnung untergehen“. Gehe dabei so vor:

a) **Formuliere** eine Einleitung (Autorin, Titel, Textsorte, Thema).
b) **Fasse** den Inhalt mit eigenen Worten **zusammen**.
c) **Stelle** am Beispiel von New Orleans **dar**, was passieren kann, wenn das Recht außer Kraft gesetzt ist. Belege deine Aussage am Text.
d) **Erläutere**, welche Absicht die Autorin mit ihrem Text verfolgt, und stütze deine Ansicht mit Textstellen.

2 Im Text heißt es: *„Niemand würde sich an Gesetze halten, wenn Gesetzesüberschreitungen ohne Folge blieben.“* (Z. 74–76). **Nimm Stellung** zu dieser Aussage und **begründe** deine Meinung. Schreibe einen zusammenhängenden Text.

Wenn Recht und Ordnung untergehen

Ausgangsfrage!!!

Immer wieder beschweren sich Bürger, dass Richter kleinlich urteilen, anstatt Gesetze großzügig auszulegen. Oder sie halten es für überzogen, für kleine Vergehen, beispielsweise im Straßenverkehr, zur Rechenschaft gezogen zu werden. Was aber passiert, wenn Recht und Ordnung außer Kraft gesetzt werden? Dies zeigt ganz klar das folgende Beispiel:

Beispiel New Orleans

Im Sommer 2005 zog der Hurrikan „Katrina“ über den Süden der Vereinigten Staaten hinweg und richtete bis dahin nie da gewesene Zerstörungen an. Besonders betroffen war New Orleans. Teile der Stadt liegen unter dem Meeresspiegel. Als die Dämme brachen, wurden weite Teile der Stadt überflutet.

Menschen handeln egoistisch!!!

Eine Woche, nachdem der Hurrikan über die Küste von Louisiana und Mississippi hinweggefegt war, suchten dort Überlebende nach Lebensmitteln und Medikamenten. Dabei verschafften sie sich auch mit Gewalt Einlass in Apotheken und Supermärkte. Niemand machte sich darüber Gedanken, dass er sich mit diesen Übergriffen strafbar macht oder welche Folgen diese Plünderungen für die Eigentümer haben könnten. Recht und Ordnung waren in der Stadt untergegangen. Wut, Trauer und Frustration über die scheinbar ausbleibende Hilfe schlugen in Hass und Aggression um. Dabei wurde auch keine Rücksicht auf die Gesundheit oder das Leben der Mitbürger genommen. Jeder war sich selbst der Nächste! Während man teilweise noch Verständnis aufbringen könnte für diese Ausnahmesituation, in der die Einwohner die eigene Versorgung sicherstellen wollten, so sehr muss man die Auswüchse dieser Situation ablehnen: So nutzten Anwohner das Chaos, das der Hurrikan angerichtet hatte, schamlos aus, indem sie beispielsweise Flachbildschirme, Uhren, Jeans und Handys dreist auf überquellende Einkaufswagen stapelten und darauf hofften, mit den geraubten Gegenständen aus ihren Beutezügen Geld machen zu können. Mitbürger wurden sogar mit vorgehaltener Waffe dazu gezwungen, ihre Autos abzugeben. Oft genug konnte die Polizei nur hilflos zusehen. Die Masse der Gesetzesbrecher überstieg die Anzahl der Gesetzeshüter deutlich. So verteidigten Ladenbesitzer ihr Eigentum, indem sie zur Selbstjustiz[1] übergingen.

Das Beispiel von New Orleans zeigt ganz deutlich, dass gerade in Ausnahmesituationen Gesetze gelten müssen. Dies bedeutet jedoch auch, dass alle Bürger die Regeln eines Rechtsstaates achten und die Stärkeren ihre Interessen nicht rücksichtslos auf Kosten der Schwächeren durchsetzen.

Niemand würde sich an Gesetze halten, wenn Gesetzesüberschreitungen ohne Folge blieben.

Doch wo fängt die Ahndung der Gesetzesverstöße an? Erst bei Mord oder schwerem Diebstahl? Oder doch schon, wenn jemand bei Rot über die Ampel geht? Eine Bestrafung dieses Verkehrsdelikts mag vielen kleinlich erscheinen, doch zeigt dieses Beispiel, dass es keine Ausnahmen geben kann, wenn es um Gesetzesverstöße geht. Wir leben nun einmal in einem Rechtsstaat, der uns Sicherheit bietet, andererseits manchmal auch die Individualität einengt.

Ein Rechtsstaat kann nur funktionieren, wenn alle Bürger zum Wohl der Allgemeinheit Gesetze befolgen. Somit steht und fällt ein Rechtsstaat mit dem Gewissen und der Moral seiner Bürger. Daher ist jeder von uns aufgefordert, sein Rechtsempfinden für die Einhaltung von Gesetzen zu sensibilisieren, auch wenn dies bedeutet, dass „kleinliche" Bestrafungen im Sinne der Aufrechterhaltung toleriert werden müssen. Ist es da nicht besser, in den sauren Apfel zu beißen und etwa ein Knöllchen für falsches Parken zu zahlen, bevor es dazu kommt, dass Recht und Ordnung untergehen?

Kommentar von Andrea Heinrichs

1 Selbstjustiz: Menschen nehmen das Recht selbst in die Hand

Dritter Schritt: Text auswerten und Stellungnahme vorbereiten

TIPP zum dritten Schritt

Einen Text analysieren heißt, sich zu folgenden Fragen Notizen herauszuschreiben:

- Um welches Thema geht es?
- Welche Textsorte liegt vor? An welchen Textmerkmalen erkennst du sie?
- Welche wichtigen Aussagen/Argumente und Gegenargumente werden genannt? Unterteile den Text dazu in Sinnabschnitte.
- Welche wichtigen Zitate hast du gefunden? Schreibe diese in Anführungsstrichen heraus und ergänze die Zeilenangabe.
- Mit welcher Absicht wurde der Text verfasst?
- Wie wirkt der Text auf dich? Untersuche, mit welchen sprachlichen Mitteln die Autorin die Wirkung erreicht.

So kannst du einen Text auswerten:

1. Text mit Stichworten auswerten
   - Schreibe deine Randnotizen in Stichworten untereinander auf.
   - Zeige durch Pfeile Zusammenhänge auf.
2. Texte mithilfe eines Clusters oder einer Mindmap aufbereiten
   - Bei einem **Cluster** schreibst du das zentrale Thema des Textes in die Mitte des Blattes. Darum herum notierst du die verschiedenen im Text genannten Aspekte. Wichtige Informationen kannst du durch Fragen hervorheben.
   - Bei einer **Mindmap** schreibst du auch das Thema in die Mitte. Durch Äste kannst du verschiedene Aspekte deutlich voneinander abheben.

6. Schreibe in einem Satz auf, worum es im Text geht.

Der Text weist darauf hin, warum es wichtig ist, sich an Gesetze zu halten, und zeigt am Beispiel ...

TIPP zur Weiterarbeit

Um die Ergebnisse aus den Aufgaben 7–12 festzuhalten, kannst du folgendermaßen vorgehen:
- Du ergänzt die Mindmap auf S. 41 oder
- du beantwortest jede Aufgabe auf den dazugehörigen Linien im Heft.

Achte darauf, dass du auch wichtige Zitate aus dem Text vermerkst.

7. Bestimme die Textsorte. Schreibe in Stichworten Merkmale auf, an denen du die Textsorte erkennst. Wenn du unsicher bist, lies im Glossar (ab S. 140) nach.

Kommentar:
- sachlich und informativ
- Autorin legt Meinung begründet dar ...

8. Untersuche, in welche Sinnabschnitte sich der Text unterteilen lässt. Zum ersten Abschnitt findest du schon am Rand des Textes einen kurzen Satz angegeben.

Z. 1-10: Beschwerden über Gesetzesauslegung ...

Z. 11-64: Ausnahmesituation in New Orleans

TIPP zu 8.

Jeder Sinnabschnitt enthält einen wichtigen Gedanken. Ein Sinnabschnitt kann mehrere Textabschnitte umfassen. Fasse den Kern des Sinnabschnitts in einem Stichwort oder in einem kurzen Satz am Rand des Textes zusammen.

9. Gib die wichtigsten Aussagen des Textes wieder.

- Beschwerden über Gesetzesauslegung: Bürger beschweren sich, dass Richter „kleinlich urteilen"
- Ausgangsfrage: ...

10. Finde im Text Beispiele, die die Ausnahmesituation in New Orleans schildern.

- Überlebende suchen nach Wasser und Lebensmitteln

TIPP zum dritten Schritt

Eine **Mindmap** hilft dir, deine Ergebnisse während der Arbeit am Text übersichtlich darzustellen. Dazu schreibst du das zentrale Thema des Textes in die Mitte des Blattes. Darum herum notierst du Kennzeichen des Textes, inhaltliche Aspekte, sprachliche Merkmale und ihre Wirkung. Du kannst je nach Erkenntnisstand weitere Aspekte hinzufügen oder hast die Möglichkeit, besonders wichtige Details durch Farben oder Ähnliches hervorzuheben.

Textsorte:

Kommentar (Autorin: Andrea Heinrichs)

Wenn Recht und Ordnung untergehen

Sinnabschnitte

Beschwerden über Gesetzesauslegung: (Z. 1–Z. …)
- Richter urteilen „kleinlich", Z. …
- …

Schilderung der Ausnahmesituation: (Z. …)
- Hurrikan „Katrina" (2005)
- …

Keine Ausnahmen bei Gesetzesüberschreitungen (Z. …):
- …

(Z. …)
- Bürger müssen zum Wohl der Allgemeinheit Gesetze befolgen (Z. …)

Absicht der Autorin:
- …

Sprachliche Mittel:
- Wir-Form
- …

Beispiele aus New Orleans: (Z. …)
- …

11. Untersuche, in welcher Absicht dieser Text geschrieben wurde.

TIPP zu 11.

Ein/e Autor/in kann folgende Absichten haben:
Er/Sie will …
- informieren,
- unterhalten,
- kommentieren,
- appellieren,
- kritisieren.

Oft enthält ein Text mehrere Absichten.

12. Wie wirkt der Text auf dich? (ansprechend – nüchtern – wissenschaftlich – interessant – informativ …)

13. Untersuche, wie die Autorin diese Wirkung erreicht. Schreibe wichtige Belegstellen (Zitate) für deine Feststellungen auf.

TIPP zu 13.

Die Wirkung eines Textes wird durch die Verwendung von sprachlichen Mitteln erreicht:
- Wortwahl (Fachbegriffe, Zahlenangaben),
- sprachliche Bilder,
- Satzbau,
- wörtliche Rede,
- umgangssprachliche Wendungen.

14. Lies die Aufgabenstellung ② noch einmal. Wozu sollst du Stellung nehmen?

15. Sammle in Stichworten Gedanken zu deiner Stellungnahme. Beantworte zur Vorbereitung deiner Stellungnahme folgende Aufgaben stichpunktartig:
a) Entscheide dich, ob du dieser Aussage zustimmst oder ihr widersprichst.

TIPP zu 15.

In einer Stellungnahme wird von dir erwartet, dass du deinen Standpunkt klar und eindeutig darstellst und durch nachvollziehbare Gründe und anschauliche Beispiele erläuterst.
Gehe so vor:
- Überlege, inwieweit du Gesichtspunkte aus dem Text aufgreifen, fortführen oder infrage stellen kannst.
- Sammle stichwortartig Gründe und Beispiele, die dir aufgrund eigener Erfahrungen einfallen.

b) Überlege und begründe, ob die Beispiele aus New Orleans deine Meinung stützen oder ob du die Beispiele für unpassend hältst.

c) Lege anschließend die Reihenfolge deiner Gedanken für die Stellungnahme fest.

Vierter Schritt: Einen Schreibplan anlegen

TIPP zum vierten Schritt

Deine Schreibaufgabe besteht darin, in einem Text alle Aufgaben zu bearbeiten. Nutze die Aufgabenstellungen und deren Unterpunkte für deine Gliederung. Lege in einem Schreibplan die Gliederung deines Textes fest.

Einleitung:
Hier beantwortest du in zwei bis drei Sätzen folgende Fragen:
- Welche Angaben kannst du über den Text machen (Autor/in, Titel, Quelle)?
- Um welche Textsorte handelt es sich?
- Worum geht es in diesem Text?

Hauptteil:
Hier gibst du die wichtigsten Aussagen / Argumente mit eigenen Worten wieder.
Gehe auf die Absicht und die Wirkung des Textes ein. Erkläre, wie der Aufbau des Textes und die eingesetzten sprachlichen Mittel dazu beitragen.

Schluss:
In diesem Teil nimmst du zu einer Textaussage bzw. einem Zitat Stellung. Achte auf die genaue Formulierung der Aufgabe ❷.

16. Lege dir einen Schreibplan an.
Berücksichtige dabei deine Auswertung des Textes (siehe auch Mindmap auf Seite 41).

Schreibplan

Einleitung:

1. Kommentar „Wenn Recht und Ordnung untergehen" von Andrea Heinrichs

...

Hauptteil:

1. Kurze Zusammenfassung der wichtigsten Textaussagen

2.

Schluss:

1. Stellungnahme zum Zitat „Niemand würde sich an Gesetze halten, wenn Gesetzesüberschreitungen ohne Folge blieben" (Z. 74-76)

Fünfter Schritt: Eigenen Text schreiben

TIPP zum fünften Schritt

1. Schreibe deinen Text auf das vorgesehene Papier. Lasse an der Seite und unten einen breiten Rand, damit du für die Überarbeitung Raum hast.
2. Formuliere deinen Text mit eigenen Worten und schreibe nicht einfach Sätze ab.
3. Verwende Zitate, wenn du damit etwas Typisches oder Bemerkenswertes herausstellen willst oder um eigene Aussagen zu belegen. Kennzeichne Zitate durch Anführungsstriche und Zeilenangaben in Klammern, z. B. *„Niemand machte sich darüber Gedanken, dass er sich mit diesen Übergriffen strafbar macht …"* (Z. 27–29).
4. Damit dein Text zusammenhängend wirkt, verknüpfe deine Sätze durch Wörter wie: *anschließend, darüber hinaus, zusätzlich, weiterhin, schließlich, obwohl, dennoch, aber, allerdings, dann, daraufhin, sowohl … als auch, weder … noch.*

17. Beginne auf einem Extrablatt mit der Einleitung.

In dem Kommentar „Wenn Recht und Ordnung untergehen" von Andrea Heinrichs geht es darum, ...

18. Schließe nach einem Absatz den Hauptteil an. So kannst du anfangen:

Der Kommentar greift zu Beginn die Meinung vieler Bürger auf, dass Gesetzesübertretungen häufig zu kleinlich geahndet werden. Dem entgegnet die Autorin ...

19. Für die Stellungnahme kannst du folgende Formulierungen verwenden:

einerseits ..., andererseits ... / im Gegensatz zu ... / meiner Meinung nach ... / fest steht, dass ... / ich denke, dass ..., denn / aus diesem Grund ... / hinzu kommt, dass ... / vergleicht man beide Seiten ... / zusammenfassend lässt sich sagen, dass ... / das bedeutet, man sollte auch ...

So kannst du deine Stellungnahme beginnen:

Die Textaussage „Niemand würde sich an Gesetze halten, wenn Gesetzesüberschreitungen ohne Folge blieben" (Z. 74-76) ist meiner Meinung nach ...

Sechster Schritt: Text überarbeiten

20. Überarbeite deinen Text. Verwende dazu die Checkliste.

CHECKLISTE zur Überarbeitung von Texten

1. Den Text inhaltlich überprüfen
- Hast du in deinem Text alle Unterpunkte der Aufgabenstellung berücksichtigt?
- Stimmt dein Text mit deinen Vorüberlegungen bzw. deinen Schreibzielen überein?
- Wo können Absätze deinen Text besser und sinnvoller gliedern?
- Wo willst du etwas ergänzen oder streichen?
- Hast du deine Aussagen am Text belegt?

2. Den Text sprachlich überarbeiten
- Hast du unnötige Wiederholungen vermieden?
- Sind deine Sätze vollständig?
- Hast du verschiedene Satzanfänge gewählt?
- Kannst du zu lange Sätze auflösen?
- An welchen Stellen kannst du Sätze miteinander verbinden?

3. Text auf Rechtschreibung und Zeichensetzung überprüfen
- Entdeckst du Flüchtigkeitsfehler (z. B. unvollständige Wörter, verdrehte Buchstaben)?
- Welche Wörter solltest du besser noch einmal nachschlagen?
- Stimmt die Zeichensetzung (Punkte, Fragezeichen, Kommas, Anführungsstriche)?

B 7 Schreibaufgabe zu einem erzählenden Text in sechs Schritten bearbeiten

In dieser Einheit werden die wichtigsten Arbeitsschritte für das Lesen und Erschließen eines erzählenden Textes und die Schritte für die Bearbeitung der Prüfungsaufgaben dargestellt.

Auf den nächsten Seiten findest du eine Prüfungsvorlage, mit der du diese Schritte üben kannst. Auch in den Prüfungsaufgaben zum angeleiteten Üben in den Kapiteln C und D wird auf diese grundlegenden Seiten verwiesen.

Erster Schritt: Sich orientieren

TIPP zum ersten Schritt

Stürze dich nicht gleich in die Arbeit, sondern verschaffe dir eine erste Orientierung:

1. Was verlangt die Aufgabe von dir? Lies die Aufgabenstellung und unterstreiche alle wichtigen Hinweise auf das, was du tun sollst. Hier erhältst du oft schon Anhaltspunkte, worauf du beim Lesen des Textes achten musst.
2. Worum geht es in dem Text? Was verrät dir die Überschrift?

1. Lies die Aufgabenstellung in der Prüfungsvorlage rechts „mit dem Stift".

2. Gib mit eigenen Worten wieder, was du tun sollst.

___

___

3. Notiere stichpunktartig, was dir zu dem Titel einfällt: Wovon könnte der Text handeln?

___

___

Zweiter Schritt: Text lesen und Inhalt erfassen

4. Schau dir die Unterstreichungen und Randnotizen zu den ersten beiden Absätzen an. Verfahre in gleicher Weise mit dem weiteren Text (siehe auch B 2, S. 21).

5. Welche Erklärungen hast du für die folgenden Textstellen gefunden?
„Aus Pietätsgründen ..." (Z. 13)

___

___

___

„Dann plötzlich scheint ein Erinnern auf sein Gesicht zu kommen." (Z. 22–24)

___

___

___

TIPP zum zweiten Schritt

1. Unterstreiche und kläre alle Textstellen, die dir unklar sind.
2. Verwende dazu ein Wörterbuch oder erschließe die Bedeutung aus dem Textzusammenhang. Schreibe deine Erläuterungen an den Rand.
3. Kennzeichne Textstellen, die dir besonders wichtig erscheinen, mit Symbolen (! ? + –).

Recht und Gerechtigkeit

Teil II

Lies bitte zuerst den Text, bevor du dich der Bearbeitung der Aufgabenstellung zuwendest. Schreibe anschließend einen zusammenhängenden Text.

1. **Analysiere** den Text. Gehe dabei folgendermaßen vor:
   a) **Formuliere** eine Einleitung.
   b) **Fasse** den Inhalt in eigenen Worten **zusammen**.
   c) **Beschreibe** Peters Situation.
   d) **Stelle** anhand von Textbeispielen Peters und Jeans Gefühlslage **dar** und **erläutere** ihr Verhältnis zueinander.
   e) **Erkläre** die Überschrift „Das Wiedersehen" und **erläutere** die Textaussage.

2. In Zeile 51–53 sagt Peter: *„Die wirkliche Strafe, weißt du, die kommt erst jetzt."* **Erläutere**, was er damit meint, und **nimm Stellung** zu dieser Aussage.

Das Wiedersehen *Gertrud Schneller*

Peters Hand zittert leicht, als er sie auf die Türklinke legt. Rascher als nötig geht er auf den hintersten, in der Ecke des Cafés stehenden Tisch zu. Dann bleibt er stehen und sagt:

„Ich wusste, dass ich dich hier finden werde."

Der Angeredete blickt überrascht hinter dem großen Zeitungsblatt hervor. Als er Peter sieht, lässt er das Blatt fallen und ruft: „Du! Bist du schon wieder …" Das letzte Wort lässt er unausgesprochen. Aus Pietätsgründen, wie der andere vermutet.

Auslassung

??

„Drei Jahre sind genug", meint Peter leise.

zentrales Problem: drei Jahre Gefängnis

Jean nickt, rückt den Stuhl zurecht und heißt ihn Platz nehmen. „Trinkst du einen Schwarzen?"

„Gerne."

Der Kellner kommt. Sein Blick richtet sich suchend auf den Gast. Dann plötzlich scheint ein Erinnern auf sein Gesicht zu kommen.

„Der wusste es auch, nicht wahr?", sagt Peter.

„Ach", erwidert Jean, „Kellner wissen alles. Mach dir nichts daraus."

Sie schweigen.

Dann sagt Peter leise: „Bist du noch immer auf der Bank?"

„Ja."

„Ich wusste es. So sicher, wie ich wusste, dich zu dieser Tageszeit hier beim Lesen der Zeitung antreffen zu können."

„Hast du schon Arbeit?", fragte der andere.

„Ja, ja. Dafür hat man gesorgt. Morgen kann ich bereits anfangen. Und du …, du bist Prokurist geworden, nicht wahr?"

Jean nickte.

„Ich würde es nie mehr tun", sagte Peter leise. „Nie mehr."

Jean nickt wieder.

„Wirst du wieder bei Frau Ruegg wohnen?"

„Nein! Ich wollte. Aber sie hatte alle möglichen Ausreden, als ich heute Morgen bei ihr vorbeiging. Die wirkliche Strafe, weißt du, die kommt erst jetzt."

„Nein, nein. Das ist es sicher nicht", sagt Jean rasch.

„Bedenke, es herrscht ein großer Zimmermangel."

Sie schweigen wieder. Jean zündet eine Zigarette an und spielt mit dem Blatt der Zeitung, während Peter nachdenklich in seinem Schwarzen rührt. Plötzlich blickt Jean auf die Uhr, ruft

den Kellner und zahlt.
„Ich muss jetzt gehen. Verzeih bitte. Mein Zug fährt in einer halben Stunde.
Ich fahre für drei Wochen aufs Land. Meine langweilige Bronchitis, du weißt ja." Peter wird blass. Auch der, denkt er bitter, auch der hat Ausreden. Mein einziger Freund. Er gibt Jean die Hand und wünscht ihm gute Erholung. Obwohl er nicht an diese Reise und an seine Erholung glaubt.
Peter sitzt nun allein am Tisch. Seine Rechte spielt zitternd auf dem Blatt der Tageszeitung. Sein Blick ist gesenkt. Er sieht deshalb nicht, wie Jean sich bei der Tür entschlossen umwendet und auf den hintersten, in der rechten Ecke stehenden Tisch zusteuert. Erst als er dicht vor ihm steht, blickt er überrascht auf.
„Hast du etwas vergessen?", fragt Peter.
„Ja! Ich habe vergessen, dir den Schlüssel zu geben."
„Den Schlüssel. Welchen Schlüssel?"
„Den Schlüssel zu meiner Wohnung. Du kannst, solange ich weg bin, bei mir wohnen."

Dritter Schritt: Text auswerten und Stellungnahme vorbereiten

TIPP zum dritten Schritt

Einen Text untersuchen heißt, sich zu folgenden Fragen Notizen herauszuschreiben:
- Um welches Thema geht es?
- Welche Textsorte liegt vor?
- Wann und wo spielt die Handlung?
- Wer sind die wichtigsten Personen?
- In welche Sinnabschnitte kann man den Text einteilen?
- Wie wirkt der Text auf dich?
- Welche sprachlichen Mittel erkennst du? Welche Funktion haben sie? (siehe Glossar)
- Welche Absicht verfolgt der Verfasser/die Verfasserin?

So kannst du einen Text bearbeiten:
- Markiere oder unterstreiche alle Textstellen, die zum Verständnis wichtig sind.
- Fasse den Kern jedes Sinnabschnittes in einem Stichwort oder in einem kurzen Satz am Rand des Textes zusammen.
- Unterstreiche Stellen, die du sprachlich auffällig findest.

6. Schreibe in ein bis zwei Sätzen auf, worum es in der Erzählung geht.

____

____

____

____

7. Bestimme die Textsorte. Schreibe in Stichworten Merkmale auf, an denen du die Textsorte erkennst. Wenn du unsicher bist, lies im Glossar (ab Seite 140) nach.

____

____

____

____

8. Beantworte die folgenden W-Fragen:
   a) Wer sind die Hauptpersonen der erzählten Handlung?

   ___

   ___

   ___

   b) Wo spielt die Handlung?

   ___

   ___

   c) Wann spielt die Handlung?

   ___

   d) Was geschieht?

   ___

   ___

   e) Wie kommt es zu diesem Problem?

   ___

   ___

TIPP zu 8.

Stelle W-Fragen an den Text und beantworte sie in Stichworten. Dadurch gewinnst du schnell einen Überblick über die Handlung und du kannst gleichzeitig Stichwörter für die Inhaltszusammenfassung sammeln.

9. Untersuche, in welche Sinnabschnitte sich der Text unterteilen lässt. Fasse den Inhalt jeweils in einem Satz zusammen.

   1. Sinnabschnitt Z. 1-16: Peter trifft nach drei Jahren Haft seinen Freund Jean.
   2. Sinnabschnitt Z. 17-...

   ___

   ___

   ___

   ___

   ___

   ___

   ___

TIPP zu 9.

Sinnabschnitte sind zusammengehörende Teile einer Handlung oder einer Gedankenführung.
Ein Sinnabschnitt kann daher mehrere Textabschnitte umfassen.

10. Lies noch einmal die Aufgabenstellung ❶ c) und d).
    Beantworte zur Vorbereitung deines Textes die folgenden Fragen stichwortartig:
    a) Wie verhält sich Jean gegenüber Peter im Verlauf der Handlung? Was denkt er vermutlich?
       Übertrage dazu die Tabelle von Seite 50 auf ein Extrablatt und ergänze sie.

TIPP zu 10.

Oft hilft es dir, wenn du die Handlung mithilfe einer Skizze oder eines Schemas verdeutlichst.

Was Jean sagt und tut …	Was Jean vermutlich denkt …
„Bist du schon wieder …" (Z. 11/12)	Er ist fast erschrocken und vermeidet das Wort „Gefängnis", um Peter nicht zu verletzen.
Er bietet Peter einen Kaffee an. (Z. 18/19)	Er geht nicht auf Peters Bemerkung ein, um das Thema zu vermeiden.
„Kellner wissen alles. Mach dir nichts daraus." (Z. 27/28)	Er versucht, Peters Empfindlichkeit zu zerstreuen.
…	…

b) Wie stellt die Autorin Peters Unsicherheit und Angst sprachlich dar?

- Peters Hand zittert leicht … (Z. 1)
- … meint Peter leise. (Z. 15/16)

____

____

c) Warum ist Peter unsicher?

____

____

d) Stelle Vermutungen darüber an, was passiert sein könnte und wie die beiden Freunde damit umgehen. Zitiere Textstellen zur Begründung.

INFO

Die Absicht und die Wirkung eines Textes auf die Leser werden durch sprachliche Mittel (→ Glossar) erreicht:
- Satzbau / Satzanfänge,
- Wiederholungen,
- sprachliche Bilder,
- ironische Wendungen,
- doppeldeutige Begriffe,
- wörtliche Rede,
- Wortwahl,
- Übertreibungen …

- Jean scheint erschrocken zu sein („Bist du schon wieder …" , Z. 11/12)
- Peter hat offenbar eine dreijährige Strafe abgesessen („Drei Jahre sind genug", Z. 15)

____

____

e) In Z. 39 heißt es: *„Dafür hat man gesorgt."* Welche Wirkung geht von diesem allgemeinen Personalpronomen aus? (Du kannst einen Namen einsetzen und vergleichen.)

____

____

f) Warum glaubt Peter, dass andere (z. B. Frau Ruegg, Jean) ihm gegenüber Ausreden benutzen?

____

g) Was ist vermutlich in Jean vorgegangen, als er sich an der Tür *entschlossen* umdreht (Z. 79) und Peter den Schlüssel für seine Wohnung gibt?

____

11. Deute die Geschichte, indem du die Überschrift erklärst und die Textaussage erläuterst. Beantworte dazu die folgenden Fragen:

a) Warum benennt Peter das Geschehen nicht konkret, sondern nur mit dem unpersönlichen „es"?

b) Wie verhält sich Peter und warum?

c) Wie würdest du dieses Wiedersehen beschreiben?

INFO zu 11. und 12.

Ein erzählender Text weist häufig auf ein bestimmtes zwischenmenschliches oder gesellschaftliches Problem (Konflikt) hin. Diese Textaussage herauszuarbeiten, ist Aufgabe deiner Deutung. Ein/e Autor/in verfolgt mit einem Text verschiedene Absichten. Er/Sie will:

- informieren,
- unterhalten,
- kommentieren,
- appellieren,
- kritisieren,
- belehren.

Mehrere Absichten sind möglich.

12. Erläutere in wenigen Sätzen, was die Autorin mit der Kurzgeschichte verdeutlichen will.

Die Autorin möchte mit dieser Kurzgeschichte deutlich machen, wie problematisch ein Wiedersehen ...

13. Lies die Aufgabe 2 und beantworte als Vorbereitung für deinen Text die folgenden Fragen:

a) Was hat Peters Meinung nach die Absage von Frau Ruegg mit „der wirklichen Strafe" zu tun?

b) Wie ist deine Meinung dazu und welche Begründung hast du dafür?

☐ Ich stimme zu.
☐ Ich stimme nicht zu.

TIPP zu 13.

In einer Stellungnahme wird von dir erwartet, dass du deinen Standpunkt klar und eindeutig darstellst, aber auch durch nachvollziehbare Gründe und mit anschaulichen Beispielen erläuterst. Dabei soll deine persönliche Position deutlich werden.

Vierter Schritt: Schreibplan anlegen

TIPP zum vierten Schritt

Deine Schreibaufgabe besteht darin, in einem Text alle Aufgaben zusammenhängend zu bearbeiten.
Nutze die Aufgabenstellungen und deren Unterpunkte für deine Gliederung.
Lege in einem Schreibplan die Gliederung deines Textes fest. Alle Notizen sollen in den Text einfließen.

Einleitung
Vorstellung des Textes (Titel, Autorin, Quelle, Textsorte, Thema des Textes)
→ Aufgabenstellung ❶ a)
Die Einleitung beschränkt sich in der Regel auf 2 bis 3 Sätze.

Hauptteil
- Inhaltszusammenfassung
  → Aufgabenstellung ❶ b)
- Untersuchung des Textes (Inhalt, Form, Sprache)
  → Aufgabenstellung ❶ c) und d)
- Wirkung und Absicht des Textes (Deutung)
  → Aufgabenstellung ❶ e)

Beschränke die Deutung nicht nur auf die Situation und das Verhältnis zwischen Peter und Jean, sondern überlege auch, ob es um verschiedene Formen von Strafe geht.

Schluss
Stellungnahme (Beachte die genaue Formulierung der Aufgabe ❷.)

14. Lege dir in Stichworten einen Schreibplan an.

Schreibplan

Einleitung: In der Kurzgeschichte „Das Wiedersehen" von Gertrud Schneller geht es ...

Hauptteil:

- Inhaltszusammenfassung: Die Autorin beschreibt das Wiedersehen von Jean und Peter, der ...

- Bedeutung der Überschrift „Das Wiedersehen"
- Wirkung und Absicht der Autorin

Schluss:

Erläuterung des Zitats mit Stellungnahme und Begründung

Fünfter Schritt: Eigenen Text schreiben

TIPP zum fünften Schritt

1. Schreibe deinen Text auf DIN-A4-Papier. Lasse an der Seite und unten einen breiten Rand, damit du für die Überarbeitung Platz hast.
2. Schreibe im Präsens.
3. Belege deine Aussagen mit Textstellen. Kennzeichne Zitate durch Anführungsstriche und Zeilenangaben in Klammern, z. B. „Aus Pietätsgründen, wie …" (Z. 13).
4. Damit dein Text zusammenhängend wirkt, verknüpfe deine Sätze durch Wörter wie: *anschließend, darüber hinaus, weiterhin, schließlich, zusammenfassend, obwohl, dennoch, aber, weil, allerdings, dann, daraufhin, trotzdem, sowohl als auch, weder … noch.*

15. Beginne auf einem gesonderten Blatt mit der Einleitung.

In der Kurzgeschichte „Das Wiedersehen" von Gertrud Schneller thematisiert die Autorin die Schwierigkeiten von Straftätern nach ihrer Haftentlassung …

16. Beginne nach einem Absatz den Hauptteil mit einer Inhaltszusammenfassung.

Aufgeregt betritt Peter ein Café, um seinen ehemaligen Freund Jean zu treffen. Der sitzt tatsächlich wie früher hinten in der Ecke und ist fast erschreckt, als er Peter sieht. Er fragt, ob Peter schon wieder. …

17. Für deine Stellungnahme im Schluss kannst du folgende Formulierungen verwenden:

Das Zitat drückt aus …
Ich stimme der Aussage von …
Meiner Ansicht nach ist es verständlich, dass Peter empfindlich auf seine Mitmenschen reagiert und genau beobachtet, wie sie sich ihm gegenüber verhalten.

Sechster Schritt: Text überarbeiten

18. Überarbeite deinen Text. Verwende dazu die Checkliste.

CHECKLISTE zur Überarbeitung von Texten

1. **Den Text inhaltlich überprüfen**
   - ✓ Hast du in deinem Text alle Unterpunkte der Aufgabenstellung berücksichtigt?
   - ✓ Stimmt dein Text mit deinen Vorüberlegungen bzw. deinen Schreibzielen überein?
   - ✓ Hast du deinen Text in sinnvolle Absätze gegliedert?
   - ✓ Wo willst du etwas ergänzen oder streichen?
   - ✓ Hast du deine Aussagen am Text belegt?
2. **Den Text sprachlich überarbeiten**
   - ✓ Hast du das Präsens verwendet und wörtliche Rede im Konjunktiv wiedergegeben?
   - ✓ Hast du störende Wiederholungen vermieden und verschiedene Satzanfänge gewählt?
   - ✓ Sind deine Sätze vollständig?
   - ✓ Hast du Satzgefüge verwendet? An welchen Stellen kannst du Sätze verbinden?
   - ✓ Gibt es zu lange Sätze, die du auflösen solltest?
3. **Text auf Rechtschreibung und Zeichensetzung überprüfen**
   - ✓ Entdeckst du Flüchtigkeitsfehler (z. B. unvollständige Wörter, falsche Groß- und Kleinschreibung)?
   - ✓ Musst du Wörter nachschlagen?
   - ✓ Stimmt die Zeichensetzung (Punkte, Fragezeichen, Kommas, Anführungsstriche)?

B 8 Schreibaufgabe zu einem Gedicht in sechs Schritten bearbeiten

Auf den folgenden Seiten werden die wichtigsten Arbeitsschritte für das Lesen und Erschließen eines Gedichtes und die Schritte für die Bearbeitung der Aufgaben dargestellt. Auf der nächsten Seite findest du das Gedicht, mit dem du diese Schritte üben kannst. Auch in den Prüfungaufgaben zum angeleiteten Üben in den Teilen C und D des Arbeitsheftes wird auf diese grundlegenden Seiten verwiesen.

Erster Schritt: Sich orientieren

1. Lies die Aufgabenstellung in der Prüfungsvorlage rechts „mit dem Stift".

2. Gib mit eigenen Worten wieder, was du tun sollst. Beachte auch die Reihenfolge der einzelnen Schritte.

____

____

____

TIPP zum ersten Schritt

Lies die Aufgabenstellungen. Unterstreiche alle wichtigen Hinweise auf das, was du tun sollst (Verben, Schlüsselwörter). Du erhältst oft schon Anhaltspunkte, worauf du beim Lesen des Gedichts achten musst.

3. Notiere stichpunktartig, was dir zu dem Titel „Eines Tages" einfällt: Um welches Thema geht es? Wovon könnte das Gedicht handeln?

____

____

Zweiter Schritt: Text lesen und Inhalt erfassen

4. Lies das Gedicht einmal. Kennzeichne durch Unterstreichungen und Randbemerkungen Besonderheiten, die dir auffallen.

5. Lies das Gedicht erneut. Worum geht es in diesem Gedicht? Formuliere in zwei, drei Sätzen deinen ersten Eindruck.

____

____

____

____

____

6. Schau dir die einzelnen Strophen an und umschreibe den Inhalt mit eigenen Worten.

Die Autorin des Gedichts stellt eine Zukunftsvision

von der „schönen neuen Welt" dar, in der zwar alles von Technik bestimmt ist, doch ...

____

____

TIPP zum zweiten Schritt

1. Unterstreiche alle unbekannten Begriffe und kläre sie mithilfe eines Wörterbuches oder aus dem Sinnzusammenhang.
2. Kennzeichne mit Markierungen und Symbolen (! ?) Textstellen, welche für das Verständnis des Gedichts wichtig sind oder die dir noch nicht klar sind. Verweise kannst du mit Pfeilen (→) verdeutlichen.
3. Wenn du den Inhalt wiedergeben sollst, fasse wenn möglich Strophe für Strophe zusammen.

Mensch und Natur

Teil II

Lies bitte zunächst den Text, bevor du dich der Bearbeitung der Aufgabenstellung zuwendest. Schreibe einen zusammenhängenden Text.

1. **Analysiere** das Gedicht „Eines Tages" von Ilona Bodden. Gehe dabei so vor:
   a) Schreibe eine Einleitung, in der du Titel, Autorin, Textart und Thema **benennst**.
   b) **Fasse** den Inhalt des Gedichts in eigenen Worten **zusammen**.
   c) **Beschreibe**, wie die Wirklichkeit im Text dargestellt wird.
   d) **Erkläre** mithilfe der äußeren Form und der Sprache, warum die Wirklichkeit auf diese Weise dargestellt wird.

2. **Nimm** auf der Basis deiner Analyse und deines Wissens zur Entwicklung der Umwelt **Stellung** dazu, ob eine solche Zukunftsvision deiner Ansicht nach realistisch erscheint.

Eines Tages

Ilona Bodden (o. J.)

Eines Tages,
wird der Vater seinen Sohn bei der Hand nehmen.
Er wird mit ihm
durch die glasüberdeckten Straßen gehen,
an Schaufenstern stehen bleibend
mit mechanischem Spielzeug
wird er vielleicht
die Schnellbahn benutzen
und unter den Rhythmen von Elektronik-Musik
in einem kleinen Café
künstliche Nahrungsmittel genießen,
regenbogenfarbenen Schaum
irgendwelcher Substanzen.
Und er wird,
durch fremde Gifte in seinem Blut seltsam angeregt,
mit seinem Sohn das Café verlassen
und durch die staubfreien, glasüberdeckten Straßen
davongehen
bis zu einem Gebäude,
aus dessen Drehtür
der Atem der Jahrtausende weht.
Und er wird dort umhergehen,
seinem Sohn dies und jenes weisend,
und endlich
unter einem Glassturz (Berühren verboten)
zeigen:
Sieh mal! Ein Baum ...

aus: Praxis Deutsch, Heft 99, Braunschweig 1990, S. 31

Dritter Schritt: Text untersuchen und auswerten

INFO zum dritten Schritt

Um ein Gedicht analysieren und interpretieren zu können, musst du als Vorarbeit die **formalen und sprachlichen Elemente** erschließen. Du benötigst sie, um die **Wirkung und Deutung** des Gedichts zu erklären. Manchmal musst du auch den **Entstehungshintergrund** und den **Schreibstil** der Autoren bedenken, denn diese Informationen können für das Verständnis von Bedeutung sein.

Inhaltlicher Aufbau: Überschrift, Thema / Motive, Atmosphäre, Handlung, lyrisches Ich, Gefühle, Gedanken

Formaler Aufbau: Gedichtform, Strophenaufbau, Verse, Reimschema, Metrum

Sprachliche Gestaltung: Schlüsselwörter, Wortwahl, Sprachmittel (Metapher, Personifikation, Vergleich, Alliteration, Wiederholung ...), Satzbau, Interpunktion, Rechtschreibung

Entstehungshintergrund / Schreibstil: zeitgeschichtliche Ereignisse, Biografie des Autors / der Autorin, Art zu schreiben: traditionell, nicht traditionell – diese Informationen können ebenfalls zum Verständnis beitragen.

7. Den inhaltlichen Aufbau hast du schon festgestellt (siehe Aufgabe 6).
   Untersuche das Gedicht von Bodden nun genauer. Notiere deine Beobachtungen zu folgenden Aspekten am Rand auf Seite 55:
   - formaler Aufbau des Gedichts,
   - sprachliche Gestaltung,
   - Wirkung dieser formalen und sprachlichen Besonderheiten des Textes.

8. Vergleiche die folgenden Anmerkungen zu den ersten sechs Versen des Gedichts mit deinen eigenen. Überlege, welche Aspekte du in deiner eigenen Vorarbeit ergänzen willst.

TIPP zum dritten Schritt

1. Wenn dir Fachbegriffe unklar sind, schlage im Glossar unter dem Stichwort *Lyrik* nach.
2. Notiere deine Ergebnisse am Rand.
3. Arbeite mit bunten Farben, um den Überblick (z. B. Erkennen von Wiederholungen) zu behalten.
4. Markiere passende Zitate, mit denen du später deine Ergebnisse stützen und veranschaulichen kannst.

Eines Tages,	→ *irgendwann in naher Zukunft = Zukunftsvision / Wiederholung der Überschrift, wie ein Märchen*
<u>wird</u> der Vater seinen Sohn bei der Hand <u>nehmen</u>.	→ *Verb im Futur / zwei Generationen; Alltagsszene*
Er <u>wird</u> mit ihm	→ *Zeilensprünge verbinden Verse – wie erzählender Text*
durch die glasüberdeckten Straßen <u>gehen</u>,	→ *keine Natur; Umwelt wirkt abgeschottet durch Glas; hygienisch rein*
an Schaufenstern stehen bleibend	→ *Welt hinter Glas zum Anschauen und Bewundern*
mit mechanischem Spielzeug	→ *nichts Natürliches, vergleichbar mit Robotern*
...	
→ *eine Strophe / 27 Verse / kein Reimschema*	→ *wie Erzählung; Inhalt wichtiger als Form; dreimal ähnliche Satzanfänge = drei Teile: V. 1 – V. 13 / V. 14 – V. 21 / V. 22 – V. 27*

9. Werte deine Ergebnisse schrittweise aus. Diese ersten Ausformulierungen helfen dir später beim Verfassen deines Textes. Lies dazu die im Infokasten beschriebene Schrittfolge. Wenn der Platz nicht reicht, schreibe auf einem Extrablatt weiter.

INFO zu 9.

Arbeitsschritte für die Auswertung der Ergebnisse

a) Stelle das Gedicht vor (Autor / in, Titel, Erscheinungsjahr / Epoche, Thema).
b) Stelle die durch das Gedicht vermittelte Stimmung dar. So wird gleichzeitig dein erster Eindruck deutlich.
c) Stelle deine Eindrücke zur Deutung des Gedichts dar.
d) Wende dich nun der Form (Strophe, Vers, Reim) zu und kläre, inwiefern die gewählte Struktur die Deutung stützt.
e) Stelle dar, wie sich deine Deutung durch die Sprache des Gedichts (Satzbau, Wortwahl, sprachliche Mittel) bestätigen lässt.
f) Überlege, aus welcher Perspektive der Sprecher (lyrisches Ich, „er/sie"-Figur) die Situation darstellt.
g) Beziehe Absicht und Wirkung in deine Deutung ein.

a) Stelle das Gedicht jemandem vor, der es nicht kennt.

Das Gedicht „Eines Tages" wurde von Ilona Bodden veröffentlicht. Es thematisiert …

b) Welche Stimmung und welche Gefühle erzeugt das Gedicht?

Nach dem ersten Lesen hat man als Leser den Eindruck, dass …

c) Worum geht es der Autorin vermutlich in diesem Gedicht? Welche Gefühle kommen im Gedicht zum Ausdruck?

Bodden will darauf hinweisen, dass …

d) Inwieweit trägt die Form des Gedichtes (Strophen, Versanzahl und ihre Anordnung, Reimschema) zur Verstärkung des Verständnisses bei? Erkläre, warum Bodden diese Aufteilung gewählt hat (vgl. dazu auch den Info-Text auf S. 56).

In ihrem Gedicht hat Ilona Bodden ganz bewusst auf traditionelle Gedichtformen verzichtet, denn das Gedicht besteht lediglich aus einer Strophe mit 27 Versen. Ein Reimschema …

TIPP zu 9 d)

1. Bei moderneren Gedichten ist die Form oftmals nicht regelmäßig.
2. Beschreibe die Elemente der Form, die dieses Gedicht so besonders machen, denn sie beeinflussen die Aussage.

e) Welche sprachlichen Mittel (Metaphern, Vergleiche) verwendet Bodden, um die Situation der Menschen und ihre Gefühle zu veranschaulichen?

Gleich zu Beginn im ersten Vers leitet die Autorin mit einer Wiederholung der Überschrift („Eines Tages", V. 1) das Gedicht ein. So entsteht der Eindruck, als wolle sie eine Zukunftsvision entwerfen, von der sie sehr sicher ist, dass sie eintreten wird. Gleichzeitig wirkt dieser Anfang wie der Beginn einer Erzählung. Dieser Eindruck wird von der Form des Gedichts gestützt, denn ...

Die verwendete Anapher („Und ...", V. 14, 22) zeigt eine inhaltliche Struktur auf. Dadurch lässt sich das Gedicht in drei Abschnitte teilen, die eine Entwicklung angeben, da ...

Auffällig ist die Metapher: „... aus dessen Drehtür der Atem der Jahrtausende weht." (VV. 20/21). Die „Drehtür" steht für den Wandel, für die Veränderungen im Alltag der Menschen. Der Ausdruck „Atem der Jahrtausendwende" ...

f) Aus welcher Perspektive wurde das Gedicht verfasst? Begründe, warum die Autorin diese Darstellungsweise gewählt hat?

Die Autorin stellt zwei Rollenfiguren dar: Vater und Sohn (V. 2). Da sie keine konkreten Namen verwendet und auch keinen Ort vorgibt ...

g) Erläutere, mit welcher Absicht der Text geschrieben wurde und wie die Autorin diese Wirkung bei den Lesern erreicht.

Durch die Darstellung dieser technischen Alltagswelt der Zukunft möchte Ilona Bodden darauf aufmerksam machen, dass ...

10. Lies noch einmal die Aufgabenstellung ❷. Sammle in Stichworten Gedanken und ordne anschließend die Reihenfolge deiner Argumente.

TIPP zu 10.

In einer Stellungnahme wird von dir erwartet, dass du deinen Standpunkt klar und eindeutig darstellst. Du solltest nachvollziehbare Gründe und anschauliche Beispiele aus deinem persönlichen Umfeld anführen.

Vierter Schritt: Schreibplan anlegen

TIPP zum vierten Schritt

Deine Schreibaufgabe besteht darin, in einem Text alle Aufgaben zu bearbeiten.
Nutze die Aufgabenstellung und deren Unterpunkte für deine Gliederung.
Verwende deine erarbeiteten Vorlagen.
In der **Einleitung** stellst du den Text vor, machst Angaben zu Titel, Autor/in, Textart, Erscheinungsjahr und Thema. Außerdem stellst du Vermutungen zur Deutung an. Dadurch ist die Aufgabenstellung **1** a) (siehe Seite 55) bearbeitet.
Im **Hauptteil** wendest du dich den Aufgabenstellungen **1** b), c) und d) zu. Du fasst den Inhalt des Gedichts zusammen. Dann beschreibst du, wie die Wirklichkeit im Text dargestellt wird, und erklärst mithilfe deiner Untersuchungsergebnisse zur äußeren Form und der Sprache, warum die Autorin die Wirklichkeit so darstellt. Diese Erklärung und Deutung unterstützt du durch Zitate und Belege.
Am **Schluss** fasst du noch einmal zusammen, wie du den Text verstanden hast. Mit einer Stellungnahme beschließt du diesen Teil.
Achte dazu auf die genaue Formulierung der letzten Aufgabe.

11. In einem Schreibplan legst du die Abfolge deiner Gedanken in Stichpunkten fest. Stelle diese Gliederung für deinen Text zusammen. Sie sichert ab, dass du deine Beobachtungen und Ergebnisse zusammenhängend und strukturiert darstellst.

Schreibplan

Einleitung:

- modernes Gedicht „Eines Tages" von Ilona Bodden
- veröffentlicht 1990 in „Praxis Deutsch"
- Thema: Zukunftsvision einer „schönen neuen Welt", in der zwar alles von Technik bestimmt ist, doch ...

Hauptteil:

- Vater und Sohn, zwei Generationen, wandern durch die Straßen ihrer Stadt
- Alltag ist hoch technisiert, hygienisch rein, wirkt strukturiert, aber: ...

Schluss:

Fünfter Schritt: Eigenen Text schreiben

TIPP zum fünften Schritt

1. Schreibe deinen Text. Lasse an der Seite und unten einen breiten Rand, damit du Platz für die Überarbeitung und Ergänzungen hast.
2. Schreibe beim Ausformulieren deines Textes so, als würden deine Leser das dir vorliegende Gedicht nicht kennen. So kannst du sicher sein, dass du genau und detailliert arbeitest.
3. Schreibe im Präsens.
4. Bringe die Ergebnisse deiner Vorarbeit in einen schlüssigen und zusammenhängenden Gedankengang. Dazu fasst du ähnliche Beobachtungen zusammen und beschreibst ihre Wirkung, damit deine Leser verstehen, warum die Autorin / der Autor bestimmte inhaltliche, sprachliche und formale Merkmale ausgewählt hat.
5. Verwende Zitate, wenn du etwas Typisches oder Bemerkenswertes herausstellen oder wenn du Aussagen belegen willst. Kennzeichne Zitate durch Anführungszeichen und Zeilenangaben in Klammern: *„… der Atem der Jahrtausende weht.“* (V. 21).
6. Verwende die richtigen Fachbegriffe, denn mit ihnen kannst du präzise formulieren und den Lesern lange Umschreibungen ersparen.
7. Deine Analyse wird daran gemessen, ob du dich kritisch mit dem Text auseinandergesetzt hast. Du kannst also am Schluss auch Darstellungen der Autorin / des Autors infrage stellen oder kommentieren.
8. Damit dein Text zusammenhängend wirkt, verwende passende Satzverknüpfungswörter.

12. Fasse deine Analyseergebnisse zum Gedicht „Eines Tages“ von Ilona Bodden in einem geschlossenen Text auf einem Extrablatt zusammen.
Orientiere dich dazu an deinem Schreibplan. Beginne mit der Einleitung.
Bereits an dieser Stelle kannst du auf den ersten Unterpunkt der Aufgabenstellung 1 a) eingehen.

Das Gedicht „Eines Tages“ von Ilona Bodden wurde in der Zeitschrift „Praxis Deutsch“ 1990 veröffentlicht. Die Autorin stellt darin ihre Zukunftsvision von einer „schönen neuen Welt“ vor, in der zwar alles technisch orientiert ist, doch …

13. Schließe nach einem Absatz deinen Hauptteil an.

Der Text stellt eine Situation dar, in der Vater und Sohn gemeinsam durch die Straßen ihrer Stadt wandern. Anhand der Beschreibung ihrer Handlungen und der Dinge, die sie sehen und die ihnen begegnen, entsteht der Eindruck, dass ihr Alltag …
Zusammenfassend lässt sich feststellen, dass …

14. Im Schlussteil beziehst du Stellung zu der Formulierung in der zweiten Aufgabe (siehe Seite 55).
Der Anfang der Stellungnahme könnte so lauten:

Die dargestellte Vision vom Alltag in der Zukunft erscheint mir durchaus realistisch. Wir leben in einer Zeit, die von Umweltproblemen und von den Auswirkungen des Klimawandels geprägt ist. Immer häufiger werden wir mit Flutkatastrophen und zerstörerischen Wetterphänomenen konfrontiert. Daher …

Sechster Schritt: Text überarbeiten

15. Überarbeite deinen Text. Verwende dazu die Checkliste.

CHECKLISTE zur Überarbeitung einer Gedichtanalyse

1. Den Text inhaltlich überprüfen (Inhaltsleistung)

- ✐ Hast du in deinem Aufsatz alle Unterpunkte der Schreibaufgabe berücksichtigt?
- ✐ Hast du den Text sinnvoll gegliedert? Ist er durch Absätze überschaubar gestaltet?
- ✐ Ist für die Leser erkennbar und nachvollziehbar, wie und warum du etwas so empfunden und verstanden hast?
- ✐ Wird klar, welche Bedeutung Form und Sprache des Textes für die Aussageabsicht haben?
- ✐ Hast du unterschiedliche Beobachtungen miteinander verknüpft und Zusammenhänge hergestellt?
- ✐ Nennst du Begründungen zu deinen Schlussfolgerungen oder Sichtweisen?
- ✐ Hast du deine Beobachtungen und Schlussfolgerungen durch Zitate und Belege untermauert?

2. Den Text sprachlich überarbeiten (Darstellungsleistung)

- ✐ Hast du unnötige Wiederholungen vermieden?
- ✐ Fallen dir beim Lesen unklare Formulierungen auf?
- ✐ Sind deine Sätze vollständig?
- ✐ Wo kannst du komplizierte Sätze vereinfachen?
- ✐ Hast du Zusammenhänge durch sinnvolle Satzverknüpfungen verdeutlicht?
- ✐ Überprüfe auch Rechtschreibung, Zeichensetzung und Grammatik, denn sie fließen in die Bewertung ein und können den Lesefluss beeinträchtigen. Kontrolliere deinen Text mehrfach und berücksichtige deine eigenen Fehlerschwerpunkte.

C Prüfungsaufgaben zum Themenbereich „Recht und Gerechtigkeit"

In diesem Kapitel kannst du mehrere Prüfungsbeispiele zu dem Thema „Recht und Gerechtigkeit" bearbeiten. Notiere die benötigte Arbeitszeit (siehe Seite 6).

C 1 Leseverstehen: Menschenrechte – Grundrechte – Bürgerrechte (angeleitetes Üben)

Teil I

Lies zunächst den Text sorgfältig durch. Bearbeite anschließend die Aufgaben 1 – 13.

Menschenrechte – Grundrechte – Bürgerrechte

Der Gedanke von Menschen-, Grund- und Bürgerrechten ist schon in der Antike entstanden. Erstmals wurden die Menschenrechte verfassungsrechtlich in der Habeas-Corpus-Akte in England im 17. Jahrhundert genannt. Im 19. Jahrhundert wurden sie in fast alle europäischen Verfassungen aufgenommen. Nach dem 2. Weltkrieg verabschiedeten die Vereinten Nationen im Dezember 1948 die allgemeine Erklärung der Menschenrechte. Ziel der Erklärung ist es, für Menschenrechte und fundamentale bürgerliche Freiheiten einzutreten und sie zu fördern. Im Folgenden werden außer dem Begriff Menschenrechte auch die Begriffe Grundrechte und Bürgerrechte benutzt. Um diese richtig anzuwenden, müssen zuerst ihr Inhalt und ihre Bedeutung geklärt werden.

Menschenrechte stehen jedem Menschen von Geburt an zu. Dazu gehören das Recht auf Leben, auf Freiheit und körperliche Unversehrtheit, das Recht auf Glaubens- und Meinungsfreiheit, die Gleichheit vor dem Gesetz und die Gleichheit von Mann und Frau. Persönliche Freiheit bedeutet, dass jeder dort leben und arbeiten kann, wo und wie er will. Körperliche Unversehrtheit heißt, dass Menschen von staatlichen Organen (z. B. von der Polizei) nicht gefoltert oder willkürlich geschlagen werden dürfen. Kein Mensch und auch keine Regierung kann einem Menschen diese Rechte absprechen. Verbunden damit ist gleichsam ein doppelter Auftrag: Jeder hat die Würde der eigenen wie die der anderen Personen zu achten. Menschliches Zusammenleben kann nur gelingen, wenn jeder die Rechte, die er für sich beansprucht, auch jedem anderen zubilligt und sich für diese wie für die eigenen einsetzt. Für die Gesellschaft und den Staat heißt dies, dass sie Menschenrechte nicht festzulegen oder zu gewähren haben, sondern diese von vornherein als „von der Natur gegeben" zu betrachten sind.

Grundrechte sind im Verhältnis zu den Menschenrechten demnach nichts anderes oder gar Gegenteiliges; vielmehr sind sie die in einer Verfassung, im Grundgesetz der Bundesrepublik Deutschland, zugesicherten und festgeschriebenen Menschenrechte. Im Grundgesetz wird zum Beispiel bestimmt, welche Rechte Bürger haben und welche Aufgaben und Befugnisse Regierung und Parlament haben. Die meisten Grundrechte stehen allen Menschen, die in Deutschland leben, zu; einige Rechte aber nur deutschen Bürgern.

Diese besondere Ausprägung der Grundrechte sind die Bürgerrechte. Üblicherweise meint man damit die Grundrechte, die nur den Staatsbürgern im Sinne des Grundgesetzes, also „allen Deutschen“ zustehen. Dies sind die Artikel 8 (Versammlungsfreiheit), Artikel 9 (Vereinigungsfreiheit), Artikel 11 (Freizügigkeit) und 12 (Berufsfreiheit). Teile dieser Grundrechte können per Gesetz für „Nicht-Deutsche“ eingeschränkt werden.

Alle Bürger können sich an das Bundesverfassungsgericht wenden, wenn sie glauben, dass ihre Grundrechte durch einen Übergriff des Staates verletzt werden. In unserer computerisierten Welt wird der Schutz vor Datenmissbrauch zu einem immer wichtigeren Freiheitsrecht des Einzelnen. Das Bundesverfassungsgericht hat entschieden, dass jeder das Recht hat, selbst zu entscheiden, welche persönlichen Daten er wem zur Verfügung stellt. Dieses Recht wird als das Recht auf informelle Selbstbestimmung bezeichnet und wurde in den Rang eines Grundrechtes erhoben. Darum wurde ein Bundesdatenschutzgesetz erlassen, das den Umgang mit personenbezogenen Daten regelt. Dort ist festgelegt, dass staatliche Stellen nur solche Daten speichern dürfen, die zur Erfüllung von Aufgaben unbedingt notwendig sind. Deshalb haben alle Bürger das Recht auf Auskunft über gespeicherte Daten zu ihrer Person und können verlangen, dass falsche Angaben sofort gelöscht werden. Da es in den nächsten Jahren immer wieder zu Veränderungen in den Datenschutzgesetzen kommen wird, kann man jetzt schon vorhersagen, dass sich das Bundesverfassungsgericht mit diesem Grundrecht auch in Zukunft wieder beschäftigen muss.

Lösungshilfen zu 1 – 13

1. Nicht gleich auf die Aufgaben stürzen! Erschließe zuerst den Text wie in B 3:
   - Kläre unbekannte Wörter und Ausdrücke aus dem Textzusammenhang.
   - Unterstreiche wichtige Schlüsselstellen.
   - Bilde Sinnabschnitte und formuliere dazu Überschriften oder Stichwörter.

   Du findest dann zu den Aufgaben schnell die Textstellen.

Aufgaben 1 – 13

1 Welche der Aussagen a) – d) ist richtig? Beziehe dich dabei auf den Text.
Kreuze die richtigen Antworten an.

TIPP zu 1

Suche die betreffenden Textpassagen aus dem Text „Menschenrechte – Grundrechte – Bürgerrechte“ heraus und unterstreiche sie. Vergleiche die Aussagen mit den Sätzen a) bis d) und überlege, ob sie übereinstimmen. Achte genau auf den Wortlaut und auf die Satzzeichen.

	trifft zu	trifft nicht zu
a) Menschenrechte haben eine lange Geschichte.	○	○
b) Menschenrechte sind naturgegeben.	○	○
c) Grundrechte sind in einer Verfassung aufgeschriebene Menschenrechte.	○	○
d) Bürgerrechte gelten für alle Menschen, die in Deutschland wohnen.	○	○

2 Gliedere den Text in fünf Sinnabschnitte und finde passende Zwischenüberschriften.

	Abschnitt	Zeilen	Zwischenüberschrift
a)	1	Z. 1-22	Geschichte der Menschenrechte
b)	2		
c)	3		
d)	4		
e)	5		

TIPP zu 2

In Aufgabe 1 hast du schon die Vorarbeit geleistet.
Wenn deine Anzahl von Sinnabschnitten abweicht, fasse Abschnitte zusammen oder teile sie weiter auf.

3 Betrachte die Karikatur genau und kreuze die richtige Aussage an.

Quelle: Tom Körner, Berlin

Die vorliegende Zeichnung ...	trifft zu	trifft nicht zu
a) hat nichts mit der Aussage des Textes „Menschenrechte – Grundrechte – Bürgerrechte" zu tun.	○	○
b) spielt auf ein häufig anzutreffendes Vorurteil an.	○	○
c) unterstützt die durch den Text vorgenommene Kritik am Umgang mit Menschenrechten.	○	○
d) zeigt eine Auswirkung des Rechts auf informelle Selbstbestimmung.	○	○

4 Wähle aus a) – d) einen Satz aus und begründe, warum dieser Satz zutreffend oder nicht zutreffend ist.

____

____

____

TIPP zu ❺ bis ❼

Der Wortlaut dieser Aufgabenstellungen gibt dir den Hinweis darauf, dass es mehrere richtige Lösungsmöglichkeiten geben kann. Also musst du evtl. auch mehrere Kreuze setzen.

❺ Welche der folgenden Aussagen passen zum Text? Kreuze die richtigen Aussagen an.

a)	Jeder muss die Rechte des anderen beachten und darf sie nicht verletzen.	
b)	Grundrechte sind genauso wie Menschenrechte unveränderlich.	
c)	Die Bürger haben die Möglichkeit, sich bei einer Verletzung der Grundrechte durch den Staat an das Bundesverfassungsgericht zu wenden.	
d)	Erst 1948 wurden die Menschenrechte erstmals schriftlich in einem Dokument festgehalten.	

❻ Im Text wird das Recht auf informelle Selbstbestimmung erklärt. Kreuze die richtigen Antworten an.

a)	Das Recht auf informelle Selbstbestimmung bedeutet, dass jeder selbst entscheiden kann, welche Daten er wem zur Verfügung stellt.	
b)	Der Staat kann dieses Recht durch ein Gesetz teilweise einschränken.	
c)	Staatliche Stellen dürfen zur Erfüllung ihrer Aufgaben unbegrenzt Daten speichern.	
d)	Das Recht auf informelle Selbstbestimmung ist kein Grundrecht.	

❼ *„Menschliches Zusammenleben kann nur gelingen, wenn jeder die Rechte, die er für sich beansprucht, auch jedem anderen zubilligt und sich für diese wie für die eigenen einsetzt."* (Z. 43–48)
Kreuze die richtigen Aussagen über diesen Satz an.

a) Der Satz enthält keinen Relativsatz. ○

b) Dieser Satz ist ein Satzgefüge, in dem mehrere Nebensätze enthalten sind. ○

c) Der „Wenn-Satz" stellt eine Bedingung auf. ○

d) Der Hauptsatz steht am Anfang. ○

❽ Im Text werden einige Menschenrechte genannt und zwei werden mit Beispielen genauer erklärt. Wähle ein weiteres Menschenrecht aus und erkläre es mithilfe eines eigenen Beispiels.

____

____

____

____

____

____

____

____

____

TIPP zu 9

Schau dir zur Bearbeitung dieser Aufgabe die im Text verwendete Sprache und die Aussagen noch einmal genau an. Markiere Fachausdrücke, Zitate und kommentierende Ausdrücke, sofern sie vorhanden sind.

9 Beachte genau, wie der Text geschrieben ist. Eine der folgenden Aussagen über die Art, wie der Text geschrieben wurde, ist falsch. Kreuze die falsche Aussage an.

Der vorliegende Text …

a) ist in einer wissenschaftlichen Fachsprache geschrieben. ○

b) wurde mit der Absicht geschrieben, die Leser zu unterhalten. ○

c) verdeutlicht manchmal mithilfe von Beispielen die Aussagen des Textes. ○

d) ist klar gegliedert. ○

TIPP zu 10

Bei dieser Aufgabe wird überprüft, ob du verstanden hast, warum der Autor den Text verfasst hat. Du musst also überlegen, wie der Text auf dich wirkt. Auch hier gibt es wieder mehrere richtige Antworten.

10 Welche Absicht verfolgt der Verfasser des Textes? Beachte genau, was im Text steht, und kreuze die richtigen Lösungen an.

a) Der Autor möchte mit dem Text „Menschenrechte – Grundrechte – Bürgerrechte" über die rechtliche Situation in Deutschland informieren. ○

b) Er will davor warnen, welche Folgen die Verletzung von Menschenrechten hat. ○

c) Der Verfasser will den Lesern die unterschiedlichen Begriffe erklären und erläutern. ○

d) Das Recht auf informelle Selbstbestimmung stellt er heraus, weil durch das Internet immer mehr Daten verfügbar werden. ○

11 Die Überschrift des vorliegenden Textes heißt „Menschenrechte – Grundrechte – Bürgerrechte". Überlege, ob du diese Überschrift passend findest, und begründe deine Meinung.

○ Ja, ich finde die Überschrift passend, weil ______________________________

____

____

____

○ Nein, ich finde die Überschrift nicht passend, weil ______________________________

____

____

____

12 Ein Mitschüler sagt: *„Was helfen den Menschen in Afrika die Menschenrechte, wenn sie verhungern."*
Nimm Stellung zu diesem Satz.

____

____

____

____

____

13 Eine Schülerin äußert sich über diesen Artikel:
„Der vorliegende Text ist mir zu theoretisch. Es fehlen mir verständliche Beispiele, die mir vieles deutlicher machen. So ist der Text für Schüler zu langweilig."
Bist du auch dieser Meinung? Begründe deine Meinung, indem du dich auf den Text beziehst.
Beide Antworten sind möglich. Es kommt darauf an, wie du deine Meinung begründest.

○ Ja, ich bin auch dieser Meinung. ○ Nein, ich bin nicht dieser Meinung.

Begründung: ___________________________________

____

____

____

Auswertung

1. Wie viel Zeit hast du zur Bearbeitung der Aufgaben benötigt? ______________ Minuten

2. Welche Aufgabenart ist dir leicht- oder schwergefallen?

	leicht	mittel	schwer
• Aussagen mit Text vergleichen 1 a)–d)	○	○	○
• Sinnabschnitte bilden und Zwischenüberschriften formulieren 2	○	○	○
• Aussagen mit Karikatur vergleichen 3 / 4	○	○	○
• Aussagen des Textes verstehen und herausschreiben bzw. ergänzen 5 / 6	○	○	○
• Aufbau eines Satzes und Zusammenhänge in einem Satz erkennen 7	○	○	○
• Textaussagen mit einem Beispiel verdeutlichen 8	○	○	○
• Gesamttext beurteilen 9	○	○	○
• Aussagen des Textes verstehen und umschreiben 10	○	○	○
• Wahl der Überschrift erklären und begründen 11	○	○	○
• Aussagen des Textes verstehen und weiterdenken 12	○	○	○
• Zu Aussagen über den Text Stellung nehmen 13	○	○	○

C 2 Aufgabentyp 2: Jugendkriminalität (angeleitetes Üben)

Teil II

Du hast ein Berufspraktikum bei der Polizei absolviert und dabei erlebt, dass viele Jugendliche mit dem Gesetz in Konflikt kommen. Die Redaktion der Schülerzeitung hat dich gebeten, zum Thema „Jugendkriminalität" einen informativen Text zu schreiben.
Damit du deinen Text schreiben kannst, bekommst du eine Materialsammlung (M 1 – M 5). Lies dir zunächst die Aufgabenstellung und dann die Materialien aufmerksam durch, bevor du mit dem Schreiben beginnst.

1 Verfasse auf der Grundlage der Materialien M 1bis M 5 einen **informativen Text** für deine Mitschülerinnen und Mitschüler und kläre sie darin über das Problem der Jugendkriminalität auf.
Schreibe nicht einfach aus den Materialien ab, sondern bemühe dich um eine eigenständige Darstellung in einem zusammenhängenden Text. Berücksichtige dabei folgende Gesichtspunkte:

a) **Formuliere** für den Text eine passende Überschrift.
b) **Formuliere** einen Einleitungsteil, in dem du deine Leserinnen und Leser auf das Problem der Jugendkriminalität aufmerksam machst.
c) **Beschreibe** häufige Delikte Jugendlicher deiner Altersgruppe. **Belege** sie durch genaue Angaben.
d) **Erläutere** die Faktoren, die kriminelles Verhalten begünstigen.
e) **Schlussfolgere** anhand der Materialien und eigener Überlegungen, welche Maßnahmen helfen könnten, jugendlicher Kriminalität vorzubeugen bzw. sie einzudämmen. **Begründe**, warum.
f) **Notiere** unterhalb deines Textes die von dir genutzten Materialien.

M 1 Graffiti

Foto: fotolia.com

Um „verunstaltende" Graffiti verfolgen zu können, wurde § 303 StGB (Sachbeschädigung) im September 2005 erweitert.

M 2 Jung und straffällig

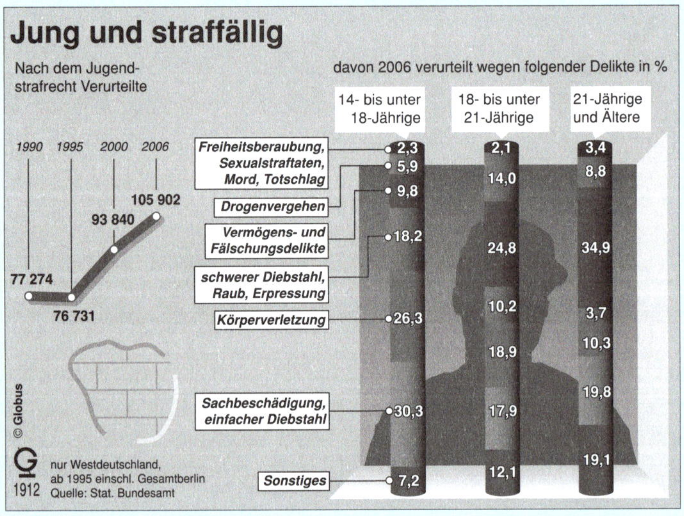

M 3 Statement von Ahmed Sari, Sozialarbeiter

Jugendliche müssen die Folgen ihres Handelns kennen. Sie müssen wissen, was passiert, wenn sie zuschlagen, klauen oder die Schule schwänzen.
Meiner Meinung nach reicht eine Bewährungsstrafe für Jugendliche nicht aus. Ein Wochenende im Arrest kann Wunder bewirken. Ich bin ganz klar für einen „Warnschussarrest".

M 4 Interview mit Polizeihauptkommissar Peter Kraft

Frage: Herr Kraft, mit welchen Gewalttaten von Jugendlichen haben Sie hauptsächlich zu tun?

Peter Kraft: Gewalttaten treten in sehr unterschiedlichen Formen auf. Sie reichen von verbaler Aggression, Bedrohung, Nötigung, Körperverletzung und Sachbeschädigung bis hin zu Raubdelikten und Erpressung.

Frage: Gegen wen richtet sich Gewalt oft?

Kraft: Die Opfer sind meist junge Menschen. Kinder und Jugendliche haben ein zwei- bis dreimal häufigeres Risiko, Opfer von Straßenraub oder Körperverletzungsdelikten zu werden als Erwachsene.

Frage: Können Sie mir Zahlen zur Jugendkriminalität nennen?

Kraft: Im Deliktbereich „Gewaltkriminalität“ wurde im Jahr 2007 bundesweit mehr als jede vierte Gewalttat durch einen Tatverdächtigen unter 18 Jahren begangen.

Frage: Woran liegt es, dass Jugendliche gewalttätig werden?

Kraft: Es gibt verschiedene Faktoren. Wer zu Hause in der Familie Gewalt als Mittel der Konfliktlösung erlebt, schlägt als Jugendlicher auch eher zu. Hinzu kommen Gruppenzwänge, unstrukturiertes Freizeitverhalten, Rollenunsicherheit, Erlebnishunger, Gewöhnung an Aggression und Brutalität durch längerfristigen Konsum entsprechender Medien und, nicht zu vergessen, Perspektivlosigkeit.

Frage: Was kann man dagegen tun?

Kraft: Jugendliche brauchen Halt und Orientierung. Eine zentrale Rolle der Gewaltprävention spielt die Familie. Hier sollten die Grundlagen für ein gutes Sozialverhalten gelegt werden.

Frage: Was wird aus Jugendlichen, die im Knast landen? Kommen sie weniger kriminell heraus?

Kraft: Pauschal geantwortet: Nein. Gefängnis hat wenig Erzieherisches.

M 5 Ursachen und Anlässe für Gewalttaten

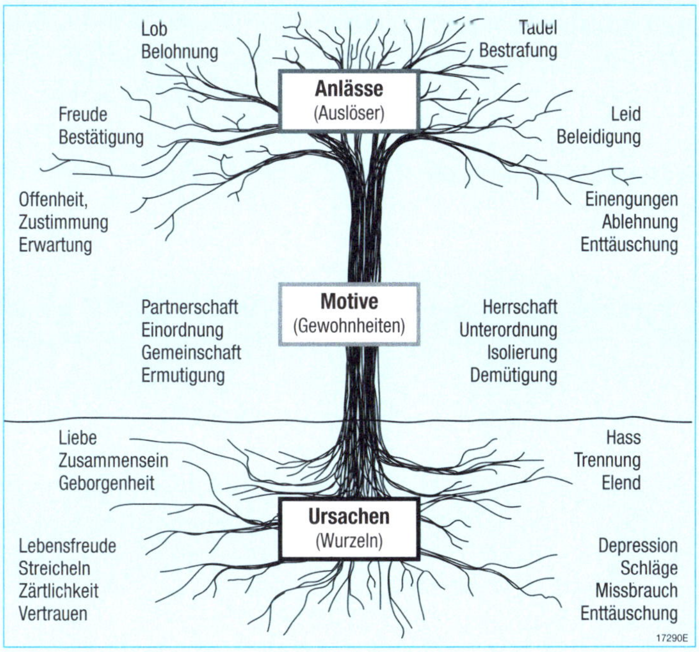

Quelle: www.polizei-beratung.de
Grafik: westermann

Lösungshilfen zu 1 a) – f)

1. Erschließe die Materialien. Gehe so vor wie in Kapitel B 3 (S. 23) und B 4 (S. 25).

2. Nun musst du überprüfen, welche Informationen du für deinen informativen Text nutzen kannst.
   a) Ergänze die Informationen aus den Materialien stichwortartig in der Mindmap. Lies vorher den Tipp. Übertrage die Mindmap auf ein Extrablatt.
   b) Ergänze den Ast *Daran muss ich denken ...*, um deinen Text vorzubereiten. Notiere hier auch, welche Materialien du verwendet hast.

TIPP zu 2.

- Schließe die Informationen bzw. die Materialien aus, die du nicht für deinen informativen Text verwerten kannst.
- Lege dir eine Tabelle oder eine Mindmap an (siehe B 5, S. 31 – 33). Eine Kopiervorlage findest du im Lösungsheft.
- Sichte die Materialien nacheinander und ergänze die Informationen stichwortartig in der Tabelle oder in der Mindmap.
- Stelle Verbindungen zwischen den Materialien her, streiche Wiederholungen.

Mindmap: Informativer Text zum Problem *„Jugendkriminalität"* für die Schülerzeitung

Adressat: ______

Situation/Thema: ______

Schreibziel: ______

Jugendkriminalität

1 b) Einleitung (Problem aufzeigen)
- M 2: 105.902 verurteilte Jugendliche (2006)
- M 4: jede vierte Gewalttat durch einen Tatverdächtigen unter 18 J. (Z. 20-24)

1 c) häufige Delikte Jugendlicher (mit Angaben)
- M 1: Graffiti sprayen ist auch eine Straftat (Angaben fehlen)
- M 2: Sachbeschädigung, einfacher Diebstahl (30,3 %); Körperverletzung (26,3 %); schwerer Diebstahl, Raub, Erpressung (18,2 %)
- M 4: ...

Daran muss ich denken:
- Materialsichtung: M 2 und M 4 -> wichtig
- Textformulierung: ...

...

1 d) Faktoren für kriminelles Verhalten
- M 4: Gewalt in der Familie, Gruppenzwang, Gewöhnung an Brutalität, Perspektivlosigkeit
- M 5: Schläge, Missbrauch, Enttäuschung

1 e) Maßnahmen gegen Jugendkriminalität
- M 3: ...

3. Vervollständige den folgenden Schreibplan (siehe Tipp auf S. 33).

Schreibplan

Überschrift: Wird unsere Jugend zunehmend kriminell? (1 a))

Einleitung: - Bericht in Schülerzeitung nach Praktikum bei der Polizei, viele Jugendliche kommen mit dem Gesetz in Konflikt

- Zahlenbeispiele aus M 4 ...

Hauptteil: - 1 c) häufige Delikte Jugendlicher: ...

- Zahlen aus M 2: häufigste Straftat: 30,3% der 14- bis unter 18-Jährigen begehen Sachbeschädigung und einfache Diebstähle, ...

- 1 d) Faktoren für kriminelles Verhalten: ...

Erklärung dazu: ...

Schluss: - 1 e) Maßnahmen gegen Jugendkriminalität und Gründe, warum sie helfen könnten: ...

- 1 f) verwendete Materialien notieren: ...

4. Verfasse deinen Text. Beachte dazu den Tipp in Kapitel B 5 (S. 34).

1) Wird unsere Jugend zunehmend kriminell?

Einleitung: Wusstet ihr, dass jede vierte Gewalttat durch einen Tatverdächtigen unter 18 Jahren verübt wird? Im Rahmen meines Praktikums bei der Polizei bin ich mit dem Problem der Jugendkriminalität in Berührung gekommen. Dabei ist mir deutlich geworden, dass Jugendkriminalität auch in der Schule ein wichtiges Thema sein muss. Immerhin wurden 105.902 Jugendliche im Jahr 2006 nach dem Jugendstrafrecht verurteilt. In dem folgenden Text werde ich versuchen, ...

Hauptteil: Der Kontaktbeamte für Gewaltprävention, Peter Kraft, gibt an, dass im Jahr 2007 bundesweit mehr als jede vierte Gewalttat durch einen Tatverdächtigen unter 18 Jahren begangen worden ist. Die häufigsten Delikte Jugendlicher zwischen 14 und 17 Jahren sind aber Sachbeschädigung und einfacher Diebstahl (30,3%). ...

Schluss: Wie kann man der Kriminalität von Jugendlichen vorbeugen? Diese Frage ist gar nicht so einfach zu beantworten, denn es gibt verschiedene Möglichkeiten ...

Angabe der Materialien (1f): Für meinen informativen Text habe ich die folgenden Materialien verwendet: ...

5. Überarbeite deinen Text. Verwende dazu die Checkliste im Kapitel B 5 (S. 35).

C 3 Aufgabentyp 2: Unrecht im Internet (angeleitetes Üben)

Teil II

Immer mehr Jugendliche werden im Internet „abgezockt“ und fühlen sich hilflos angesichts hoher Geldforderungen zweifelhafter Internetanbieter. Du arbeitest in der Schülerzeitung als „Medienexperte“ mit und willst deine Mitschülerinnen und Mitschüler über Gefahren und Schutzmaßnahmen im Internet informieren.
Damit du deinen Text schreiben kannst, bekommst du eine Materialsammlung (M 1 – M 5). Lies dir zunächst die Aufgabenstellung und dann die Materialien aufmerksam durch, bevor du mit dem Schreiben beginnst.

1. Verfasse einen **informativen Text** für die Schülerzeitung und kläre deine Mitschülerinnen und Mitschüler darin über Gefahren und Schutzmaßnahmen im Internet auf.
Schreibe nicht einfach aus den Materialien ab, sondern bemühe dich um eine eigenständige Darstellung in einem zusammenhängenden Text. Berücksichtige dabei folgende Gesichtspunkte:
   a) **Formuliere** für den Text eine passende Überschrift.
   b) **Formuliere** einen Einleitungsteil, in dem du deine Leser auf das Problem der Gefahren im Internet aufmerksam machst.
   c) **Beschreibe**, welche Gefahren im Internet auf den Nutzer lauern.
   d) **Erläutere** anhand des Materials mögliche Folgen dieser Gefahren.
   e) **Schlussfolgere** anhand der Materialien und eigener Überlegungen, welche Maßnahmen erfolgversprechend sein können, um sich zu schützen.
   f) **Notiere** unterhalb deines Textes die von dir genutzten Materialien.

M 1 Forumsbeitrag aus einem Online-Jugendmagazin

SMS-Abzocke
Hallo, ich bin hier neu. Ich bin 14 Jahre alt, ich bin auf so ein absolut blödes Angebot reingefallen. Die lockten mit Gratisangebot und so weiter … und dann kam nicht mal eine Rechnung, nein, gleich eine Mahnung. Inzwischen schon die zweite und dritte. Was soll ich tun?

Re: SMS-Abzocke
Ich habe dasselbe Problem. Meine Mutter hat denen aber schon geschrieben, dass ich noch nicht volljährig bin, aber das Problem ist, ich habe bei der Anmeldung nicht auf das Geburtsjahr geachtet, die meinen, ich wäre 18 und darauf beruft die Seite sich jetzt und droht mit Anwalt!

Re: Re: SMS-Abzocke
Hey, ich bin auch bei so etwas reingefallen!! Kein schönes Gefühl, aber heute war ich bei der Verbraucherzentrale und hab mich beraten lassen. Die haben gesagt, bloß NICHT BEZAHLEN!!! Denn es ist rechtswidrig nicht sofort darauf hinzuweisen, dass man etwas bezahlen muss.

M 2 Neue Freundschaft

Zeichnung: H.-J. Feldhaus, Münster

M 3 Wie Sie Kostenfallen von vornherein vermeiden

AGB	Die Internetseite vollständig und genau lesen. Es empfiehlt sich, bis zum Ende der Seite zu scrollen und insbesondere auch die Allgemeinen Geschäftsbedingungen zur Kenntnis zu nehmen. Ist von Vertragslaufzeiten oder Kündigungsfristen die Rede, weist dies in der Regel auf eine vertragliche Bindung hin, die mit Kosten verbunden ist.
persönliche Daten	Besondere Vorsicht ist geboten, wenn persönliche Daten (wie Name, Adresse und Bankdaten) abgefragt werden. Dies ist bei unentgeltlichen Angeboten nicht erforderlich und auch nicht üblich. Durch ein Gewinnspiel soll häufig nur von der Entgeltlichkeit abgelenkt werden.
Impressum	Die Anbieterdaten im sogenannten Impressum lesen. Wird dort lediglich ein Postfach angegeben oder sitzt der Anbieter im Ausland, kann es unter Umständen schwierig sein, seine Rechte durchzusetzen.

Quelle: Bundesministerium der Justiz: Kostenfallen im Internet. Unter: www.bmj.bund.de/Abofallen

M 4 Was sind für dich die drei größten Gefahren im Internet?

Auf diese Frage antworteten knapp 7 Millionen Jugendliche zwischen 12 bis 19 Jahren:

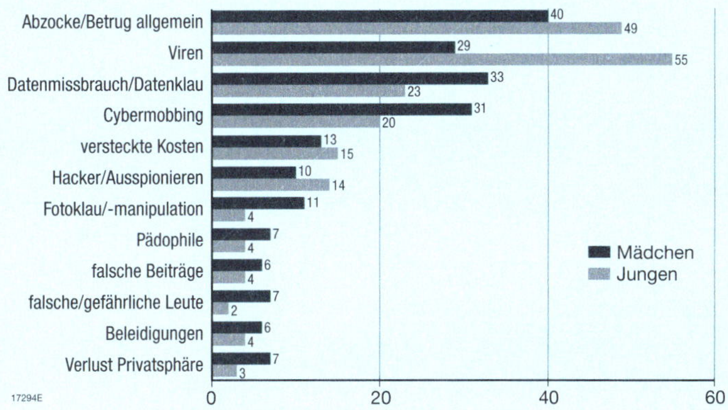

Quelle: JIM-Studie 2010, Angaben in Prozent
Grafik: westermann

M 5 Verbraucherschutz

Christian Thorun, Experte für Datenschutz beim Verbraucherzentrale Bundesverband, im Interview mit Nike Schaefer (21 Jahre):

Nike: Ist Verbraucherschutz nur was für Erwachsene?

Christian Thorun: Jugendliche sind als Verbraucher genauso wichtig wie Erwachsene. [...] Viele Unternehmen verdienen ihr Geld mit Produkten speziell für Jugendliche. Natürlich gibt es da auch einige Anbieter, die den Jugendlichen das Geld mit fiesen Tricks aus der Tasche ziehen wollen. [...]

Nike: Von welchen Problemen sind Jugendliche besonders betroffen?

Thorun: Ein großes Thema waren in letzter Zeit Kostenfallen im Internet. Einige Seiten versprechen kostenlose SMS, Horoskope oder Hausaufgabenhilfe. Dahinter verstecken sich aber manchmal teure Abos. Wenn das falsche Kästchen aktiviert wird, flattert eine saftige Rechnung ins Haus.

Nike: Was kann der Verbraucherzentrale Bundesverband gegen solche miesen Methoden tun?

Thorun: Wenn es nötig ist, ziehen wir gegen solche Firmen vor Gericht. Bislang haben wir 37 Prozesse gegen Kostenfallen im Internet geführt. [...]

Quelle: Europäische Gemeinschaften: Schülerkalender 2009/10, S. 46f.

Lösungshilfen zu 1 a)–f)

1. Erschließe die Materialien. Gehe so vor wie in Kapitel B 3 (S. 23) und B 4 (S. 25).

2. Nun musst du überprüfen, welche Informationen du für deinen informativen Text nutzen kannst.
   a) Ergänze die Informationen aus den Materialien stichwortartig in der Tabelle. Lies vorher den Tipp. Übertrage die Tabelle auf ein Extrablatt.
   b) Ergänze die Spalte *Daran muss ich denken: …*, um deinen Text vorzubereiten. Notiere hier auch, welche Materialien du verwendet hast.

TIPP zu 2.

- Schließe die Informationen bzw. die Materialien aus, die du nicht für deinen informativen Text verwerten kannst.
- Lege dir eine Tabelle oder eine Mindmap an (siehe B 5, S. 31–33). Kopiervorlagen findest du im Lösungsheft.
- Sichte die Materialien nacheinander und ergänze die Informationen stichwortartig in der Tabelle oder in der Mindmap.
- Stelle Verbindungen zwischen den Materialien her, streiche Wiederholungen.

Tabelle: Informativer Text zum Thema „Gefahren und Schutzmaßnahmen im Internet"

Adressat: ___

Situation/Thema: ___

Schreibziel: ___

Aufgaben / Material	1 b) Einleitung (Problem aufzeigen)	1 c) Gefahren im Netz	1 d) Folgen aufzeigen	1 e) Schutzmaßnahmen	Daran muss ich denken:
M 1	- es wird mit Gratisangeboten gelockt	- versteckte Kosten hinter Gratisangeboten	- Mahnungen		- Materialsichtung: … - Textplanung: … - Textformulierung: … - Verwendung dieser Materialien: …
M 2		- absichtliche Täuschung	- gefährliche Leute treffen		
M 3				- AGBs lesen - …	
M 4		- Abzocke/Betrug, Viren, …			
M 5		- Kostenfallen im Netz	- teure Abos abgeschlossen		

3. Vervollständige den folgenden Schreibplan (siehe Tipp auf S. 33).

Schreibplan

Überschrift: Im Internet ist nichts umsonst (1 a))

Einleitung: - Bericht in Schülerzeitung: Immer mehr Schüler werden im Internet „abgezockt" und tappen in die sogenannten „Abo-Fallen"
- Gratisangebote locken (M 1)

Hauptteil: - 1 c) Gefahren im Internet: ...
- 1 d) ...

Schluss: - 1 e) ...

- 1 f) verwendete Materialien notieren: ...

4. Verfasse deinen Text. Beachte dazu den Tipp in Kapitel B 5 (S. 34).

1) Im Internet ist nichts umsonst

Einleitung: Immer wieder fragen mich Mitschülerinnen und Mitschüler um Rat, weil sie im Internet an unseriöse Anbieter geraten sind, die sie gnadenlos „abzocken" wollen. Es wird mit Gratisangeboten gelockt, man glaubt den Versprechungen und schon flattert ein paar Tage später eine saftige Rechnung ins Haus. Im folgenden Artikel werde ich ...

Hauptteil: Als größte Gefahr im Internet nennen Jugendliche, laut JIM-Studie 2010, die Abzocke. Viele Anbieter geben sich seriös als Helfer in allen Lebenslagen aus und bieten gratis beispielsweise Horoskope, kostenlose SMS und Hausaufgabenhilfe an.

Schluss: Vor versteckten Kosten und Abos kannst du dich schützen, indem du die gesamte Internetseite bis ans Ende hinunter scrollst und vor allem das Kleingedruckte liest ...

Angabe der Materialien (1f): Zum Verfassen meines Schülerzeitungsartikels habe ich die Materialien ... herangezogen.

5. Überarbeite deinen Text. Verwende dazu die Checkliste im Kapitel B 5 (S. 35).

C 4 Aufgabentyp 4a: Bertolt Brecht: Der Augsburger Kreidekreis (angeleitetes Üben)

Teil II

1 **Analysiere** den Textauszug „Der Augsburger Kreidekreis" von Bertolt Brecht. Schreibe einen zusammenhängenden Text. Gehe dabei so vor:

a) Formuliere eine Einleitung, in der du Titel, Autor und Thema **nennst**.

b) **Fasse** den Inhalt der Erzählung **zusammen**.

c) **Erkläre**, welche Grundauffassung über die „rechte Mutter" den Richter zu der Demonstration mit dem Kreidekreis veranlasst.

d) **Erläutere**, welche Absicht Bertolt Brecht mit seiner Geschichte verfolgt, und zeige anhand von Textstellen, mit welchen Mitteln er diese Zielsetzung erreicht.

2 Wäre eine Beweisführung wie in dieser Geschichte heutzutage vor Gericht haltbar? **Nimm Stellung** zu dieser Frage und **begründe** deine Meinung.

Der Augsburger Kreidekreis (Auszug) *Bertolt Brecht*

Vorgeschichte:
Die Frau des Gerbers Zingli aus Augsburg flieht während des Dreißigjährigen Krieges überstürzt vor den feindlichen Truppen und läßt ihr Kind dabei zurück. Die Magd Anna rettet das Kind unter Lebensgefahr und nimmt es zu sich wie ihr eigenes. Mehrere Jahre später kommt Frau Zingli zurück und holt das Kind ohne Wissen Annas zu sich, Anna aber will das Kind behalten. Der Fall landet vor Gericht, die Aussagen widersprechen sich und der Richter Dollinger muß schließlich ein Urteil fällen.

Die Leute sahen sich verblüfft an, und einige reckten die Hälse, um einen Blick auf den hilflosen Richter zu erwischen. Es blieb aber sehr still im Saal, nur von der Straße herauf konnte man die Menge hören. Dann ergriff der Richter wieder seufzend das Wort.

„Es ist nicht festgestellt worden, wer die rechte Mutter ist", sagte er. „Das Kind ist zu bedauern. Man hat schon gehört, daß die Väter sich oft drücken und nicht die Väter sein wollen, die Schufte, aber hier melden sich gleich zwei Mütter. Der Gerichtshof [...] ist zu der Überzeugung gelangt, daß beide wie gedruckt lügen. Nun ist aber, wie gesagt, auch noch das Kind zu bedenken, das eine Mutter haben muß. Man muß also, ohne auf bloßes Geschwätz einzugehen, feststellen, wer die rechte Mutter des Kindes ist."

Und mit ärgerlicher Stimme rief er den Gerichtsdiener und befahl ihm, eine Kreide zu holen.

Der Gerichtsdiener ging und brachte ein Stück Kreide. „Zieh mit der Kreide da auf dem Fußboden einen Kreis, in dem drei Personen stehen können", wies ihn der Richter an. Der Gerichtsdiener kniete nieder und zog mit der Kreide den gewünschten Kreis. „Jetzt bring das Kind!", befahl der Richter. Das Kind wurde hereingebracht. Es fing wieder an zu heulen und wollte zu Anna. Der alte Dollinger kümmerte sich nicht um das Geplärr und hielt seine Ansprache nur in etwas lauterem Ton.

„Diese Probe, die jetzt vorgenommen wird", verkündete er, „habe ich in einem alten Buch gefunden, und sie gilt als recht gut. Der einfache Grundgedanke der Probe mit dem Kreidekreis ist, daß die echte Mutter an ihrer Liebe zum Kind erkannt wird. Also muß die Stärke dieser Liebe erprobt werden. Gerichtsdiener, stell das Kind in diesen Kreidekreis." Der Gerichtsdiener nahm das plärrende Kind von der Hand der Amme und führte es in den Kreis. Der Richter fuhr fort, sich an Frau Zingli und Anna wendend: „Stellt auch ihr euch in den Kreidekreis, faßt jede eine Hand des Kindes, und wenn ich ‚los' sage, dann bemüht euch, das Kind aus dem Kreis zu ziehen. Die von euch die stärkere Liebe hat, wird auch mit der größeren Kraft ziehen und so das Kind auf ihre Seite bringen."

Im Saal war es unruhig geworden. Die Zuschauer stellten sich auf die Fußspitzen und stritten sich mit den vor ihnen Stehenden. Es wurde aber wieder totenstill, als die beiden Frauen in den Kreis traten und jede eine Hand des Kindes faßte. Auch das Kind war verstummt, als ahnte es, um was es ging. Es hielt sein tränenüberströmtes Gesichtchen zu Anna emporgewendet. Dann kommandierte der Richter „los". Und mit einem einzigen heftigen Ruck riß Frau Zingli das Kind aus dem Kreidekreis. Verstört und ungläubig sah Anna ihm nach. Aus Furcht, es könne Schaden erleiden, wenn es an beiden Ärmchen zugleich in zwei Richtungen gezogen würde, hatte sie es sogleich losgelassen. Der alte Dollinger stand auf. „Und somit wissen wir", sagte er laut, „wer die rechte Mutter ist. Nehmt der Schlampe das Kind weg. Sie würde es kalten Herzens in Stücke reißen."

Und er nickte Anna zu und ging schnell aus dem Saal, zu seinem Frühstück. Und in den nächsten Wochen erzählten sich die Bauern der Umgebung, die nicht auf den Kopf gefallen waren, daß der Richter, als er der Frau [...] das Kind zusprach, mit den Augen gezwinkert habe.

aus: Bertolt Brecht. Große kommentierte Berliner und Frankfurter Ausgabe, Band 18, Prosa 3. © Suhrkamp Verlag, Frankfurt am Main 1995 (in alter Rechtschreibung)

Lösungshilfen zu ❶ b)

1. Führe die ersten beiden Bearbeitungsschritte durch (B 7, Seite 46).

2. Unterteile den Text in Abschnitte und formuliere dazu zusammenfassende Überschriften.

Teil 1: Z. 1–8: Die Magd Anna rettet das Kind und nimmt es bei sich auf.

Teil 2: Z. 9–30: Der Richter erklärt, dass er die „rechte Mutter" ...

Teil 3: ...

Lösungshilfen zu ❶ c)

3. An welchen Bemerkungen des Richters ist zu erkennen, auf wessen Seite er steht?

4. Warum ist der Richter verärgert?

____

____

Lösungshilfen zu ❶ d)

5. Woran liegt es, dass die Geschichte unterhaltsam und spannend ist?

____

____

____

6. Der Richter verwendet eine List. Worin besteht diese?

____

____

7. Die Erzählung wirkt wirklichkeitsnah. Welche erzählerischen Mittel sind dafür ausschlaggebend?

____

____

____

____

____

____

____

TIPP zu 5.–7.

Zu den Merkmalen erzählender Texte und Mittel (→ Glossar) zählen:
- Perspektive,
- wörtliche Rede,
- Zeit- und Ortsangaben.

8. Was will der Autor bei den Lesern dieser Erzählung erreichen? Kreuze an und begründe deine Entscheidung.
Er will die Leser
○ unterhalten. ○ informieren. ○ belehren. ○ warnen.

Begründung:

____

____

____

9. Inwiefern ist die Geschichte lehrreich?
- für die beiden Frauen?

____

- für das Publikum?

____

____

Lösungshilfen zu 2

10. Wie kommt der Richter zu einer Entscheidung?

____

____

____

11. Wie müsste ein Richter heute vorgehen?

____

____

____

12. Vergleiche beide Vorgehensweisen des Richters (Erzählung – heute) und notiere stichwortartig Begründungen für ihr Verhalten.

Richter in der Erzählung	Richter heute
• …	• …

Lösungshilfen zum Schreiben

13. Überprüfe den vorliegenden Schreibplan und ändere ihn nach deinen Vorstellungen.

Schreibplan

Einleitung: Erzählung von …

Hauptteil:

- Kurze Wiedergabe des Inhalts
- Grundauffassung des Richters
- …

Schluss: Stellungnahme zur Frage

14. Formuliere deinen Text nach deinem Schreibplan auf einem Extrablatt.

15. Überarbeite ihn nach der Checkliste (siehe B 7, Seite 53).

C 5 Aufgabentyp 4a: Die Prinzen: Ungerechtigkeit (angeleitetes Üben)

Teil II

Schreibe einen zusammenhängenden Text.

1. **Analysiere** den Liedtext „Ungerechtigkeit" von der Gruppe „Die Prinzen" und berücksichtige dabei folgende Arbeitsschritte:
   a) Formuliere eine Einleitung, in der du Titel, Autoren, Textart und Thema **nennst**.
   b) **Fasse** den Inhalt des Textes mit eigenen Worten **zusammen**.
   c) **Stelle dar**, was im Text für ungerecht und gerecht gehalten wird, und **erläutere** widersprüchliche Aussagen.
   d) **Erkläre**, wie die Absicht der „Prinzen" durch sprachliche und formale Mittel unterstützt wird. **Belege** deine Angaben mit Textstellen.

2. Im Text heißt es *„Ungerechtsein ist in jedem Fall schlecht, sogar ich war schon mal ungerecht"* (Zeile 32/33). **Nimm Stellung** zu dieser Aussage und **begründe** deine Meinung.

Ungerechtigkeit

Die Prinzen

Ich ess' den ganzen Tag Gemüse
Und ich trink nur Cola-Light
Trotzdem wird mein Hintern breiter –
Das ist Ungerechtigkeit
Ich hab ein Mädchen eingeladen,
Letzten Freitag war's soweit
Doch dann kam ihr großer Bruder –
Das ist Ungerechtigkeit

Ungerechtigkeit
Geht manchmal echt zu weit
Deswegen werd' ich bald
Ungerechtigkeitsanwalt
Ungerechtigkeit
Geht manchmal echt zu weit
Ich verdien' daran nicht schlecht
Das finde ich gerecht

Wenn ihr im Supermarkt geklaut habt
Und völlig unverdächtig seid
Und eine Oma wird verhaftet –
Das ist Ungerechtigkeit
Wenn ein unbegabter Lehrer
Statt zu reden nur noch schreit
Und die Schüler werden heiser –
Das ist Ungerechtigkeit

Ungerechtigkeit …

Lyrisches Ich ernährt sich gesund, wird dennoch dick

Ungerechtigkeiten
Gab es schon zu allen Zeiten
Keiner hat den Berechtigungsschein
Welcher berechtigt zum Ungerechtsein
Ungerechtigkeiten
Kann ich überhaupt nicht leiden
Ungerechtsein ist in jedem Fall schlecht
Sogar ich war schon mal ungerecht

Ungerechtigkeit …

Lösungshilfen zu ❶ a) und b)

1. Führe die ersten Schritte „Sich orientieren" und „Text lesen und Inhalt erfassen" durch (siehe B 8, Seite 54). Halte deine Notizen (z. B. zu Thema und Textsorte) auf einem Extrablatt fest.

Lösungshilfen zu ❶ c)

2. Bereite die Zusammenfassung vor, indem du zu jeder Strophe am Rand Stichwörter notierst.
3. In dem Liedtext werden Beispiele genannt, was das Lyrische Ich als ungerecht und gerecht empfindet. Markiere diese Beispiele, schreibe sie heraus und stelle sie auf einem Extrablatt in einer Tabelle zusammen.

Beispiele für Ungerechtigkeit	Beispiele für Gerechtigkeit
Strophe 1 + Refrain: - trotz kalorienbewusster Ernährung dicker werden (Z. 1–4) - …	
Strophe 2 + Refrain: - …	
Strophe 3 + Refrain: - …	

4. Wo findest du widersprüchliche Aussagen über Gerechtigkeit bzw. Ungerechtigkeit? Markiere sie in der Tabelle und begründe, warum sie sich widersprechen.

___

___

___

Lösungshilfen zu 1 d)

5. Erkläre, welche Absicht die Prinzen mit ihrem Lied verfolgen.
Kreuze an.

○ Warnung	○ Unterhaltung	○ Aufklärung
○ Veralberung	○ Aufforderung	○ gar nichts
○ Bewusstmachung	○ Verharmlosung	

6. Begründe deine Einschätzung, indem du Sprache und Form des Textes untersuchst.
   a) An welchen Stellen wird übertrieben?

___

___

___

___

   b) Wo erkennst du Ironie (siehe Glossar)?

___

___

___

   c) An welchen Stellen wird Umgangssprache verwendet?

___

___

   d) Welche Wortneuschöpfungen erkennst du?

___

___

   e) Wo gibt es Wiederholungen und warum?

___

___

___

   f) Notiere weitere sprachliche und formale Mittel (z. B. Reimschema, Refrain, …).

___

___

7. Aus welcher Perspektive ist der Text geschrieben? Begründe, warum die Autoren des Liedtextes sie gewählt haben.

____

____

Lösungshilfen zu 2

8. Wie verstehst du die Zeile *„Ungerechtsein ist in jedem Fall schlecht, sogar ich war schon mal ungerecht"* (Zeile 32/33)?

____

____

9. Stimmst du dieser Aussage zu oder nicht?

____

10. Begründe deine Meinung und nenne dazu Beispiele.

____

____

____

Lösungshilfen zum Schreiben

11. In der rechten Spalte unten findest du mögliche Gliederungspunkte.
Ordne sie in richtiger Reihenfolge der Einleitung, dem Hauptteil und dem Schluss zu.
Lege auf einem Extrablatt einen Schreibplan an.

Schreibplan	
Einleitung: ______	A Absicht mit Untersuchungsergebnissen zur Form und Sprache verdeutlichen
Hauptteil: ______ ______ ______	B Angaben zum Liedtext und zur Thematik
	C Stellung nehmen (Aufgabe 2)
	D Aussagen über Gerechtigkeit/Ungerechtigkeit darstellen
Schluss: ______	E Kurze Wiedergabe des Inhalts

12. Schreibe den Text nach deinem Plan auf ein Extrablatt.

13. Überarbeite deinen Text nach der Checkliste auf Seite 61.

C 6 Aufgabentyp 4a: Textauszug aus Rafik Schami: Eine Hand voller Sterne

Teil II

Lies bitte zunächst den Text, bevor du die Aufgaben bearbeitest.
Schreibe einen zusammenhängenden Text.

1. Analysiere den Textauszug aus „Eine Hand voller Sterne" von Rafik Schami.
   Gehe dabei so vor:

   Schreibe eine Einleitung, in der du Titel, Autor und Erscheinungsjahr benennst und das Thema formulierst.

   Fasse den Inhalt des Textes kurz zusammen.

   „Wir sollten ein festliches Mahl beschreiben." (Z. 5)
   Untersuche, wie die beiden Schüler mit der Aufgabe und den damit verbundenen Erwartungen ihres Lehrers umgehen. Berücksichtige auch die jeweiligen Wirkungen und Folgen der Aufsätze.
   Erläutere, durch welche sprachlichen und formalen Besonderheiten das Dargestellte dem Leser/der Leserin vermittelt wird (mögliche Aspekte: Struktur des Textes, Gegensätze, Wortwahl, Satzbau, Aufzählungen).

2. Paul sagt nach dem Lesen des Textes: *„Ich schließe mich der Einschätzung des Ich-Erzählers an, dass Chalil den besten Aufsatz der Klasse geschrieben hat."*
   Setze dich mit Pauls Aussage auseinander und überlege, ob du seine Einschätzung teilen kannst. Begründe deine Meinung und beziehe dich dabei auf den Text.

Quelle Aufgaben: Ministerium für Schule und Weiterbildung des Landes Nordrhein-Westfalen, Düsseldorf 2011

Eine Hand voller Sterne (Textauszug)

Rafik Schami

Rafik Schamis Roman „Eine Hand voller Sterne" erzählt die Geschichte eines 15-jährigen Jungen, der in Damaskus (Syrien) als Bäckerssohn aufwächst. Er erzählt in der Form eines Tagebuchs von der Stadt Damaskus, seinen Freunden, persönlichen Gefühlen und Erlebnissen sowie politischen Ereignissen. Am 20. März erinnert er sich an seinen alten Lehrer, der besondere Erwartungen an Aufsätze hatte.

Er wollte immer märchenhafte Feste, Geburtstage und Erlebnisse haben. Von uns hat doch noch nie jemand einen besonderen Geburtstag oder ein großes Fest erlebt.
Ich werde den Schüler nie vergessen, der meiner Meinung nach den besten Aufsatz geschrieben hat. Wir sollten ein festliches Mahl beschreiben. Wenn Gäste kommen – und sie erscheinen oft plötzlich –, teilt meine Mutter alles unter den Anwesenden auf. Ich habe das Gefühl, dass meine Mutter immer

so viel kocht, als erwarte sie Besuch. Wenn also Gäste da sind, essen wir mit ihnen, und mein Vater trinkt aus Liebe zum Besucher einen zweiten Arrak[1], damit der Gast auch etwas trinkt.

Wenn ich das ehrlich geschrieben hätte, wäre nicht einmal eine Vier dabei rausgekommen. Ich rannte also zu Onkel Salim, denn er hat mit seiner Kutsche viele feine Gäste zu Feiern und Festen gebracht. Dort ist er oft in die Küche geschlichen und hat mit den Köchen und dem Hauspersonal gegessen. Er konnte mir genau beschreiben, was und wie alles serviert wurde, was die Leute trinken und worüber sie reden. Onkel Salim ließ einige Paschas[2] und Prinzen aufmarschieren, die es in Syrien nicht mehr gibt, aber die habe ich durch den Polizeivorsteher und sogar durch einen Richter ersetzt (kein Richter hat unsere Wohnung je gesehen!). Meine Mutter hat ihnen angeblich eine gebratene Gazelle[3], gefüllt mit Mandeln, Reis und Rosinen, serviert. Ich vergaß auch nicht, die lobenden Worte des Richters über die Küche und den Arrak meiner Eltern zu erwähnen. Es war komisch, ein trockenes Brot für die Pause im Schulranzen[4] zu haben und von gebratenen Gazellen zu sprechen. Keiner meiner Mitschüler lachte, sie schauten mich eher mit offenem Mund an. Ich bekam eine Zwei und hörte genauso verblödet den Geschichten über die Feiern der anderen zu, wo auf einmal Bischöfe, Generäle, Dichter und Händler sich die Hände in unseren ärmlichen Buden reichten.

Nur Chalil spielte nicht mit. Als er an die Reihe kam, erzählte er, was passiert war, als er seine Eltern gefragt hatte, was ein Festessen sei. Seine Mutter war gleich ins Schwärmen geraten und dabei gleich auf ihr Pech zu sprechen gekommen, so einen armen Mann geheiratet zu haben, obwohl sie als junges Mädchen von viel reicheren umworben worden sei. Der Vater hatte zornig und verletzt reagiert und gesagt, dass er schon längst ein reicher Mann wäre, wenn er nicht dauernd ihre gefräßige Familie (zwölf Geschwister, Vater, Mutter und den Großvater) durchfüttern müsste. Sein Kollege habe eine gute Frau und mit demselben Gehalt haben sie inzwischen zwei Häuser gebaut. Die Mutter hat den Vater angeschrien, dass ihre Eltern immer viel mitbringen, wenn sie kommen, und dass er sich lieber keinen Arrak kaufen solle. Dann hätte er schon längst die Groschen[5] zusammenkratzen und sich ein Haus kaufen können. Sie haben lange gestritten und jeder von uns sah seine Familie wie in einem Spiegel.

Chalil schloss seinen Bericht mit dem Satz: „Ich habe geschworen, dass ich meine Eltern nie mehr nach einem Festessen fragen werde, damit sie sich nicht scheiden lassen!“

Der Lehrer gab ihm eine Sechs, „Thema verfehlt“. Chalil kam am nächsten Tag nicht mehr. Er ist jetzt bei einem Automechaniker.

Rafik Schami: Eine Hand voller Sterne. München: Deutscher Taschenbuch Verlag, 1995, S. 10–12

1 Arrak: alkoholisches Getränk

2 Pascha: türkischer Titel für einen hohen Beamten

3 Gazelle: Tier, das in Afrika und Asien beheimatet ist

4 Schulranzen: Schultasche

5 Groschen: hier: Geld

D Prüfungsaufgaben zum Themenbereich „Mensch und Natur“

In diesem Kapitel kannst du zu dem Thema „Mensch und Natur“ mehrere Prüfungsbeispiele bearbeiten. Notiere die benötigte Arbeitszeit (siehe Seite 6).

D 1 Leseverstehen: Der Mann ohne Müll (angeleitetes Üben)

Teil I

Lies den Text sorgfältig durch und bearbeite die Aufgaben 1 – 11.

Der Mann ohne Müll

Seit Jahren haben Carl Rheinländer und seine Familie nichts mehr weggeworfen. Was bei ihnen anfällt, wird verwertet. Weil es ökologisch konsequent ist. Und weil Carl Rheinländer die Welt verändern will.

Der Mann ohne Müll schlägt mit dem Hammer auf eine Glühbirne ein. Kein Splitter soll verloren gehen, deshalb hat er das Glas in Papier gewickelt. Drei Hiebe treffen die Birne am Rand der Schraubfassung – klllk, klllk, knrrsk –, und über sein Gesicht huscht ein zufriedenes Lächeln. Nun noch ein paar Schläge, um auch den von Drähten durchzogenen inneren Glaskolben zu sprengen und den Kleber abzuklopfen, der die Birne zusammenhielt. Schon kann er die Teile mit der Handfläche zu drei Häufchen zusammenkehren. […]

Nach rechts die Kupferdrähte, das mit Zinn verlötete Messing-Kontaktplättchen, die Schraubfassung aus Aluminium – Buntmetall für den Schrotthändler. Die Scherben nach links – Flachglas für einen Handwerker vor Ort, der es wiederum zu einem Fensterhersteller bringt (weil es nicht lebensmittelecht ist, darf es nicht in den Glascontainer). In der Mitte die mineralischen Kleberbrösel und der Glühfaden aus Wolfram, der an der Luft zu Staub zerfallen ist – Füllmaterial für eigene Bauvorhaben. „Alles was in unserem Haushalt anfällt, wird verwertet. Bei uns gibt es keinen Müll“, sagt Carl Rheinländer, 45, der Mann ohne Müll.

Allerdings glaubt die deutsche Justiz nicht, dass so etwas möglich ist. Es sei ein „Erfahrungssatz“, urteilte vorigen Herbst das Verwaltungsgericht Koblenz, dass „selbst bei größtmöglichem Bemühen um Abfallvermeidung das Entstehen von Beseitigungsabfällen jedenfalls in geringen Mengen nicht vollständig verhindert werden kann.“ Deshalb müsse Carl Rheinländer eine Restmülltonne auf seinem Grundstück „dulden“ und, wie jeder andere Hauseigentümer in unserer Wegwerfgesellschaft auch, Abfallgebühren zahlen. Doch wie geht der „Mann ohne Müll“ mit diesem Urteil um?

Der Müll-Rebell, der seit sieben Jahren in der Angelegenheit prozessiert, duldet die Tonne, seit er sich in einem gerichtlichen Vergleich dazu verpflichtete. Aber Abfallgebühren zahlen mag er auf keinen Fall – nicht wegen der 181,56 Euro im Jahr (seine Gerichtskosten belaufen sich inzwischen auf mehr als das Zehnfache), sondern aus Prinzip. „Unsere Wirtschaftsweise, unser gesamter Lebensstil basiert darauf, immer größere Mengen kostbarer Rohstoffe auszubeuten und in nutzlosen, oft sogar hochgiftigen Müll zu verwandeln. Das schmälert auf unverantwortliche Weise die Lebenschancen kommender Generationen“, sagt er. Die

Tonne, mit 120 Litern die kleinstmögliche im Landkreis Bad Kreuznach, hat Rheinländer vor Jahren demonstrativ an die Fassade seines Bauernhauses im Örtchen Heimweiler gehängt – kopfüber, damit klar ist: Hier kommt niemals Müll hinein.

Die Idee stammt von seiner Frau. „Wir waren schon immer konsumkritisch", sagt Annemarie Rheinländer, 43, kurze blonde Locken, schlank und energisch. [...] Heute leben sie von ökologischer Bauberatung, Spezialgebiet Lehmtechnik und Bruchsteine, sowie der Herstellung von naturbelassenem Holzspielzeug, das sie auf Märkten verkaufen. [...] Ihr Mobiliar ist alt – nicht im Sinne von antik, sondern von gebraucht und abgenutzt. Die Rheinländers würden es auch dann nicht anders wollen, wenn sie es sich leisten könnten. Für sie zählt nicht der schöne Schein, sondern Schadstofffreiheit und leichte Zerlegbarkeit in recycelbare Bestandteile. Spanplatten, Schaumstoffe, Kunstleder, Teppiche mit Kunstfasern, Kunstharzfarben, die meisten Reinigungsmittel und Kosmetika sowie sämtliche Produkte mit giftigen oder nicht wieder verwendbaren Inhaltsstoffen haben bei ihnen Hausverbot.

So zu leben finden ihre Kinder – Carl, 18, Philipp, 17, und Till, 11 – nicht uneingeschränkt klasse, räumt Annemarie Rheinländer ein. Zwar verstünden sie, „dass wir das alles für kommende Generationen tun – also auch für sie." Auch gelte Müllvermeidung zu Hause eher als tägliches Spiel und interessanter Denksport denn als lästige Pflicht. Allerdings hätten sie ziemlich darunter gelitten, in selbst gemachten, mittelalterlichen Bundschuhen und gebrauchten Klamotten aus der Kleiderkammer der Diakonie zur Schule gehen zu müssen.

Die Rheinländers sind in der Sache hart, aber nicht zu ihren Kindern. Die Bundschuhe wichen bald klassenkameradenkompatibleren Tretern, und in der Kleiderkammer sucht die Mutter nicht mehr nur ökologisch Wertvolles, sondern auch markenmäßig Angesagtes heraus. Die Sachen enthalten zwar oft Kunstfasern, doch wenn man sie nicht völlig abträgt, können sie nach einiger Zeit ja wieder zurück in die Kleidersammlung wandern. Das schont die Umwelt ebenfalls, und außerdem bleiben die Rheinländers weiter müllfrei. Auch beim Teddy aus Kunststoffplüsch, den die Tante aus München schenkte, wurde ein kinderfreundlicher Kompromiss gefunden: Till behält den Teddy – leihweise, bis der Elfjährige nicht mehr damit spielen mag. Dann nimmt die Tante ihn zurück.

So lebten die Rheinländers denn glücklich und zufrieden in ihrem Bauernhaus – ohne Restmülltonne, aber mit zwölf Sammelbehältern für unterschiedliche Wertstoffe, mit einem Komposthaufen für schnell verrottenden Bioabfall und einem weiteren für Reste, die sich nur langsam zersetzen. [...]

aus: Greenpeace Magazin 3/2005, http://www.greenpeacemagazin.de/index.php?id=2995

Lösungshilfen zu 1 – 11

1. Nicht gleich in die Aufgaben stürzen! Erschließe zuerst den Text wie in B 3:
   - Unterstreiche wichtige Schlüsselstellen.
   - Formuliere am Rand Überschriften oder Stichwörter zu den Sinnabschnitten. Du findest zu den Aufgaben dann schnell die Textstellen.

Aufgaben 1 – 11

TIPP zu 1

Suche zu jeder Aussage die passende Stelle im Text und unterstreiche sie. Überprüfe genau, ob die Textstelle mit der Aussage unten übereinstimmt bzw. worin sie sich unterscheidet (achte auf Wortwahl, Fragestellung, Schlüsselwörter).

1 Welche der folgenden Aussagen ist richtig? Beziehe dich dabei auf den Text. Kreuze die richtige Antwort an.

	trifft zu	trifft nicht zu
a) Familie Rheinländer verdient ihr Geld damit, Müll zu verwerten.	○	○
b) Das Verwaltungsgericht Koblenz zweifelt daran, dass Abfall komplett vermieden werden kann.	○	○
c) Carl Rheinländer klagt bereits seit 10 Jahren gegen die Zahlung von Abfallgebühren.	○	○
d) Carl Rheinländers Abfalltonne hängt falsch herum an der Hauswand.	○	○

2 Mit welcher Skizze würdest du das Ziel der Familie Rheinländer grafisch darstellen? Begründe deine Wahl.

a)

b)

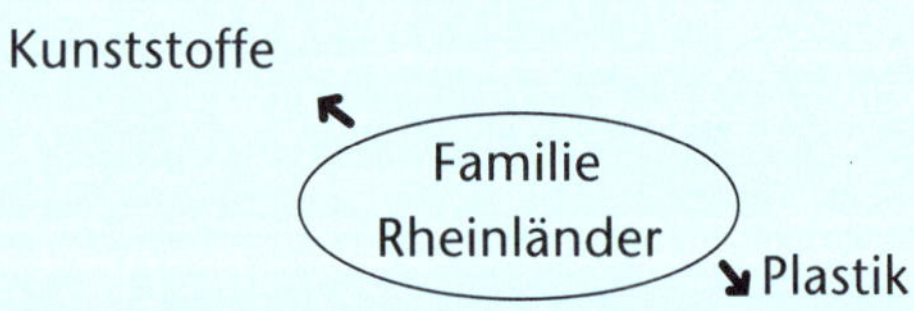

TIPP zu 2

1. Untersuche, welche Textaussagen (z. B. Namen, Zahlen …) mit der Skizze übereinstimmen. Notiere diese und füge sie als Beispiel an.
2. Wenn du keine Übereinstimmungen findest, erläutere, warum die Skizze nicht zu den Textaussagen passt.

Ich entscheide mich für Skizze ________________.

Begründung:

____

____

3 Zu den Sinnabschnitten lassen sich die folgenden Zwischenüberschriften formulieren. Gib durch Zeilenangaben an, auf welche Abschnitte sich diese beziehen.

a) „Auch Müll-Fanatiker haben ein Herz für ihre Kinder."

Zeile ____

TIPP zu 3

Überprüfe anhand deiner Randnotizen, welche einzelnen Abschnitte gemeint sein könnten.

b) „Abfalltonne nur unter Protest"

Zeile ______________________________

4 Formuliere die folgenden Textaussagen mit eigenen Worten.
Ersetze das markierte Wort durch ein entsprechend anderes oder formuliere einen erklärenden Satz.

TIPP zu 4
Schlage im Wörterbuch nach oder erschließe die Bedeutung aus dem Textzusammenhang.

a) „Weil es **ökologisch konsequent** ist" (Zeile 4/5)

____

b) „Ihr **Mobiliar** ist alt …" (Zeile 91)

____

c) „Für sie zählt … leichte Zerlegbarkeit in **recycelbare** Bestandteile." (Zeile 96–99)

____

d) „Die Tonne … hat Rheinländer vor Jahren **demonstrativ** an die Fassade seines Bauernhauses … gehängt …" (Zeile 74–80)

____

5 Im Text (Zeile 41–51) heißt es: *„Es **sei** ein 'Erfahrungssatz', urteilte vorigen Herbst das Verwaltungsgericht Koblenz (…). Deshalb **müsse** Carl Rheinländer eine Restmülltonne auf seinem Grundstück ‚dulden' …"*
Untersuche die Aussageweise der markierten Verben (Modus).
Welcher Modus wird verwendet? Kreuze an.

TIPP zu 5/6
Überlege, was die Formulierung bewirkt und welche Absicht sie ausdrückt.

a) Indikativ (Wirklichkeitsform) ○

b) Konjunktiv (Möglichkeitsform/indirekte Rede) ○

c) Imperativ (Befehlsform) ○

6 Kreuze die richtige Antwort an.
Warum wird diese Verbform im Zitat in Aufgabe 5 verwendet? Die Verbform wird verwendet,

a) um wiederzugeben, was gesagt wurde. ○

b) um die Leser zu verwirren. ○

c) um das Urteil zu zitieren. ○

d) um deutlich zu machen, dass der Fall der Familie Rheinländer der Wahrheit entspricht. ○

7 In Zeile 122/123 heißt es: *„Die Rheinländers sind in der Sache **hart**, aber nicht zu ihren Kindern."*
Ergänze im folgenden Satz ein passendes Wort, das den Sinn der Aussage nicht verändert:

Auch wenn die Rheinländers in der Sache ____________________ sind, gilt dies nicht im Umgang mit ihren Kindern.

8 Kreuze die richtige Antwort an.
Der Satz *„Unsere Wirtschaftsweise, unser gesamter Lebensstil basiert darauf, immer größere Mengen kostbarer Rohstoffe auszubeuten und in nutzlosen, oft sogar hochgiftigen Müll zu verwandeln."* (Zeile 66–71) bedeutet laut Text:

a)	Familie Rheinländer wandelt Rohstoffe in Giftmüll um.	
b)	Die Art, wie Familie Rheinländer lebt, führt dazu, dass Rohstoffe ausgebeutet werden.	
c)	Die Art, wie die Menschen wirtschaften, sorgt dafür, dass immer mehr wertvolle Rohstoffe benötigt werden.	
d)	Aufgrund der Lebensweise der Menschen werden immer mehr Rohstoffe verschwendet.	

9 In Zeile 54–56 wird folgende Frage gestellt: *„Doch wie geht der ‚Mann ohne Müll' mit diesem Urteil um?"*
Was soll das Ziel dieser Frage sein? Kreuze an.

a)	Es handelt sich um eine Frage, die zum Weiterlesen anregen soll.	
b)	Es handelt sich um eine Frage, auf die die Leser richtig antworten sollen.	
c)	Die Frage bleibt unbeantwortet.	
d)	Es handelt sich um eine Suggestivfrage, auf die nur mit *Ja* oder *Nein* geantwortet werden kann.	

10 Familie Rheinländer vermeidet jeglichen Müll und verzichtet dabei auf vieles. Wie lautet deine Meinung zu dieser Lebensweise? Kreuze an.

- ○ Ich könnte so leben.
- ○ Ich könnte so nicht leben.

Begründe deine Meinung, indem du dich auf passende Aussagen im Text beziehst.

Begründung:

___

___

___

___

TIPP zu 11

1. Entscheide dich für eine der beiden Möglichkeiten.
2. Überfliege den Text und suche nach Schlagworten, die zu der Entscheidungsfrage passen (z. B. Leben, Lebensweise …).
2. Unterstreiche die Textaussagen, die du zu dem Schlagwort findest.
3. Vergleiche deine Meinung mit den genannten Textaussagen und beziehe dich möglichst genau auf sie *(Wie die Kinder der Familie finde ich die Lebensweise nicht hundertprozentig, weil …).*

11 Dieser Text wird im Unterricht zu dem Thema „Mensch als Hüter der Natur" besprochen. Anschließend sollen sich die Schülerinnen und Schüler in einer Hausaufgabe dazu äußern, ob der Text zum Thema passt.
Auf der nächsten Seite findest du Auszüge aus drei Hausaufgaben.

Welche dieser Meinungen passt am besten zu dem Text?
Wähle eine aus und begründe deine Wahl.

Ich wähle die Hausaufgabe von ________________ aus, weil ...

____

____

____

____

____

____

Saskia schreibt:
Ich finde, der Text passt nicht unbedingt zum Thema. Es geht doch nur um die Familie Rheinländer, die sehr extrem lebt. Ich hätte lieber erfahren, wie es generell möglich ist, Müll einzusparen und so die Natur zu schützen. Ungerecht finde ich es aber, dass die Familie Rheinländer dennoch Abfallgebühren zahlen muss, obwohl sie doch keinen Müll produziert.

Tino schreibt:
Ich finde es sehr spannend zu erfahren, dass es tatsächlich möglich ist, keinen Müll zu erzeugen. Es wird ja ständig dazu aufgefordert, Müll zu vermeiden und so die Umwelt zu schonen, aber dass es eine Familie tatsächlich schafft, ohne Abfall zu leben, hätte ich nicht gedacht.

Fitore schreibt:
Meiner Meinung nach passt der Text sehr gut zum Thema. Die Möglichkeit, wirklich ganz konkret etwas für die Natur zu tun, wird hier sehr deutlich aufgezeigt.
Ab jetzt werde ich auch wieder bewusster an den Umweltschutz denken und versuchen, Müll zu vermeiden.

Auswertung

1. Wie viel Zeit hast du zur Bearbeitung der Aufgaben benötigt? __________ Minuten
   Du hast für diesen Teil der Prüfung 30 Minuten Zeit (siehe Seite 5).

2. Welche Aufgabenart ist dir leicht- oder schwergefallen?

	leicht	mittel	schwer
• Aussagen mit Text vergleichen 1, 8	○	○	○
• Aussagen mit Schaubild vergleichen 2	○	○	○
• Zu Zwischenüberschriften Absätze zuordnen 3	○	○	○
• Sprachliche Besonderheit herausfinden 7, 9	○	○	○
• Fragen zur Grammatik beantworten 5, 6	○	○	○
• Begriffe aus dem Textzusammenhang erklären 4, 7	○	○	○
• Zu Aussagen über den Text Stellung nehmen 10–11	○	○	○

3. Überprüfe deine Antworten mit dem Lösungsheft.

4. Auf den Seiten 62–67 findest du ein weiteres angeleitetes Prüfungsbeispiel für Teil I.
   Bearbeite auch diese Seiten.
   Stelle anschließend im Vergleich fest, welche Aufgaben dir überhaupt nicht liegen.
   Diese solltest du noch einmal trainieren.

D 2 Aufgabentyp 2: Das Freiwillige Ökologische Jahr (angeleitetes Üben)

Teil II

Zum Projekttag „Zukunftsperspektive" soll jeder Wege in den Beruf vorstellen. Du hast dich für das Freiwillige Ökologische Jahr (FÖJ) entschieden und schreibst für deine Mitschülerinnen und Mitschüler einen informativen Text, der an einer Stellwand ausgehängt werden soll. Damit du deinen Text schreiben kannst, bekommst du eine Materialsammlung (M 1 – M 5). Lies dir zunächst die Aufgabenstellung und dann die Materialien aufmerksam durch, bevor du mit dem Schreiben beginnst.

1 Verfasse auf der Grundlage der Materialien M 1 bis M 5 einen **informativen Text** für deine Mitschülerinnen und Mitschüler über das FÖJ. Schreibe nicht einfach aus den Materialien ab, sondern bemühe dich um einen eigenständige Darstellung in einem zusammenhängenden Text. Berücksichtige dabei folgende Gesichtspunkte:
a) **Formuliere** für den Text eine passende Überschrift.
b) Formuliere einen Einleitungsteil, in dem du das FÖJ **vorstellst** und Interesse dafür weckst.
c) **Beschreibe** die Voraussetzungen, die Jugendliche für das FÖJ mitbringen sollten.
d) **Erläutere** an Beispielen aus dem Material ausführlich drei Einsatzmöglichkeiten im FÖJ.
e) **Schlussfolgere** anhand der Materialien und eigener Überlegungen, welchen Nutzen das FÖJ für die Berufswahl haben kann, und **erläutere** deine Schlussfolgerungen.
f) **Notiere** unterhalb deines Textes die von dir genutzten Materialien.

M 1 Erfahrungen der Freiwilligen zum FÖJ

Lina: Ich hatte mich schon mehrmals als Tierpflegerin beworben, bekam aber nur Absagen. Dann habe ich mich für das FÖJ beworben, bekam sofort eine Adresse, es war ein Bio-Bauernhof. Als ich den Hof sah, war ich begeistert. Ich konnte handwerklich arbeiten, was mir schon immer großen Spaß gemacht hatte, und lernte viel mehr über Tiere als in der Schule. Jetzt ist das Jahr schon zu Ende und ich will gar nicht mehr fort von hier. Ich habe vieles gelernt, z. B. mit anderen Menschen umzugehen, Tiere zu hegen und zu pflegen, und vor allem bin ich selbstständiger geworden. Ich bin froh, dass ich das FÖJ gemacht habe.

Carla: Ich musste sehr flexibel sein und mich dem Tagesablauf anpassen. Aber das Jahr hat mich in meiner Einstellung zur Natur stark zum Positiven verändert.

Malte: Der Umgang mit Arbeitskollegen und Vorgesetzten hat mir die Möglichkeit gegeben, meine Teamfähigkeit auszubauen.

M 2 Interview mit einem Experten für das FÖJ

Reporter: Das Freiwillige Ökologische Jahr erfährt seit einiger Zeit einen erheblichen Zulauf. Wie können Sie das erklären?

Experte: Seit 1995 gibt es dieses besondere Angebot in NRW. Mit dem FÖJ wird jungen Menschen im Alter zwischen 16 und 27 Jahren ein Angebot unterbreitet, für unsere Umwelt praktisch tätig zu sein und gleichzeitig ökologische und umweltpolitische Zusammenhänge in ihrem gesellschaftlichen Kontext besser zu verstehen. Durch die zunehmende Sensibilisierung für die Umwelt und ihre Probleme entscheiden sich immer mehr Jugendliche für diesen Weg. Ökologisch orientierte Berufe haben in der Zukunft beste Chancen.

Reporter: Welche Voraussetzungen sollten die Jugendlichen mitbringen?

Experte: Mit dem FÖJ wird die Bereitschaft junger Leute für ein freiwilliges Engagement gefördert. Umweltbewusstsein, handwerkliches Geschick, Bereitschaft zum Lernen in und von der Natur sollten vorhanden sein.

Reporter: Was kann man alles machen im FÖJ?

Experte: Das FÖJ bietet die Möglichkeit einer praktischen Beschäftigung im Natur- und Umweltschutz mit vielen unterschiedlichen Einsatzbereichen. Diese werden z. B. von den Umweltämtern der Kreise und Kommunen, von Umweltverbänden, Vereinen und Biohöfen angeboten. Junge Menschen können z. B. bei der Garten- und Landschaftspflege, im Biotop- und Artenschutz, bei der Gewässerpflege und in landwirtschaftlichen Biobetrieben arbeiten. Dabei hat jeder am Einsatzort eine fachliche Anleitung und Ansprechperson und ist in ein Team eingebunden. Nach Möglichkeit werden immer zwei FÖJ-Teilnehmerinnen und Teilnehmer in einer Einsatzstelle beschäftigt.

Reporter: Welche Vorteile haben Jugendliche, die ein FÖJ absolviert haben?

Experte: Das FÖJ ist ein sinnvoll genutztes Jahr. Junge Menschen entwickeln in dieser Zeit nicht nur soziale Kompetenz. Sie setzen sich auch intensiv und engagiert mit ökologischen Fragen auseinander, lernen ökologische Zusammenhänge kennen und entwickeln eine Sensibilität für unsere Umweltprobleme. Sie arbeiten in konkreten Projekten des Umweltschutzes mit, setzen sich z. B. mit Energiesparprogrammen auseinander und lernen neue Arbeitsfelder in attraktiven Berufen kennen. Wenn sie sich für einen Beruf im Umweltschutzbereich entscheiden, haben sie einen Startvorteil. Sie können nachweisen, dass sie in diesem Bereich schon praktisch tätig waren und über ökologische Grundkenntnisse verfügen. Das wissen viele Betriebe zu schätzen, wenn sie ihre Ausbildungsplätze vergeben.

M 3 Anerkannte Einsatzstellen des FÖJ im Rheinland

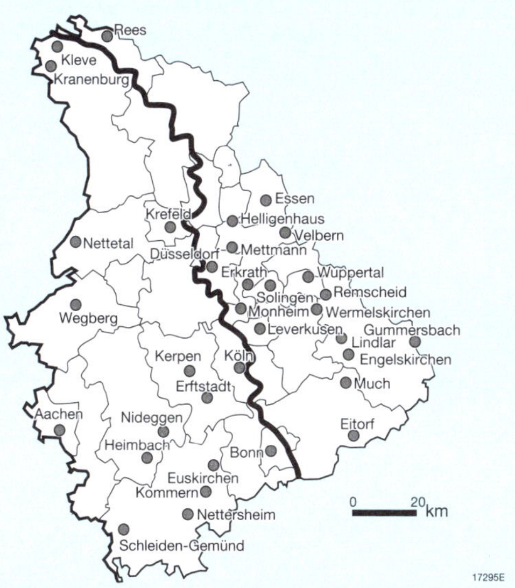

Quelle: Landschaftsverband Rheinland (www.foej.lvr.de)
Grafik: westermann

M 4 Mögliche Arbeitsfelder im FÖJ

- Betreuung eines Naturlehrpfades
- Bau und Pflege eines Steingartens
- Trockenmauerbau
- Anlage und Pflege von Kräuter-, Gemüsebeeten, Streuobstwiesen
- Anbau biologischer Produkte
- Arbeiten im ökologischen Landbau mit Tierhaltung
- Betreuung der Hoftiere
- Mitarbeit bei Projekten der Umweltbildung
- Öffentlichkeitsarbeit zu Naturthemen
- Geländeplanung im Außendarstellungsbereich eines Freilichtmuseums

Zusammengestellt nach: www.foej.lvr.de

M 5 Gesetz zur Förderung von Jugendfreiwilligendiensten vom 16. Mai 2008

§ 4 Freiwilliges ökologisches Jahr

(1) Das freiwillige ökologische Jahr wird ganztägig als überwiegend praktische Hilfstätigkeit, die an Lernzielen orientiert ist, in geeigneten Stellen und Einrichtungen geleistet, die im Bereich des Natur- und Umweltschutzes einschließlich der Bildung zur Nachhaltigkeit tätig sind.

(2) Das freiwillige ökologische Jahr wird pädagogisch begleitet. Die pädagogische Begleitung wird von einer zentralen Stelle eines nach § 10 zugelassenen Trägers des Jugendfreiwilligendienstes sichergestellt mit dem Ziel, soziale, kulturelle und interkulturelle Kompetenzen zu vermitteln und das Verantwortungsbewusstsein für das Gemeinwohl zu stärken. Im freiwilligen ökologischen Jahr sollen insbesondere der nachhaltige Umgang mit Natur und Umwelt gestärkt und Umweltbewusstsein entwickelt werden, um ein kompetentes Handeln für Natur und Umwelt zu fördern.

Quelle: www.juris.de

Lösungshilfen zu 1 a) – f)

1. Führe den ersten und zweiten Arbeitsschritt durch (siehe B 5, S. 27).
2. Lege dir eine Mindmap an (siehe dritter Arbeitsschritt B 5, S. 33). Nutze die Kopiervorlage im Lösungsheft.
3. Wähle drei FÖJ-Einsatzorte aus und erläutere jeweils deine Aufgaben dort.

   Beispiel: Auf einem Biobauernhof muss man sich um die Tiere kümmern, sie füttern, Ställe säubern, auf den Feldern helfen, mit der Familie und den Angestellten täglich zusammenarbeiten, die zugewiesenen Aufgaben erledigen und lernen, was biologischer Anbau wirklich bedeutet

4. Notiere Berufe, auf die das FÖJ vorbereitet, und notiere Eigenschaften, die derjenige, der diesen Beruf ausüben möchte, mitbringen sollte.

   ______

   ______

5. Liste Vorteile des FÖJ auf, die in den Materialien genannt werden.

   ______

   ______

   ______

TIPP zu 2. und 3.

Markiere in den Materialien (insbesondere M 1 und M 2) die Informationen, die sich auf Aufgabe 1c) beziehen, in der gleichen Farbe. Das erleichtert dir die Arbeit, wenn du den entsprechenden Ast in der Mindmap aufschreibst.
Verfahre ebenso bei Aufgabe 1d).

6. Welchen weiteren Nutzen für die Berufswahl könnte das FÖJ haben? Notiere dazu deine eigenen Überlegungen.

____

____

____

TIPP zu 6.

Berücksichtige eigene Erfahrungen, die du gemacht hast (z. B. im Praktikum) oder beziehe mögliche Ratschläge ein, die du erhalten hast (z. B. von jemandem, der das FÖJ absolviert hat).

7. Ergänze den vorliegenden Schreibplan.

Schreibplan

Überschrift:

Einleitung:
- Projekttag „Zukunftsperspektive"
- Thema: Freiwilliges Ökologisches Jahr (FÖJ)
- Schülerinnen und Schüler über das FÖJ informieren

Hauptteil:
- 1 c) Beschreibung der Voraussetzungen: Interesse an Natur und Umwelt, ...
- 1 d) Erläuterung von drei Einsatzmöglichkeiten: ...

Schluss:
- 1 e) Nutzen für die Berufswahl: ...
- 1 f) verwendete Materialien: M 5, ...

8. Schreibe deinen informativen Text. Du kannst folgende Formulierungsvorschläge verwenden:

1) Das „echte" Leben erleben im FÖJ

Einleitung: Das Freiwillige Ökologische Jahr (FÖJ) ist eine ganz tolle Sache, die ...
In den letzten Jahren haben immer mehr Jugendliche im Alter von ...

Hauptteil: Wer ein FÖJ absolvieren will, sollte ...
Darüber hinaus könnte es für euch wichtig sein, dass ...
Es gibt für euch sehr viele Einsatzmöglichkeiten ...

Schluss: Es stellt sich die Frage, welchen besonderen Nutzen ...
In dem Zusammenhang solltet ihr bedenken, dass ...
Persönlich finde ich, dass ...

Ich habe für meinen Info-Text folgende Materialien verwendet: ...

TIPP zu 8.

Denke daran, deinem Info-Text eine **Überschrift** zu geben. Du kannst dazu eine der Überschrift der Materialien 1 bis 5 wählen, falls sie zu deinem Text passt. Du kannst diese aber auch abändern oder eine eigene Überschrift formulieren.

9. Überarbeite deine Texte mithilfe der Checkliste auf Seite 35.

D 3 Aufgabentyp 2: Lärmbelastung in der Schule (angeleitetes Üben)

Teil II

In der Arbeitsgemeinschaft „Gesundheit" habt ihr aufgrund von Beschwerden über die sehr hohe Lärmbelastung an eurer Schule einen Rundgang durchs Gebäude gemacht. Deine Aufgabe als Sprecher dieser AG ist es, den Schulleiter, Herrn Schlüter, über die Problematik Lärmbelastung in Schulen zu informieren. Damit du deinen Text schreiben kannst, bekommst du eine Materialsammlung (M 1 – M 5).
Lies dir zunächst die Aufgabenstellung und dann die Materialien aufmerksam durch, bevor du mit dem Schreiben beginnst.

1. Verfasse einen **Brief** an den Schulleiter, Herrn Schlüter, und informiere ihn darin über die Lärmbelastung in Schulen. Dein Brief soll so formuliert sein, dass der Schulleiter auf das Problem aufmerksam wird. Schreibe nicht einfach aus den Materialien ab, sondern bemühe dich um einen eigenständige Darstellung in einem zusammenhängenden Text. Berücksichtige dabei folgende Gesichtspunkte:
   a) **Formuliere** für den Text eine passende Überschrift bzw. Anrede.
   b) Formuliere einen Einleitungsteil, in dem du das Problem „Lärmbelastung an Schulen" **vorstellst** (Erläuterung des Problems).
   c) **Beschreibe** die Auswirkungen von hoher Lärmbelastung.
   d) **Erläutere** verschiedene Möglichkeiten der Lärmminderung in der Schule, berücksichtige dabei aber auch deren Grenzen (z. B. äußere Bedingungen).
   e) **Schlussfolgere** anhand der Materialien und eigener Überlegungen, welche Maßnahmen ihr an eurer Schule zur Minderung der Lärmbelastung umsetzen solltet.
   f) **Notiere** unterhalb deines Textes die von dir genutzten Materialien.

M 1 Schüleräußerungen während des Rundgangs

Janine: Alle reden immer durcheinander, keiner hört zu.
Maren: Ständig läuft einer in der Klasse herum, die Fünftklässler toben immer im Flur.
Baris: Im Freizeitbereich, wo Ruhe sein sollte, steht jetzt noch ein weiterer Kicker.
Fiona: Wenn es regnet, ist es in der Pausenhalle sehr laut. In der Turnhalle ist es auch zu laut.
Toni: In unserer Klasse ist es schön ruhig, weil sich alle an die Gesprächsregeln halten.

M 2 Interview mit einem Lärmforscher

Reporter: Letzten Monat hat die Tagung „Die leise Schule ist leistungsstärker" stattgefunden. Was war der Grund für diese Tagung?
Experte: Lärm ist ein Stressfaktor in Schule. Wer ständig gegen den Krach anderer anreden muss, ist am Ende erschöpft und genervt. Dauernder Stress hat oft gesundheitliche Folgen. Die Tagung sollte das Bewusstsein für die Folgen von Lärm in Schulklassen erhöhen.
Reporter: Lassen sich solche Folgen konkret benennen?
Experte: Das Ausmaß der Lärmbelästigung wird von jedem anders empfunden, dies hängt sowohl von der Art der Lärmquelle als auch von

der Situation des betroffenen Menschen ab. Es kommt auf die Dauer des Lärms an, auf die Lautstärke, die Art der Beschäftigung, die man gerade ausübt, aber auch auf die in dem Moment vorhandene Befindlichkeit des Einzelnen. Ab einem bestimmten Schallpegel (ab ca. 60 Dezibel) entsteht Stress, es kommt zu mangelnder Konzentrationsfähigkeit, zu Hörstörungen und oft zu nächtlichen Schlafstörungen, die sich am nächsten Morgen erneut negativ bemerkbar machen. Das betrifft Lehrkräfte und Schülerinnen und Schüler gleichermaßen. Wir haben in vielen Klassen durchschnittlich 65 Dezibel gemessen. In Schweden haben z. B. Untersuchungen gezeigt, dass Schüler ablehnen in der Mensa zu essen, weil der Lärm zu hoch war.

Reporter: Was lässt sich dagegen tun?

Experte: Die Lärm mindernde Sanierung eines Klassenzimmers mit z. B. Schallschutzdecken, Wandschallschutz usw. kostet weniger als 3 000 Euro pro Raum. Außerdem müssen Schülerinnen und Schüler von Anfang an klare Regeln lernen, das Verhaltenstraining muss bereits in der Grundschule einsetzen. Auch der Einsatz von Teppichböden oder das Tragen von Hausschuhen in der Schule können den Lärm mindern. Durch Untersuchungen hat man festgestellt, dass die zweite Stunde einer Doppelstunde in der Regel lauter ist, als wenn zwei Einzelstunden aufeinander folgen.

Reporter: Was empfehlen Sie, damit sich die Situation verbessert?

Experte: In Gesprächen mit Lehrkräften ist mir leider ein Maß an Resignation aufgefallen. Sie versuchen, mit den Gegebenheiten fertig zu werden, weil sie nicht daran glauben, etwas ändern zu können. Lehrerinnen und Lehrer, Eltern und alle Schülerinnen und Schüler sollten gemeinsam für Verbesserungen kämpfen.

M 3

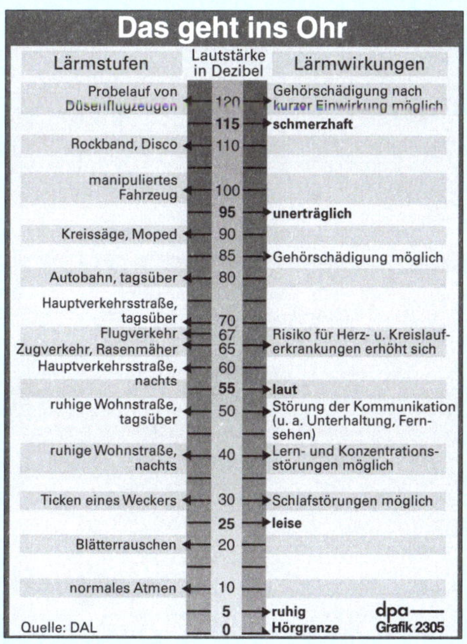

M 4 Die Lautstärke-Ampel

Empfindlichkeit in 7 Stufen regelbar
Dauerlicht ROT/GELB oder GRÜN
incl. Smiley-Set, Signalton zuschaltbar
Lärm stellt in Schulen ein ernstes Problem dar. Lärmampeln geben den Kindern nach dem Prinzip der Verkehrsampel eine visuelle Rückmeldung, wenn es zu laut wird.
Sonderangebot: 82,00 Euro + Versandkosten

M 5 Interview mit dem Chef des Umweltbundesamtes

[...] Herr Flasbarth, Sie haben sich den Kampf gegen den Lärm auf die Fahne geschrieben. Als Umweltprobleme galten bisher vor allem Luft-, Boden- und Wasserverschmutzung, weniger die akustischen Emissionen[1].

Jochen Flasbarth: Das stimmt, der Lärm kommt erst mit Verzögerung in unser Bewusstsein, denn seine Bedeutung für Umwelt und Gesundheit ist lange falsch eingeschätzt worden. Ich würde sagen: Lärm ist das wohl am stärksten unterschätzte Umweltthema in Deutschland. [...]

Lärm nervt, da wird Ihnen wohl jeder sofort zustimmen. Aber ist er wirklich eine Gesundheitsgefahr? Man könnte ja auch sagen: Krach müssen wir in unserer hoch technologisierten Gesellschaft eben aushalten.

Flasbarth: Nein, Schutz vor Lärm ist nicht einfach nur „nice to have". Er ist letztlich alternativlos, denn es sind enorme Gefahren, die von Lärm ausgehen. Es ist nachgewiesen, dass Lärm verschiedenste Gesundheitsbeschwerden verursachen kann, vor allem Herzkreislaufbeschwerden und Bluthochdruck bis hin zu einem erhöhten Herzinfarktrisiko. [...] Wir müssen uns vor allem darüber klar werden, welche Lärmlevel wir eigentlich erreichen wollen. Wir haben an vielen Stellen in Deutschland immer noch Lärmbelastungen über 65 Dezibel am Tage und über 55 Dezibel in der Nacht. [...]
Wir alle können übrigens unseren Beitrag leisten. Mit etwas mehr Rücksicht können wir zum Beispiel den Nachbarschafts- und Freizeitlärm zurückfahren. [...]

Quelle: Epoch Times Deutschland online: „Lärm ist das am stärksten unterschätzte Umweltthema". v. 29.12.2009

1 Emission: Ausströmen von Schadstoffen, hier im Sinn von Lärmbelastungen

Lösungshilfen zu 1 a)–f)

1. Führe den ersten und zweiten Arbeitsschritt durch (siehe B 5, S. 27).

2. Lege dir eine Tabelle an (siehe dritter Arbeitsschritt B 5, S. 32). Nutze die Kopiervorlage im Lösungsheft.

3. Prüfe die Stichwörter in deiner Tabelle zu den Möglichkeiten der Lärmminderung. Schreibe auf, ob die gemachten Vorschläge umsetzbar sind oder nicht.

TIPP zu 2. und 3.

Markiere in den Materialien (insbesondere M 2 und M 5) die Informationen, die sich auf Aufgabe 1c) beziehen, in der gleichen Farbe. Das erleichtert dir die Arbeit, wenn du den entsprechenden Ast in der Mindmap aufschreibst.
Verfahre ebenso bei Aufgabe 1d) und 1e).

Beispiel: - die zweite Stunde einer Doppelstunde ist lauter → mehr Einzelstunden; dies ist bei bestimmten Unterrichtsfächern (z. B. Kunst) nicht möglich
- Schallschutzdecken: kann Schule nicht einbauen, muss derjenige tun, dem die Schule gehört, Stadt oder Landkreis, teuer bei vielen Klassenräumen

4. Notiere eigene Überlegungen, die nicht in den Materialien genannt werden, wie ihr als Schülerinnen und Schüler die Lärmbelastung verringern könntet.

____

____

5. Lege dir stichwortartig einen Schreibplan an.

Schreibplan

Überschrift: Sehr geehrter Herr Schlüter, Ort, Datum

Einleitung: AG „Gesundheit" – Rundgang zum Thema Lärmbelastung in Schule

Hauptteil: 1 c) Beschreibung der Auswirkungen von hoher Lärmbelastung:
Lärm ist ein Stressfaktor in Schule mit gesundheitlichen Folgen ...
1 d) Verschiedene Möglichkeiten und Grenzen der Lärmminderung erläutern:
Schallschutzdecken, Teppichböden, Lärmampeln (Kosten bei vielen Klassen), ...

Schluss: 1 e) Reduzierung der Lärmbelastung an der eigenen Schule: an die Klassenregeln halten, ...
1 f) verwendete Materialien: ...

6. Schreibe deinen informativen Text. Du kannst folgende Formulierungsvorschläge verwenden:

1) Sehr geehrter Herr Schlüter,
bei unserem Rundgang ...
Untersuchungen in Klassen haben ergeben, ...
„Lärm ist das wohl am stärksten unterschätzte Umweltthema in Deutschland." (J. Flasbarth)
Außerdem können Sie feststellen, dass ...
Es stellt sich die Frage, welche Möglichkeiten es gibt, ...
In jeder Klasse sollten von Anfang an ...
Wir möchten Sie bitten, ...

7. Überarbeite deinen Brief mithilfe der Checkliste auf Seite 35.

TIPP zu 6.

Verbinde deine Sätze durch passende Überleitungen:
außerdem ... / darüber hinaus ... / ferner muss ich erwähnen, ... /schließlich ... / außerdem lässt sich feststellen, dass ...
Ein wesentlicher Gesichtspunkt ist ...
In dem Zusammenhang sollte man bedenken, dass ...
Es sollte nicht unerwähnt bleiben, dass ...
Wichtig erscheint noch, dass ...

D 4 Aufgabentyp 2: Jugendreport Natur 2010 (angeleitetes Üben)

Teil II

Der Jugendreport Natur testet seit 1997 das Wissen Jugendlicher über die Natur. Dazu werden jedes Jahr 3.000 Schülerinnen und Schüler zwischen 11 und 15 Jahren zu ihrem Naturverständnis befragt. Im Biologieunterricht habt ihr die aktuellen Ergebnisse aus dem Jahr 2010 besprochen.
Du hast die Aufgabe erhalten, für die Homepage deiner Schule einen Beitrag über den Jugendreport 2010 zu schreiben, der deine Mitschülerinnen und Mitschüler über die Ergebnisse informiert.

Damit du deinen Beitrag schreiben kannst, bekommst du eine Materialsammlung (M 1 – M 4).
Lies bitte zunächst die Aufgabenstellung und dann die Materialien aufmerksam durch, bevor du mit dem Schreiben beginnst.

1. Verfasse auf der Grundlage der Materialien M 1 bis M 4 einen **informativen Text** für die Homepage deiner Schule und kläre deine Mitschülerinnen und Mitschüler darin über die Ergebnisse des Jugendreports 2010 auf. Schreibe nicht einfach aus den Materialien ab, sondern bemühe dich um eine eigenständige Darstellung in einem zusammenhängenden Text. Berücksichtige dabei folgende Gesichtspunkte:
   a) **Formuliere** für den Text eine passende Überschrift.
   b) Formuliere eine Einleitung, in der du das Problem **darstellst**, das durch die Ergebnisse des Jugendreports 2010 deutlich wird.
   c) **Beschreibe**, welche Vorstellungen Jugendliche von der Natur haben, und **nenne** konkrete Beispiele.
   d) **Erläutere**, warum Jugendliche so wenig über die Natur wissen.
   e) **Schlussfolgere** anhand der Materialien und eigener Überlegungen, welche Möglichkeiten es gibt, um den Jugendlichen ein genaueres Bild von der Natur zu ermöglichen.
   f) **Notiere** unterhalb deines Textes die von dir genutzten Materialien.

M 1 Welche Arten von Kühen geben nur H-Milch?

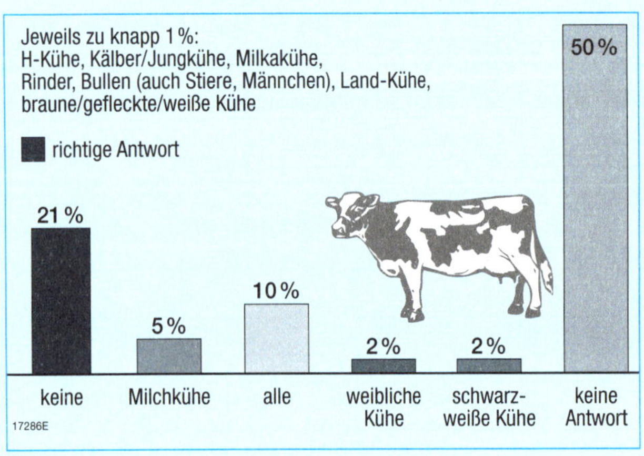

Quelle: Deutscher Jagdschutz-Verband e.V.

M 2 Das mache ich gern oder würde ich gerne machen

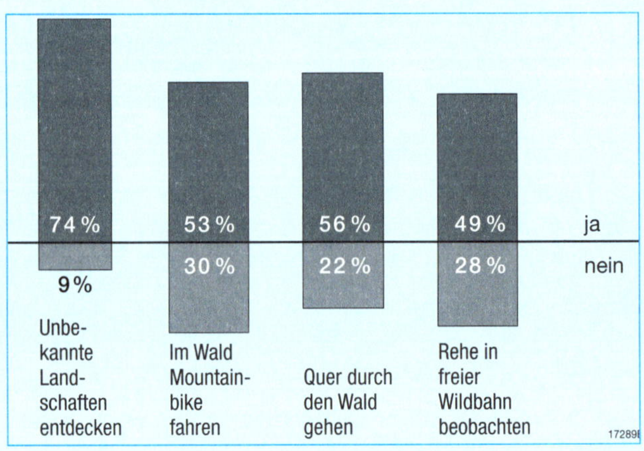

Quelle: Deutscher Jagdschutz-Verband e.V.

M 3 Schülergespräche in der Pause:

Nicola: Die gestellten Fragen waren ganz schön schwer. Ich war mir nicht ganz sicher, wie viele Eier ein Huhn täglich legt. Ich habe mal 2 angekreuzt.

Dennis: Eine moderne Henne sollte doch wohl drei Eier täglich legen können.

Karsten: Das weiß man doch, dass ein Huhn nur eins am Tag legt! Für mich gab es zu viele Kuhfragen.

Lara: Also, ich kann mich daran erinnern, wie enttäuscht ich war, als ich als Kind gemerkt habe, dass Kühe gar nicht lila sind so wie in der Werbung. Ich finde, wir sollten mit der Klasse mal auf einen Bauernhof fahren.

Dennis: Super! Da können wir sicher auch Trecker fahren.

M 4 Wie viele Zitzen hat die Kuh?

Im Interview mit der Zeitschrift Focus äußert sich Rainer Brämer, Natursoziologe, zu den Ergebnissen des Jugendreports 2010:

[...[**FOCUS Online:** Herr Brämer, woran liegt es, dass sich Jugendliche nicht für die Natur interessieren?

Rainer Brämer: Die Natur ist für Kinder langweilig, weil sie mit Ge- und Verboten verbunden ist: Reiß keine Pflanzen aus, bleib auf den Wegen, sei leise und so weiter. Wir haben Schüler aus der sechsten und neunten Klasse befragt. In diesem Alter suchen Kinder und Jugendliche nach ihrer Identität. Vor allem Jungen brauchen eine Herausforderung, und die finden sie heutzutage eher in Computerspielen.

FOCUS Online: Welches Bild von Natur haben die Jugendlichen überhaupt?

Brämer: Jugendliche stilisieren[1] die Natur zur absoluten Idylle, die hauptsächlich dazu dient, sich in ihr wohl zu fühlen. Diese Vorstellung haben Erwachsene übrigens auch. So entstehen widersprüchliche Einstellungen. Zum Beispiel sagen in der aktuellen Studie 85 Prozent der Schüler, dass es gut sei, im Wald Bäume zu pflanzen, genauso viele glauben allerdings, dass es für die Natur eher schädlich sei, diese dann auch zu fällen. In den Augen der Kinder und Jugendlichen soll der Förster den Wald gesund halten und pflegen, aber bitte keine Rohstoffe aus ihm herausholen.

FOCUS Online: Das ist aber doch eine gute Einstellung.

Brämer: Nein, denn so entsteht ein blinder Fleck im Bewusstsein. Den Jugendlichen ist – wie vielen Erwachsenen auch – gar nicht mehr klar, dass Natur nicht nur etwas Heiles und Schönes ist, sondern dass wir Menschen die Natur auch nutzen, ja, dass aus ihr letztlich die Rohstoffe für alle unsere Lebensmittel und Konsumprodukte stammen. Nur vier Prozent können sich vorstellen, dass auch die Rohstoffe für ihr Handy aus der Natur kommen.

FOCUS Online: Was ist das Problem daran?

Brämer: Erstens, die Natur wird zum empfindsamen Paradies verklärt. Viele Eltern haben zum Beispiel die seltsame Vorstellung, dass ihre Kinder etwas kaputt machen könnten, wenn sie draußen spielen. So wird die Natur für Kinder und Jugendliche zu etwas Abstraktem. Zweitens können wir nur dann verstehen, was mit Nachhaltigkeit gemeint ist, wenn wir uns eingestehen, dass wir die Natur auch nutzen. [...]

FOCUS Online: Wie könnte man dem Nachwuchs wieder ein realistisches Bild von Natur vermitteln?

Brämer: Das ist eine sehr schwierige Frage. Ich würde sagen, dass man den Jugendlichen wieder mehr Erfahrung in der Natur ermöglichen sollte. Eltern sollten ihre Kinder einfach mal draußen toben lassen. Was die Schule angeht, könnten zum Beispiel die Grundschullehrer einmal pro Woche mit den Kindern rausgehen. [...]

FOCUS Online: Das heißt also, dass Kinder und Jugendliche, die viel Zeit draußen verbringen, einen nachhaltigen Umgang mit der Natur entwickeln werden, oder?

Brämer: Sie sind nachweislich natursensibler – eine wichtige Voraussetzung für nachhaltiges Verhalten. [...]

Quelle: Anita Hirschbeck: Wie viele Zitzen hat die Kuh? Unter: www.focus.de v. 11.06.2010

1 stilisieren: etwas stark vereinfachend darstellen

Lösungshilfen zu 1 a) – f)

1. Führe den ersten und zweiten Arbeitsschritt durch (siehe B 5, S. 27).

2. Lege dir eine Tabelle an (siehe dritter Arbeitschritt B 5, S. 32) Nutze die Kopiervorlage im Lösungsheft.

3. Prüfe die Stichwörter in deiner Tabelle zu den Möglichkeiten, die in den Texten genannt werden, um Jugendlichen die Natur näher zu bringen, und ergänze, was die Jugendlichen dort erfahren könnten.

Beispiel: Besuch eines Bauernhofes →
realistische Darstellung des Arbeitslebens dort
Eltern sollen ihre Kinder draußen toben lassen →
....

TIPP zu 2. und 3.

Markiere in den Materialien (insbesondere M 1 und M 3) die Informationen, die sich auf Aufgabe 1c) beziehen, in der gleichen Farbe. Das erleichtert dir die Arbeit, wenn du den entsprechenden Ast in der Mindmap aufschreibst.

4. Notiere eigene Überlegungen, die nicht in den Materialien genannt werden, wie man den Jugendlichen die Natur näher bringen könnte.

5. Lege dir stichwortartig einen Schreibplan an.

Schreibplan

Überschrift:

Einleitung: Ergebnisse Jugendreport 2010 vorstellen

Hauptteil:

1c) Vorstellungen der Jugendlichen nennen und Beispiele angeben

1d)

Schluss:

1e) Möglichkeiten nennen (Informationen aus den Texten und eigene Überlegungen!)

1f) ...

6. Schreibe deinen informativen Text.
Achte darauf, dass du einen zusammenhängenden Text schreibst. Achte auf Überleitungen und passende Einleitungssätze.
Du kannst die folgenden Formulierungsvorschläge verwenden:

Der Jugendreport 2010 stellt ganz klar fest, dass ...
Einige der genannten Antworten der Jugendlichen sind erschreckend. So wussten viele nicht, dass ...
Es stellt sich die Frage, welche Möglichkeiten es gibt, um ...
In jeder Klasse sollten von Anfang an ...
Außerdem können Jugendliche so erfahren, dass ...

7. Überarbeite deinen Brief mithilfe der Checkliste auf Seite 35.

TIPP zu 6.

Leite die einzelnen Teilaufgaben durch einen **Einleitungssatz** ein.
Du kannst die Aufgabenstellung aufgreifen und dazu die Sätze umstellen:
Aufgabenstellung: Beschreibe, welche Vorstellungen Jugendliche von der Natur haben ...
Umformung:
Viele Jugendliche haben wenig realistische Vorstellungen von der Natur. So denken sie ...
Verbinde deine Sätze durch passende **Überleitungen:**
außerdem .../ darüber hinaus .../ ferner muss ich erwähnen, dass .../ schließlich .../ außerdem lässt sich feststellen, dass ...
Ein wesentlicher Gesichtspunkt ist ...
In dem Zusammenhang sollte man bedenken, dass ...
Es sollte nicht unerwähnt bleiben, dass ... / dadurch ... / Dies führt zu ...

D 5 Aufgabentyp 4a: Waldsterben? – Find ich gut! (angeleitetes Üben)

Teil II

1. **Analysiere** den Text „Waldsterben? – Find ich gut!" von Peter Delp und berücksichtige dabei folgende Arbeitsschritte:
   a) Formuliere eine Einleitung, in der du Titel, Autor, Textart und Thema **benennst**.
   b) **Fasse** den Inhalt des Textes kurz **zusammen**.
   c) **Beschreibe**, welche Auswirkungen das Waldsterben nach Ansicht des Autors hat.
   d) **Erkläre** anhand der sprachlichen Mittel, warum er die Auswirkungen auf diese Weise darstellt.

2. Eine Schülerin hat geäußert: *„Ich denke, Waldsterben ist ein ernstes Thema. Darüber sollte man sich nicht lustig machen."* **Nimm Stellung** zu dieser Aussage und **begründe** deine Meinung.

Waldsterben? – Find ich gut!

Peter Delp

Was soll bloß dieses ständige Gejammer über das Waldsterben? Ich kann es nicht mehr hören. Überall, wo man hinsieht, stehen doch massenhaft Bäume. Außer in Holland vielleicht, aber die haben dafür Wasser – und das wird ständig weggepumpt. Und wer regt sich darüber auf?

Ob „Saurer Regen", Borkenkäfer oder industrielle Waldplünderer: Bäume sterben nun mal. Alles geht irgendwann zu Ende. Die Angst vorm Weihnachtsmann, die DDR, die Beziehung zu Rosi. Danach wurde alles besser. Rosi heißt jetzt übrigens Katharina. Und was die Bäume betrifft, so hat schon Darwin gesagt, dass sich der Stärkere durchsetzt. Dann haben wir eben nur noch starke Bäume. Ist sowieso besser und weniger gefährlich. Denn kaum bläst es mal ein bisschen kräftiger, liegen sie schon überall herum und stören. Wir hören Schreckensmeldungen und sehen die Männer in Orange mit den Kettensägen, weil ein Baum – natürlich – auf der Straße liegt oder auf einer Oberleitung oder auf Häusern und Autos. Was das alles kostet!

Und dann der ständige Ärger mit dem Laub. Die Stadt könnte viel Geld sparen. Zeitraubendes Laubharken zum Feierabend wäre endlich überflüssig. Man müsste nicht den nervtötenden und umweltschädigenden Laubsauger des Nachbarn in der Mittagszeit ertragen und man bräuchte nicht ständig Sorge zu haben, in getarnte Hundesch... zu treten oder auf einen Igel, der Winterschlaf halten will.

Nasses Laub ist überdies gefährlich, denn Menschen und Autos können darauf leicht ausrutschen. Apropos[1] Gefahr. Jeder, der etwas oder sich selbst zu verbergen hat, verschwindet erst einmal im Wald. Wie oft durchkämmen Suchtrupps tagelang die Wälder, weil irgendein Ganove sich dort versteckt hält. Aber nicht nur für Kriminelle ist der Wald ein Paradies. Inzwischen hausen dort Bären, Luchse, sogar Wölfe. Die Wildschweinplage führt bereits zu Munitionsmangel bei den Jägern. Man muss ja direkt Angst haben, einen Waldspaziergang zu machen. Und warum leben diese gefährlichen Tiere vor unserer Haustür? Weil sie extra wieder eingeführt werden, denn die Natur-Gutmenschen fürchten, dass sie aussterben. Da haben wir's wieder.

Ganz ohne Wald ginge es weiter aufwärts mit der Wirtschaft. Die teure Entwicklung von Abgasfiltern wäre unnötig. Riesige Flächen würden frei für Windkraftanlagen, sogenannte Windkraftwälder. Die wären übersichtlich und pflegeleicht. Man könnte sie ja grün anstreichen für Nostalgiker[2]. An anderen Stellen hätten wir endlich freie Sicht in die Landschaft, ohne erst auf Berge klettern zu müssen. Das macht frei. Die Tourismusbranche bekäme neue Impulse. Denn genauso wie man in die Berge fährt, wären zum Beispiel Reisen mit Führung durch die finnischen Wälder denkbar. Da ist ein Baum noch ein Baum und würde viel mehr wertgeschätzt. Auf einem schönen Foto mit der Familie zum Beispiel.

Moment mal, ich muss schnell das Fenster schließen. Mein Nachbar hat wieder seinen Kamin angesteckt und im Nu stinkt es bei uns wie in einer Räucherei. Er hat sich gestern frisches Holz geholt. Woher wohl?

1 apropos: übrigens, nebenbei bemerkt

2 Nostalgie: Sehnsucht nach der Vergangenheit

Lösungshilfen zu 1 a)

1. Führe den ersten Schritt „Sich orientieren" durch (siehe B 7, Seite 46). Halte deine Notizen (z. B. zu Thema und Textsorte) auf einem Extrablatt fest.

Lösungshilfen zu 1 b)

2. Der Text ist bereits in Absätze gegliedert. Fasse stichwortartig zusammen, worum es darin jeweils geht.

- Absatz 1: Das ständige Gejammer über das Baumsterben ist überflüssig und soll aufhören.
- Absatz 2: …
- Absatz 3: …

Lösungshilfen zu 1 c)

3. Markiere im Text mindestens vier Auswirkungen des Waldsterbens und übertrage sie stichwortartig in die Tabelle.

Behauptung
• Es stürzen keine Bäume auf Autos, Häuser und Oberleitungen.
•
•
•
•

Lösungshilfen zu 1 d)

4. Kreuze an, um welche Textart es sich handelt.

○ Zeitungsbericht ○ Sachtext ○ Satire
○ Kommentar ○ Erzählung ○ Kurzgeschichte

TIPP zu 4. und 5.

Wenn du nicht sicher bist, sieh im Glossar ab Seite 140 nach.

5. Was beabsichtigt der Autor deiner Meinung nach mit diesem Text?

○ Kritik ○ Unterhaltung ○ Aufklärung
○ Veralberung ○ zum Nachdenken anregen ○ gar nichts
○ Bewusstmachung ○ Verharmlosung ○ für Missstände sensibilisieren

6. Der Autor bedient sich verschiedener sprachlicher Mittel, um mit dem Text sein Ziel zu erreichen. Trage in die folgende Tabelle noch drei weitere der im Text verwendeten sprachlichen Mittel ein und dazu die entsprechende Textstelle.

Zeile	Sprachliches Mittel	Textstelle
56	Lächerliche Behauptung	Munitionsmangel bei Jägern
46-48	Verallgemeinerung	Jeder, der etwas zu verbergen hat ...

7. Beschreibe die möglichen Reaktionen der Leser auf diesen Text.

8. Erläutere, welches Problem der Autor kritisieren will.

Lösungshilfen zu 2

9. Welche Einstellung hat der Autor vermutlich zum Thema Waldsterben? Begründe deine Auffassung. Orientiere dich dazu an Aufgabe 4.

10. Wie ist deine Meinung zum Waldsterben?

11. Stimmst du der Aussage der Schülerin zu? Sammle Stichpunkte für deine Begründung.

Lösungshilfen zum Schreiben

12. Lege dir aufgrund deiner Vorarbeiten einen Schreibplan an.

Schreibplan

Einleitung:

Titel, Autor, Textart, Thema (Problem)

Hauptteil:

1. Wiedergabe des Inhalts

Entsprechend der Abfolge von Abschnitten

2. Auswirkungen des Waldsterbens

Was passiert/passiert nicht, wenn Bäume verschwinden?

3. Sprachliche Mittel

Mittel der Satire, Textabsicht, Wirkung

Schluss:

Stellungnahme zu der Schüleräußerung und persönliche Meinung

13. Schreibe deinen Text auf ein Extrablatt.
Du kannst folgende Formulierungen übernehmen:

in der Einleitung: *In dem Text „…" (Titel) von … (Autor) geht es um … (Thematik des Textes). Es wird dargestellt, dass … / Der Text „…" (Titel) von … (Autor) beschreibt …*

im Hauptteil: *Der Autor setzt das Baumsterben gleich mit der Vergänglichkeit aller anderen Dinge in unserer Welt. Dabei …*
Es werden verschiedene Behauptungen aufgestellt, die belegen sollen, wie lästig oder gefährlich …
Natürlich stimmt es grundsätzlich, dass nasses Laub gewisse Gefahren birgt, aber …
Um seine Absicht zu verdeutlichen, verwendet der Autor …
Weitere sprachliche Mittel sind …

am Schluss: *Die Absicht des Autors ist es … / Der Autor verfolgt die Absicht …*
Man kann auf verschiedene Weise auf ein Problem aufmerksam machen. Ich bin der Meinung, dass … / Meiner Ansicht nach … / Ich persönlich denke, dass …

14. Überarbeite deinen Text anhand der Checkliste zu B 7 auf Seite 53.

D 6 Aufgabentyp 4a: Günther Weisenborn: Zwei Männer (angeleitetes Üben)

1 **Analysiere** den Text „Zwei Männer" von Günther Weisenborn und berücksichtige dabei folgende Arbeitsschritte:

a) Formuliere eine Einleitung, in der du Titel, Autor, Textart und Thema **benennst**.

b) **Fasse** den Inhalt des Textes kurz **zusammen**.

c) **Stelle dar**, wie die Gewalt und Gefährlichkeit des Wassers geschildert werden und mit welchen sprachlichen Mitteln der Autor dies zum Ausdruck bringt.

d) **Erläutere**, wie sich das Verhalten des Peons verändert, und **begründe** diese Veränderung. Berücksichtige dabei auch das Verhalten des Pflanzers.

2 In Zeile 5–7 heißt es: *„Und unter Wasser standen die Hoffnungen des Pflanzers von Santa Sabina."* **Nimm Stellung** dazu, ob das Hochwasser wirklich alle Hoffnungen der beiden Männer begraben hat. **Begründe** deine Meinung und beziehe dich auf den Text.

Zwei Männer

Günther Weisenborn

Als der Wolkenbruch, den sich der argentinische Himmel damals im Februar leistete, ein Ende gefunden hatte, stand das ganze Land unter Wasser. Und unter Wasser standen die Hoffnungen des Pflanzers von Santa Sabina. Wo ein saftgrünes Vermögen in Gestalt von endlosen Teefeldern mit mannshohen Yerbabüschen[1] gestanden hatte, dehnte sich morgens ein endloses Meer.

Der Farmer war vernichtet, das wusste er. Er saß auf einer Maiskiste neben seinem Haus und zählte die fetten Blasen, die an seine Schuhe trieben und dort zerplatzten. Das Maisfeld glich einem See. Der Rancho[2] des Peons[3] war darin verschwunden. Sein Schilfdach trieb im Strom davon, eine nickende Straußenleiche vor sich herschiebend. Der Peon hatte sich zu seinem Herrn geflüchtet und saß neben ihm. Es war ein Indio, der mit breitem, eisernem Gesicht ins Leere starrte. Seine Frau war ertrunken, als sie sich losließ, um ihre Hände zur Madonna zu erheben. Der Peon hatte drei Blasen gezählt. Ihre Hand hatte die letzte Blase erschlagen.

Der Farmer hatte seine Frau in der Stadt. Sie würde vergeblich auf seinen Schritt vor der Tür warten. Denn der Farmer gab sich noch eine Nacht.

Es ist unter Männern Brauch, dass man sich in gewissen Lagen die letzte Zigarette teilt. Der Farmer, im Begriff nach Mannes Art zu handeln, wurde von seinem Peon unterbrochen. „Herr!", rief der Indio, „der Paraná! Der Strom kommt ...!" Er hatte recht. Man hörte in der Ferne ein furchtbares Donnern. Der Paraná, angeschwollen vom Wasser und Wind, brach in die Teeprovinzen ein. Paraná, das heißt der größte Strom Argentiniens. Dieses Donnern war das Todesurteil für die Männer von Santa Sabina. Sie verstanden sich auf diese Sprache, die Männer. Sie hatten tausendmal dem Tod ins Auge gesehen.

Sie hatten das Weiße im Auge des Pumas gesehen und der Korallenschlange[4] ins kaltstrahlende Gesicht. Sie hatten dem Jaguar gegenüber gestanden und der großen Kobra, die sich blähte. Sie hatten alle diese Begegnungen für sich entschieden, denn ihr Auge war kalt und gelassen ihre Hand.

Jetzt aber halfen keine Patronen und kein scharfes Auge. Dieser Feind hier, das Wasser, war bösartig wie hundert Schlangen, die heranzischten, und todesdurstig wie der größte Puma auf dem Ast. Man konnte das Wasser schlagen, es wuchs. Man konnte hineinschießen, es griff an. Es biss nicht, es stach nicht, das Wasser, es suchte sich nur mit kalten Fingern eine Stelle am Mann, seinen Mund, um ihn auszufüllen, bis Blasen aus der Lunge quollen. Das Wasser war gelb und lautlos. Und man sah vor Regen den Himmel nicht.

Auf einer kleinen Insel, halb unsichtbar in der triefenden Finsternis, saß der Farmer mit seinem Peon vor seinem Haus.

Dann kam der große Paraná. Er kam nicht mit Pauken und Posaunen. Nein, man merkte ihn gar nicht. Aber plötzlich stand der Schuh des Farmers im Wasser. Er zog ihn zurück. Aber nach einer Weile stand der Schuh wieder im Wasser, weiß der Teufel ... Und wenn man die Maiskiste zurücksetzte, so musste man sie bald noch ein wenig zurücksetzen, denn kein Mann sitzt gern im Wasser.

Das war alles, aber das war der Paraná.

Gegen Abend fiel das Hühnerhaus um. Man hörte das halberstickte Kreischen der Vögel, dann war es wieder still. Später zischte es plötzlich im Wohnhaus auf, denn das Wasser war in den Herd gedrungen.

Als es dunkel wurde, standen der Farmer und sein Peon bereits bis zum Bauch im Wasser. Sie kletterten auf das Schilfdach. Dort auf dem Gipfel saßen sie schweigend, dunkle Schatten in der dunkelsten aller Nächte, indes Töpfe und Kästen aus den Häusern hinausschwammen. Ein Stuhl stieß unten das Glasfenster in Scherben. Das Wasser rauschte. Die Blasen platzten. Ein totes Huhn schwamm im Kreise vor der Haustür.

Als das Wasser das Dach erreicht hatte, stieß es die Hausmauern nachlässig um. Das Dach stürzte von den gebrochenen Pfosten, schaukelte und krachte, dann drehte es sich um sich selbst und trieb in die rauschende Finsternis hinaus.

Das Dach ging einen langen Weg. Es fuhr kreisend zu Tal. Es trieb am Rande der großen Urwälder vorbei. Es segelte durch eine Herde von Rindern, die mit himmelwärts gestreckten Beinen totenstill auf dem wirbelnden Wasser trieben. Glotzäugige Fische schossen vor dem Schatten des Daches davon. Schwarze Aasgeier trieben, traubenweise an ein Pferd gekrallt, den Strom hinab. Sie blickten mordlustigen Auges herüber ... Blüten, Möbel und Leichen vereinigten sich zu einem Zug des Todes, der talwärts fuhr, einem undurchsichtigen Ende entgegen.

Gegen Morgen richtete sich der Farmer auf und befahl seinem Peon, nicht einzuschlafen. Der Indio verwunderte sich über die harte Stimme seines Herrn. Er wäre bedenkenlos dem Farmer um die Erde gefolgt. Er war Indio und wusste, was ein Mann ist. Aber er wusste auch, dass ein Mann ein schweres Gewicht hat. Wenn nur ein Mann auf dem Dach sitzt, so hält es natürlich länger, nicht wahr, als wenn es unter dem schweren Gewicht zweier Männer auseinanderbricht und versinkt. Und dann gute Nacht ...

Er glaubte nicht, dass der Farmer gutwillig das Dach verlassen würde, aber man konnte ihn hinunterkippen, denn es ging hier um Leben und Tod. Das dachte der Indio und er rückte näher. Sein Gesicht war steinern, es troff vor Regen.

Das Dach würde auf keinen Fall mehr bis zum Morgen schwimmen. Jetzt schon brachen einzelne Bündel ab und schwammen nebenher. Die

Männer mitten auf dem furchtbaren Strom wussten nicht, wo sie waren. Dichter Nebel fuhr mit ihnen. Ringsum das Wasser schien still zu stehen. Fuhren sie im Kreis? Sie wussten es nicht. Sie sahen sich an.

Da folgte der Farmer dem Brauch aller Männer, zog seine letzte Zigarette, brach sie in zwei Teile und bot dem Indio eines an. Sie rissen das Papier ab und kauten den Tabak, da sie kein Feuer hatten.

Er ist ein guter Kamerad, dachte der Peon. Es hat keinen Zweck. Es soll alles seinen Weg gehen. Als er den würzigen Geschmack des Tabaks fühlte, wurde aus der Feindschaft langsam ein Gefühl der Treue. Was willst du? Der Peon hatte seine Frau verloren und sein Kind. Sie hatte die letzte Blase ihres Atems mit ihrer Hand zerschlagen. Er hatte nichts mehr, was ihn zu leben verlockte. Das Schilfdach sank immer tiefer. Wenn er selbst ins Wasser sprang, hielt das Dach vielleicht noch und trug seinen Herrn bis zum Morgen. Der Dienst ist aus, adios Señor! Der Peon kletterte über den Giebel bis an den Rand des Daches, als er plötzlich im dunklen Wasser Kaimane[5] rauschen sah, Jaquares[6], die ihn aufmerksam anstarrten. Zum ersten Mal verzog der Indio sein Gesicht, dann hielt er den Atem an und sprang.

Aber er wurde im selben Moment von seinem Herrn gehalten, der ihn wieder aus dem Wasser zog und seinen Peon zornglühend anschrie. Kreideweiß, mit rotgeränderten Augen und triefenden Haaren, beugte sich der Farmer über ihn, nannte ihn den Vater allen Unsinns und rüttelte ihn. Dann befahl er ihm, seinen Platz einzunehmen und den Mut nicht zu verlieren, verdammt noch mal …!

Gegen Morgen trieben sie an Land, sprangen über Baumäste und wateten stundenlang, bis sie ins Trockene kamen. Sie klopften den Boden mit Stöcken nach Schlangen ab, und ehe sie sich zum Schlafen in das Maisfeld legten, sagte der Farmer:

„Morgen gehen wir zurück und fangen wieder an."

„Bueno", sagte der Indio. Der Regen hörte auf.

1 Yerbabusch: Räucherkraut der chilenischen Schamanen
2 Rancho: Hütte
3 Peon: Landarbeiter
4 Korallenschlange: Giftnatter
5 Kaimane: Krokodile
6 Jaquares: spanischer Ausdruck für Krokodile

aus: Tausend Gramm – Sammlung neuer deutscher Geschichten, hrsg. von W. Weyrauch, Rowohlt Verlag, Hamburg 1949

Lösungshilfen zu 1 a)

1. Führe den ersten Schritt „Sich orientieren" durch (siehe B 7, Seite 46). Halte deine Notizen (z. B. zu Thema und Textsorte) auf einem Extrablatt fest.

Lösungshilfen zu 1 b)

2. Gliedere den Text in Sinnabschnitte und fasse sie stichwortartig zusammen.

Abschnitt 1, Zeile 1–35: Infolge eines Hochwassers hat ein Farmer seine Pflanzungen und ein Peon Frau und Haus verloren.

Abschnitt 2, Zeile 36–95: Der Gewalt des Paraná können die Männer nichts entgegensetzen …

Lösungshilfen zu 1 c)

3. Auf unterschiedliche Weise werden die Gefährlichkeit des Paraná und das gnadenlose Vordringen des Wassers geschildert.

a) Schreibe Textstellen (mit Zeilenangaben) heraus, die die zunehmende Bedrohung durch das Wasser deutlich machen.

- „Man hörte in der Ferne ein furchtbares Donnern." (Z. 43–44)
- „Dann kam der große Paraná." (Z. 82)

b) Notiere Vergleiche und Metaphern (mit Zeilenangaben), mit denen der Paraná beschrieben wird.

- „bösartig wie hundert Schlangen" (Z. 65/66)

c) Erkläre die unterschiedliche Bedeutung des mehrmals verwendeten Wortes „Blase" und gib die entsprechenden Zeilen an.

d) Nenne Textstellen, anhand derer die Ohnmacht des Menschen gegenüber dieser Naturgewalt besonders deutlich gemacht wird. Gib die entsprechenden Zeilen an.

- „Man konnte das Wasser schlagen, es wuchs." (Z. 68/69)
-

e) An einigen Stellen sind die Satzstrukturen der inhaltlich knappen Darstellung angepasst worden. Notiere Beispiele mit Zeilenangaben und erläutere (stichwortartig) ihre Wirkung.

- „Das Dach ging einen langen Weg. Es fuhr kreisend zu Tal. Es …"
(Aufzählung, Z. 121–124)

Lösungshilfen zu 1 d)

4. Untersuche das Verhalten des Peons.

a) Stelle die ihn betreffenden Angaben in Form eines Flussdiagramms dar.

Sein Rancho ist vom Wasser zerstört.
→ Er hat sich zu seinem Herrn geflüchtet.
→ Seine Frau ...

b) Warum hält der Farmer den Peon zurück, als dieser sich in das Wasser stürzen will? Kreuze an, was deiner Meinung nach zutrifft.

- ○ Er möchte sich mit ihm unterhalten.
- ○ Er braucht ihn später auf der Farm.
- ○ Er verbittet sich eigenmächtiges Handeln.
- ○ Er will nicht schuld am Tod eines anderen Menschen sein.
- ○ Er hat Angst vor späteren Nachfragen.
- ○ Er fühlt sich verantwortlich für seinen Arbeiter.
- ○ Er ist sozial und christlich erzogen.
- ○ Er möchte nicht hilflos und allein zurückbleiben.

c) Inwiefern ändert sich das Verhalten des Peons durch das Teilen der Zigarette?

____

Lösungshilfe zu 2

5. Bereite die Stellungnahme vor.

a) Lies das Zitat und erkläre das Sprachbild.

____

____

____

b) Vergleiche das Ende der Geschichte mit dem Zitat.

____

____

____

c) Hat das Hochwasser wirklich alle Hoffnungen begraben? Sammle stichwortartig Begründungen für deine Meinung.

____

____

____

6. Lege dir einen Schreibplan an.

TIPP zu 6.

Durch die gegliederte Aufgabenstellung ist dir der Aufbau deines Textes bereits vorgegeben. Du kannst dich in deinem Schreibplan an der Abfolge der Aufgaben orientieren.

Schreibplan

Einleitung:

- Vorstellen des Textes: Titel, Autor, Textart, Thema (Problem) – 1 a)

Hauptteil:

- Inhaltszusammenfassung – 1 b)
- Schilderung der Gefahr durch den Paraná/sprachliche Mittel – 1 c)
- Verhaltensänderung des Peons und des Farmers – 1 d)

Schluss:

- Persönliche Stellungnahme – 2

7. Ordne die Textvorschläge den einzelnen Teilen deiner Gliederung zu. Du kannst diese Sätze auch in deiner Schreibaufgabe verwenden.

A. Selbst diese Männer, die viele gefährliche Situationen gelassen überstanden haben, sind dieser Naturgewalt hilflos ausgeliefert.

B. Es wird geschildert, mit welcher Gewalt das Wasser die Menschen bedroht und wie diese sich wehren, bewähren und überleben.

C. Die Existenzgrundlage des Farmers ist zerstört.

D. Der Peon hat alles verloren, was für sein Leben wichtig war und für das zu arbeiten sich lohnte.

E. In der Kurzgeschichte „Zwei Männer" von Günther Weisenborn ist die Natur, das Hochwasser des Paraná, der Auslöser für eine menschliche Tragödie.

F. Dem Gefühl der unerschütterlichen Gefolgschaft folgt die Erkenntnis der Gefahr bis zu dem Entschluss, den Farmer vom Dach zu stoßen, um selbst zu überleben.

G. Zunächst einmal scheint es so zu sein, dass das Wasser alles zerstört hat, was für den Farmer ein Leben in Wohlstand bedeutet hat: die Ernte, die Felder, das Wohnhaus.

H. Ich glaube aber, dass die Erfahrung auf dem Schilfdach beiden Männern neuen Mut und neue Tatkraft gegeben hat.

8. Schreibe deinen Textentwurf auf ein Extrablatt.

9. Überarbeite deinen Text mithilfe der Checkliste auf Seite 53.

E Prüfungsaufgaben zum Themenbereich „Medien"

E 1 Leseverstehen: Wozu Werbung? (selbstständiges Üben)

Teil I

Lies zunächst den Text sorgfältig durch und bearbeite anschließend die Fragen 1 – 13.

Wozu Werbung?

„Wohnst du noch oder lebst du schon?" (Ikea). Werbung ist der „Versuch der zwangfreien Meinungsbeeinflussung durch besondere Kommunikationsmittel" (Brockhaus, 1999). Zwar behaupten viele, sich in ihrer Kaufentscheidung nicht von Werbung beeinflussen zu lassen. Wissenschaftliche Untersuchungen belegen allerdings das Gegenteil. Aber wen wundert das? Ob wir ins Kino gehen oder im Internet surfen, ob wir Zeitschriften lesen, den Fernseher einschalten oder einfach durch die Straßen laufen – Werbung begegnet uns auf Schritt und Tritt.

Doch wozu betreiben Unternehmen überhaupt Werbung? Handelt es sich um schlechte Produkte, die sie anders nicht loswerden? Wohl kaum. Wenn man sich den Werbemarkt genauer ansieht, kann man schnell feststellen, dass es für viele Produkte aus nahezu allen Branchen Werbung gibt. Das vorrangige Ziel für den Unternehmer ist die Erhöhung des Absatzes und damit die Steigerung des Gewinns. Will er sich mit seinem Produkt von der Konkurrenz unterscheiden, dann muss er es ins beste Licht rücken, indem er die Produktqualität oder den Preis – „saubillig" (Mediamarkt) – als Verkaufsargument hervorhebt.

So richtig in Schwung gekommen ist die Werbung, wie wir sie heute kennen, erst im 19. Jahrhundert durch die Industrielle Revolution. Mit ihr begann die industrielle Massenproduktion von Gütern, das Angebot wuchs und der Käufer konnte nun immer öfter zwischen mehreren ähnlichen Produkten auswählen. Außerdem war in vielen Bereichen des Marktes eine Sättigung eingetreten […]. Um Produkte über dieses Maß hinaus verkaufen zu können, mussten sich die Unternehmen zur Erschließung neuer Käufergruppen oder zur besseren Kundenbindung etwas einfallen lassen. Neben der Weiterentwicklung der Produkte war Werbung dafür ein geeignetes Mittel.

Die Werbefachleute erfanden immer neue, oft verrückte Ausdrucksformen. Doch ihrer Kreativität wurden auch gewisse Grenzen gesetzt. So gilt für die Zielgruppe der Kinder und Jugendlichen der Jugendmedienschutz-Staatsvertrag (JMStV), in dem u. a. Folgendes geregelt ist (§ 6, Erläuterungen):

Werbung im Rundfunk und durch Telemedien ist ohne Rücksicht darauf, wofür geworben wird, unzulässig, wenn

a) jugendgefährdende Medien für Werbezwecke verwendet werden […].

b) sie Kindern oder Jugendlichen körperlichen oder seelischen Schaden zufügt […].

c) unter Ausnutzung ihrer Unerfahrenheit Kinder oder Jugendliche zum Kauf bewegt werden sollen […] oder wenn sie aufgefordert werden, andere dazu zu bewegen […].

f) sie ohne vernünftigen Grund Kinder und Jugendliche in Gefahrensituationen zeigt [...].

Werbung für alkoholische Getränke oder Tabakwaren darf sich im Rundfunk und durch Telemedien nicht an Kinder und Jugendliche richten oder sie besonders ansprechen oder sie beim Trinken oder Rauchen darstellen.

Doch nicht nur der Jugendmedienschutz beschränkt die grenzenlose Werbung. Es gibt z. B. auch klare Beschränkungen für sogenannte Lockvogelangebote. Damit ist der Versuch eines Unternehmens gemeint, potenzielle Käufer mit preisgünstigen Angeboten ins Geschäft zu locken, die dort gar nicht oder nur in geringer Menge vorrätig sind. Auch vergleichende Werbung ist nur unter bestimmten Auflagen möglich. Bei dieser Werbeart vergleicht ein Unternehmen sein Produkt mit dem des Konkurrenten. Dabei wird das eigene Angebot als das beste, leistungsfähigste und preiswerteste dargestellt und von der Konkurrenz genau das Gegenteil behauptet [...]. Allerdings haben Wissenschaftler der Freien Universität Berlin 2004 am Beispiel von Lakritz-Süßigkeiten herausgefunden, dass die „freiwillige Nennung negativer Eigenschaften" durchaus auch zu einer „höheren Glaubwürdigkeit des Unternehmens" führen kann. Gesetzlich verboten ist es, den Konkurrenten herabzusetzen oder zu verunglimpfen. Außerdem dürfen nur überprüfbare, also wahre Aussagen gemacht werden.

Heute entfallen auf Online-Werbung weltweit knapp 10 % der gesamten Werbeausgaben. Und Werbeexperten erwarten für die nächsten Jahre einen starken Anstieg, der hauptsächlich auf das Marketing der Suchmaschinenanbieter zurückgeht. [...]

Stiftung Lesen: Zukunft Dienstleistung - ein Blick hinter die Kulissen. Mainz 2007, S.14

Aufgaben 1 – 13

1 Kreuze die richtige Antwort an. Laut Text ist Werbung ...

a)	die Beeinflussung durch Werbeträger zur Steigerung des Gewinns durch jedes Mittel.	
b)	der Versuch der zwangfreien Meinungsbeeinflussung durch besondere Kommunikationsmittel.	
c)	die Erschließung neuer Käufergruppen, bei der der Kreativität heute nahezu keine Grenzen mehr gesetzt sind.	

2 Im Text heißt es in den Zeilen 44 f.: *„Außerdem war in vielen Bereichen des Marktes eine* ***Sättigung*** *eingetreten."* Erkläre diese Aussage mit eigenen Worten.

3 In Zeile 95 wird von ***potenziellen Käufern*** gesprochen. Erkläre, was damit gemeint ist.

4 Der Text lässt sich in sechs Sinnabschnitte einteilen.
Notiere zu jedem Abschnitt die Zeilenzahlen und ergänze jeweils eine Zwischenüberschrift.

Abschnitt	Zeilenangaben	Überschrift
1		
2		
3		
4		
5		
6		

5 Im Text werden verschiedene Werbeträger genannt.
Schreibe diese in die leeren Kreise des Clusters und ergänze drei weitere.

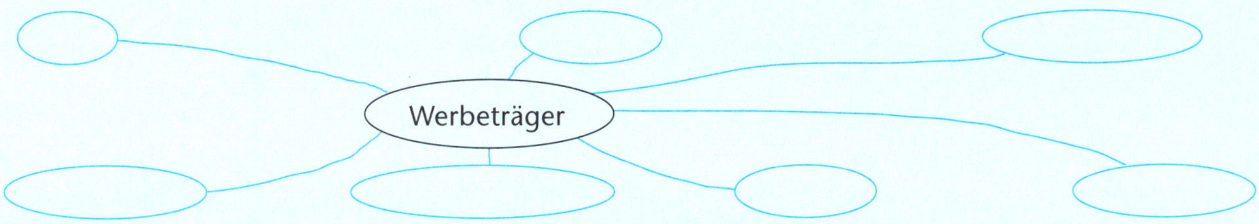

6 Welche der folgenden Aussagen beschreibt das Thema des Textes am besten? Kreuze an.
Begründe deine Wahl, indem du einen Bezug zum Text herstellst.

a)	Der Text „Wozu Werbung?“ gibt einen Überblick über die Bedeutung und die Grenzen der Werbung.	
b)	Der Text „Wozu Werbung?“ stellt dar, wie sich Werbung im Lauf des Jahrhunderts entwickelt hat.	
c)	Der Text „Wozu Werbung?“ klärt darüber auf, in welchen Bereichen des Lebens den Menschen Werbung begegnet.	

Begründung:

____

____

____

____

____

____

7 Kreuze an, welche der folgenden Aussagen laut Text zutreffen und welche nicht.

	trifft zu	trifft nicht zu
a) Wissenschaftliche Untersuchungen haben bewiesen, dass Menschen sich in ihrer Kaufentscheidung beeinflussen lassen.	○	○
b) Werbung begegnet uns in unterschiedlichen Formen überall.	○	○
c) Bereits im 18. Jahrhundert gab es Werbung, da durch die Industrielle Revolution die Massenproduktion von Gütern begann.	○	○
d) Werbefachleute müssen besonders kreativ sein und verrückte Ausdrucksformen erfinden. Ihrer Kreativität sind dabei keine Grenzen gesetzt.	○	○
e) Die sogenannten „Lockvogelangebote" dürfen Kunden nicht in die Geschäfte locken, wenn Produkte dort gar nicht oder nur in geringer Menge vorhanden sind.	○	○
f) Ein Produkt erhält eine höhere Glaubwürdigkeit, wenn der Hersteller in der Werbung freiwillig negative Eigenschaften nennt.	○	○

8 Liste auf, welche Ziele der Werbung im Text angegeben werden, und gib die passenden Textbelege dazu an.

____

____

9 Im vierten Sinnabschnitt werden die Versuche eines Unternehmens, Käufer durch besonders günstige Angebote ins Geschäft zu locken, als „**Lockvogelangebote**" (Z. 91–93) bezeichnet. Kreuze an, um welches rhetorische Mittel es sich hier handelt.

a) Personifikation ○
b) Neologismus ○
c) rhetorische Frage ○
d) Vergleich ○

10 In Z. 64 ff. heißt es zum Jugendmedienschutz-Staatsvertrag:
„Werbung im Rundfunk und durch Telemedien ist ohne Rücksicht darauf, wofür geworben wird, unzulässig, wenn
a) jugendgefährdende Medien für Werbezwecke verwendet werden […]."

In welchem Verhältnis steht der folgende, durch „wenn" eingeleitete Nebensatz (Gliedsatz) zur Hauptaussage?
Kreuze die richtige Antwort an.

Der Nebensatz (Gliedsatz) …

a)	gibt eine Begründung für die vorangestellte Hauptaussage.	
b)	gibt die Bedingung für die vorangestellte Hauptaussage an.	
c)	gibt die Folge der Hauptaussage an.	
d)	gibt die Wirkung der Hauptaussage an.	

11 Im Text werden gesetzliche Regelungen für Werbung aus dem Jugendmedienschutz-Staatsvertrag zitiert. Wähle eine der Erläuterungen a), b), c) oder f) aus und erkläre mit eigenen Worten, was dort festgeschrieben wird. Veranschauliche dies jeweils mit einem Beispiel.

____

____

____

12 Bewerte, was der Autor mit diesem Text hauptsächlich erreichen will. Kreuze dazu die zutreffende Aussage an.

Der Autor möchte …

a)	die Menschen vor der Wirkung von Werbung warnen und stellt deswegen die Gefahren von Werbung in den Medien dar.	
b)	seine Meinung zum Thema Werbung verdeutlichen. Aus diesem Grund nennt er Argumente und belegt diese durch anschauliche Beispiele.	
c)	mit seinem Text einen kurzen Überblick über die Entwicklung der Werbung geben sowie über ihre Bedeutung und ihre Grenzen informieren.	

13 Im Text wird angegeben, dass vergleichende Werbung nur unter bestimmten Auflagen möglich sei. Lies den folgenden Werbetext.

„Kaufen Sie unseren Müsliriegel, denn er enthält dreimal mehr Ballaststoffe und Vitamine als der Riegel der Firma xy! Wer will schon minderwertige Ware? Dann können Sie auch gleich einen herkömmlichen Schokoriegel essen."

Kreuze an, ob diese Art der Werbung zulässig wäre, und begründe deine Entscheidung mit Bezug auf den Text „Wozu Werbung?"

zulässig ○ unzulässig ○

Begründung:

____

____

____

____

____

____

____

____

____

____

____

E 2 Aufgabentyp 2: Die Veränderung des Leseverhaltens (selbstständiges Üben)

Teil II

Da die Schulbibliothek eurer Schule kaum noch genutzt wird, habt ihr im Unterricht darüber gesprochen, wie sich das Leseverhalten der Menschen verändert hat. Du hast die Aufgabe erhalten, zu diesem Thema einen Beitrag für die Homepage eurer Schule zu schreiben. Damit du deinen Beitrag schreiben kannst, erhältst du eine Materialsammlung (M 1 – M 4). Lies dir zunächst die Aufgabenstellung und dann die Materialien aufmerksam durch, bevor du mit dem Schreiben beginnst.

1. Verfasse auf der Grundlage der Materialien M 1 – M 4 einen **informativen Text** für die Homepage eurer Schule und kläre deine Mitschülerinnen und Mitschüler darüber auf, wie sich das Leseverhalten der Menschen verändert hat und welche Rolle das E-Book dabei spielt. Schreibe nicht einfach aus den Materialien ab, sondern bemühe dich um eine eigenständige Darstellung in einem zusammenhängenden Text. Berücksichtige dabei folgende Gesichtspunkte:
   a) **Formuliere** für den Text eine passende Überschrift.
   b) Formuliere einen Einleitungsteil, in dem du auf das Thema „Die Veränderung des Leseverhaltens" aufmerksam machst und das E-Book **vorstellst**.
   c) **Beschreibe** die vielfältigen Möglichkeiten, die sich durch die Nutzung von E-Books ergeben.
   d) **Erläutere** ausführlich auch die Nachteile bei der Nutzung von E-Books.
   e) **Schlussfolgere** anhand der Materialien und eigener Überlegungen, ob eure Schulbibliothek in Zukunft auch E-Books anbieten sollte.
   f) **Notiere** unterhalb deines Textes die von dir genutzten Materialien.

M 1 Bücher lesen? Überflüssig!

Umfrage an einer Schule: Haben Bücher eine Zukunft? Welche Bücher lest ihr?

Dennis: Ich lese nur noch für die Schule. Ansonsten macht Fernsehen doch viel mehr Spaß.

Mareike: Ich chatte in sozialen Netzwerken oder spiele Video- oder Computerspiele, lesen brauche ich doch nicht.

Mert: Ich höre gern ein Hörbuch oder gucke die Verfilmung eines Buches an.

Anastasia: Auf mein iPad kann ich mir ganz einfach Bücher herunterladen, das ist praktisch.

Karol: Das ist doch Zeitverschwendung. Im Internet finde ich alle Informationen, die ich brauche.

Anna: Vor dem Einschlafen lese ich jeden Abend noch ein paar Seiten in einem Krimi, das ist doch entspannend.

M 2 Wird das E-Book Ihre Lesegewohnheiten verändern?

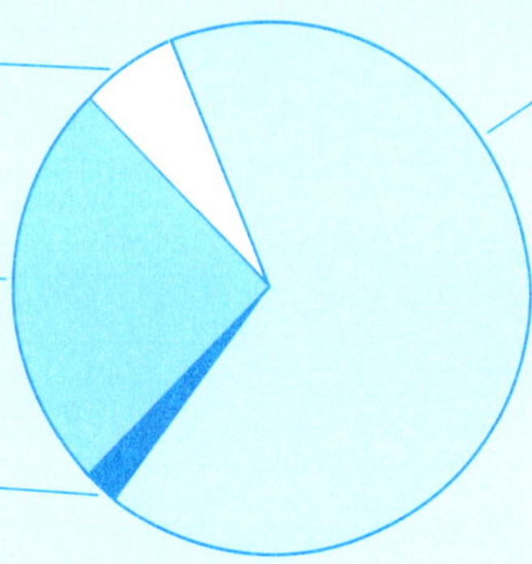

7 %: Ja, gedruckte Bücher wird es bald nicht mehr geben.

27 %: Nein, nichts kann ein gedrucktes Buch ersetzen.

2 %: Mir egal, ich lese sowieso kaum.

64 %: Sowohl E-Book als auch gedruckte Bücher werden parallel existieren.

Zahlen entnommen aus: www.welt.de/kultur/article2580978/Ab-Fruehjahr-lesen-wir-ganz-eifrig-das-E-Book.html, 16.11.2009

M3 Das Leseverhalten Jugendlicher

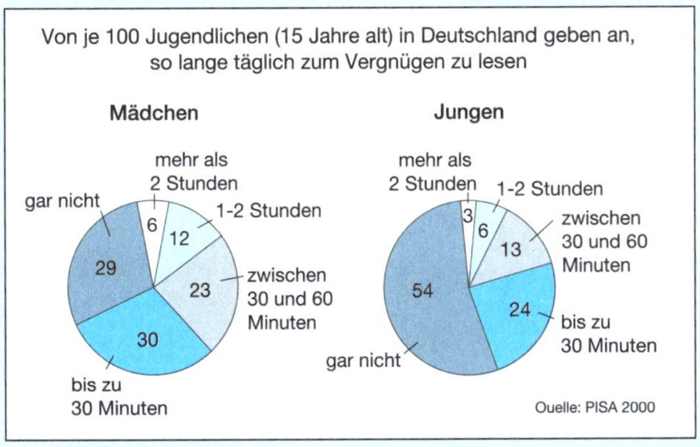

M4 Interview mit einem Buchhändler

Reporter: Ist der Siegeszug des E-Books zurzeit noch aufzuhalten?

Buchhändler: Beim E-Book handelt es sich im Grunde nur um eine modernisierte Art und Weise Bücher zu erstellen. Im Gegensatz zum ausgedruckten Buch nutzt man das E-Book direkt am PC, Handy oder auf einem speziellen Lesegerät. Dort ist das Buch als spezielle Datei gespeichert. Auch wenn man kein „Papier-Buch" mehr in den Händen hält, so weisen E-Books doch verschiedene Vorteile auf, die man gerne nutzt.

Reporter: Welche sind das denn?

Buchhändler: Der größte Vorteil ist die Mobilität, man muss nicht mehr viele, schwere Bücher mit sich herumschleppen, sondern kann die, die man gespeichert hat, sofort abrufen. Damit ist das Lesen überall möglich, ob im Zug, im Flugzeug, am Strand oder in der Schule. Man kann auch die Schriftgröße verändern, Datenbanken aus dem Internet oder multimediale Komponenten, wie Bilder und Fotos, nutzen.

Reporter: Damit wird doch Ihr Beruf überflüssig?

Buchhändler: Bisher haben wir über die Vorteile gesprochen, ich kann aber auch Nachteile nennen. So entfällt beim Kauf natürlich die professionelle Beratung durch uns Buchhändler. Auch kann das Sitzen am PC sowie der dauernde Blick auf einen Bildschirm für längere Zeit zur Qual werden. Menschen, die dazu neigen, Kopfschmerzen zu bekommen, wenn sie lange am PC sitzen, sollten lieber beim gedruckten Buch bleiben. Immer wieder hört man auch, dass die Lesegeräte bei Sonne schlecht zu nutzen sind. Man ist zudem oft auf den Akku angewiesen und die Frage ist, ob man noch ein weiteres elektrisches Gerät braucht.

Reporter: Unsere Leser interessieren natürlich auch die Kosten.

Buchhändler: E-Books sind oft billiger als gedruckte Bücher, da bestimmte Kosten, wie z.B. Papier oder Druck, wegfallen. Oftmals erhält man E-Books mit Hunderten von Seiten schon zu einem Preis von ca. zehn Euro, viele E-Books gibt es auch zum kostenlosen Download. Außerdem ist der Preis der Lesegeräte in den letzten Monaten weiter gefallen, beträgt aber bei guten Geräten noch mehr als 100 Euro. Zudem muss man die Stromkosten einrechnen.

Reporter: Hat also das gute alte Buch ausgedient?

Buchhändler: Ich glaube nicht. Leseratten halten gern ein Buch in der Hand. Gerade ältere Kunden sagen uns oft, dass sie umblättern wollen und dabei das Papier fühlen müssen.

E 3 Aufgabentyp 2: Internetabhängigkeit (selbstständiges Üben)

Teil II

Ihr habt euch im Informatikunterricht mit dem Thema „Internet“ beschäftigt. Anlässlich eines Projekttags zum Thema „Medien“ sollst du nun ein Info-Papier zum Thema „Internetabhängigkeit“ erstellen. Damit du deinen Text schreiben kannst, erhältst du eine Materialsammlung (M 1 – M 4). Lies dir zunächst die Aufgabenstellung und dann die Materialien aufmerksam durch, bevor du mit dem Schreiben beginnst.

1. Verfasse auf der Grundlage der Materialien einen **informativen Text** für den Projekttag „Medien“ an deiner Schule und **kläre** deine Mitschülerinnen und Mitschüler darin über das Thema „Internetabhängigkeit“ **auf**. Schreibe nicht einfach aus den Materialien ab, sondern bemühe dich um eine eigenständige Darstellung in einem zusammenhängenden Text. Berücksichtige dabei folgende Gesichtspunkte:
   a) **Formuliere** für den Text eine passende Überschrift.
   b) **Formuliere** eine Einleitung, in der du auf das Problem der Internetabhängigkeit aufmerksam machst.
   c) **Stelle** ausführlich **dar**, was genau man unter Internetabhängigkeit versteht und woran man sie erkennen kann.
   d) **Erläutere**, welche Gründe für eine Internetabhängigkeit ausschlaggebend sein können.
   e) **Schlussfolgere** anhand der Materialien und eigener Überlegungen, welche Empfehlungen du für einen verantwortungsbewussten Umgang mit dem Internet geben kannst.
   f) **Notiere** unter deinem Text die von dir genutzten Materialien.

M 1 Interview mit dem Internetforscher Dr. Lambert

Frage: Welche Ausprägungen von Internetabhängigkeit unterscheiden Sie?

Lambert: Da gibt es einmal die Onlinespielabhängigkeit, bei der Onlinerollenspiele im Vordergrund stehen. Dann gibt es die Onlinekommunikation, bei der es um die Nutzung von Chats und sozialen Netzwerken geht. Und leider muss auch der Konsum pornografischer Inhalte erwähnt werden.

Frage: Wie kommt es, dass besonders Jugendliche den virtuellen Welten[1] des Internets erliegen?

Lambert: Diese virtuellen Welten gehen in besonderer Weise auf die Bedürfnisse von Kindern und Jugendlichen ein. Sie bieten Unterhaltung, Ablenkung, Entspannung und vertreiben Langeweile. Außerdem verschaffen z. B. die Spiele Anerkennung, Erfolg, Belohnung.

Frage: Ist das denn gefährlich?

Lambert: Die Gefahr besteht in einer Art Sucht, man kann bzw. will nicht aufhören. Der Spieler vertieft sich ins Spiel, gerät in eine Art „fesselnden Rausch“. Der Nutzer steuert das Geschehen weitestgehend selbst, wodurch er ein Gefühl von Macht und Kontrolle erlebt.

Frage: Kann das zu Problemen mit der Realität führen?

Lambert: Ja, durchaus. Im Spiel ist man der Bestimmende, der Entscheidungen trifft. Im nüchternen Alltag ist das oft anders. Man muss sich in unterschiedliche soziale Bezugssysteme wie Elternhaus, Schule, Sportverein einfügen und sich mit Misserfolgen auseinandersetzen. Im Chat oder in sozialen Netzwerken kann man in verschiedene Rollen schlüpfen. Es fällt im Netz leichter, sich über Probleme auszutauschen oder neue Freunde kennenzulernen.

Frage: Was können Eltern tun, um ihr Kind vor den Gefahren im Internet zu schützen?

Lambert: Eltern sollten sich über das Internet informieren und bei Online-Spielen vielleicht sogar mitspielen. Auf jeden Fall sollten sie mit ihren Kindern darüber ins Gespräch kommen. Wichtig ist es, gemeinsam Regeln zu vereinbaren und Zeitvorgaben zu entwickeln. Man sollte auf die Alterskennzeichnung der Spiele achten und alternative Spielideen zum Computer entwickeln.

Autorentext (zusammengestellt nach www.klicksafe.de: Internet- und Computerspielabhängigkeit – Tipps für Eltern)

1 virtuelle Welten: vom Computer simulierte Welten

M 2 Studie zur Internetabhängigkeit

Nach einer Studie gibt es in Deutschland über 560.000 Online-Süchtige. Die Zahl steigt ständig. Gefährdet sind dabei vor allem Jugendliche. Die Studie hat gezeigt, dass die Zahl der Betroffenen in der Altersgruppe der 14- bis 24-Jährigen am höchsten ist.

Autorentext (nach einer Studie der Universität Lübeck: http://www.drogenbeauftragte.de/fileadmin/dateien-dba/DrogenundSucht/Computerspiele_Internetsucht/Downloads/PINTA-Bericht-Endfassung_280611.pdf)

M 3 Woran man Internetabhängigkeit erkennen kann – Hinweise für Eltern

Denkt Ihr Kind ständig an Computer und Internet – auch während anderer Beschäftigungen?
Spielt oder surft Ihr Kind bis spät in die Nacht?
Haben sich die Bildschirmzeiten gesteigert?
Fällt es Ihrem Kind schwer, aufzuhören oder die Bildschirmzeiten zu begrenzen?
Wird Ihr Kind nervös, gereizt, depressiv, wenn es auf Computer und Internet verzichten muss?
Zieht sich Ihr Kind zunehmend von Familie und Freunden zurück?
Verdrängt der Computer frühere Interessen und Hobbies? Leiden schulische Leistungen?
Verzichtet Ihr Kind auf Mahlzeiten, um am Computer zu bleiben?
Hat Ihr Kind stark abgenommen? Ist es übermüdet?
Nutzt Ihr Kind das Computerspielen vermehrt dazu, Gefühle wie Ärger und Wut abzubauen?

zusammengestellt nach: www.klicksafe.de: Internet- und Computerspielabhängigkeit – Tipps für Eltern

M 4 Warum werden Jugendliche abhängig vom Internet?

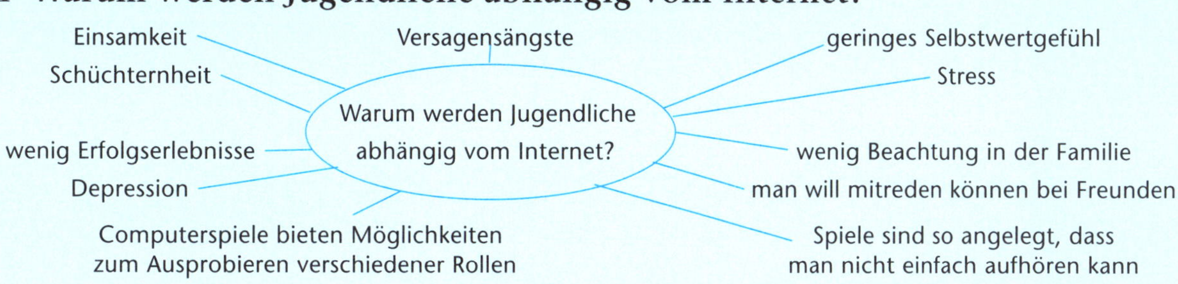

zusammengestellt nach www.klicksafe.de: Internet- und Computerspielabhängigkeit – Tipps für Eltern

E 4 Aufgabentyp 4a: Die Toten Hosen: Kauf MICH! (selbstständiges Üben)

Teil II

1. Analysiere das Lied „Kauf mich!" von der Band „Die Toten Hosen" und berücksichtige dabei folgende Arbeitsschritte:
   a) Formuliere eine Einleitung, in der du Titel, Autor, Textart und Thema **nennst**.
   b) **Fasse** den Inhalt des Textes mit eigenen Worten kurz **zusammen**.
   c) **Beschreibe**, welche Gedanken, Gefühle, Wünsche beim Käufer angesprochen werden.
   d) **Benenne** sprachliche und formale Mittel und erläutere, wie sie die inhaltlichen Aussagen unterstützen. Belege deine Angaben mit Textstellen.

2. Im Text heißt es *„Du bist das Opfer, ich bin Täter ..."* (Z. 53). **Nimm Stellung** zu dieser Aussage und **begründe** deine Meinung.

Die Toten Hosen: Kauf MICH!

Wenn du mich wirklich haben willst,
greif doch einfach zu!
Ich weiß genau, du denkst an mich,
ich lass dir keine Ruh.
Ich bin die Lottozahl,
die dir fehlt zu deinem Glück.
Ich gehör zu dir und du zu mir,
warum nimmst du mich nicht mit?

Mich kann man kaufen
Und es gibt mich im Sonderangebot,
ja ich bin käuflich, und zwar täglich,
rund um die Uhr.
Also kauf MICH!

Ich bin dein neues Auto,
dein sexy Körperspray.
Deine Alltags-Happy-Pille,
wenn du mich hast, bist du OK.
Ich bin dein frischer Atem,
bin 100 Prozent Geschmack.
Ich bin die große Freiheit im
Spar-Fix-Power-Pack.

Mich kann man kaufen
Und es gibt mich im Sonderangebot,
ja ich bin käuflich, und zwar täglich,
rund um die Uhr.
Also kauf MICH! Bitte kauf MICH!

Ich bin's, der im Schlussverkauf
Auf dem Wühltisch liegt,
ohne Haltbarkeitsdatum, lebenslänglich frisch.
Wenn du mich benutzt hast,
schmeiß mich einfach weg,
geh nicht an mir vorüber,
vielleicht kommen wir ins Geschäft.

Mich kann man kaufen
Und es gibt mich im Sonderangebot,
ja ich bin käuflich, und zwar täglich,
rund um die Uhr.
Also kauf MICH! Bitte kauf MICH!

Ich bin's, der im Schlussverkauf
Auf dem Wühltisch liegt,
ohne Haltbarkeitsdatum, lebenslänglich frisch.
Wenn du mich benutzt hast,
schmeiß mich einfach weg,
geh nicht an mir vorüber,
vielleicht kommen wir ins Geschäft.
Ich biete jedem meine Freundschaft an,
der Geld dafür hinlegt.

Mich kann man kaufen
Und es gibt mich im Sonderangebot.
Ja, ich bin käuflich, und zwar täglich,
rund um die Uhr. Kauf mich jetzt, bezahle später,
im Ratenangebot.
Du bist das Opfer, ich bin Täter,
rund um die Uhr.
Denn du kaufst MICH!
Ich weiß, du kaufst MICH,
also kauf MICH! Bitte kauf MICH!

„Kauf mich!“
Musik: Breitkopf, Text: Frege, Müller

E 5 Aufgabentyp 4a: Textauszug aus Stefan Zweig: Schachnovelle (selbstständiges Üben)

Teil II

1. Analysiere den Textauszug aus der „Schachnovelle" von Stefan Zweig und berücksichtige dabei folgende Arbeitsschritte:
   a) Formuliere eine Einleitung, in der du Titel, Autor, Textart und Thema **nennst**.
   b) **Fasse** den Inhalt des Textes kurz **zusammen**.
   c) **Stelle dar**, in welchem Gefühlszustand sich der Erzähler befindet und mit welchen sprachlichen Mitteln der Autor dieses zum Ausdruck bringt.
   d) **Erläutere**, welche Rückschlüsse auf die Person des Erzählers sich durch diesen Textauszug ziehen lassen.

2. Welche Bedeutung hat Lesen für dich? **Nimm Stellung** dazu und **vergleiche** deine Position mit der des Erzählers.

Dieser Textauszug stammt aus der „Schachnovelle" von Stefan Zweig (1881–1942). In der Geschichte erzählt ein Passagier auf einer Schiffsreise, wie er als junger Rechtsanwalt in Österreich zur Zeit des Nationalsozialismus von der Gestapo (Geheime Staatspolizei) ein Jahr lang in absoluter Isolationshaft gehalten wurde: *„… man blieb mit sich, mit seinem Körper und den […] stummen Gegenständen Tisch, Bett, Fenster, Waschschüssel rettungslos allein; man lebte wie ein Taucher unter der Glasglocke …".*

[…] Und plötzlich blieb mein Blick starr an etwas haften. Ich hatte entdeckt, dass an einem der Mäntel die Seitentasche etwas aufgebauscht war. Ich trat näher heran und glaubte an der rechteckigen Form der Ausbuchtung zu erkennen, was diese etwas geschwellte Tasche in sich barg: ein Buch! Mir begannen die Knie zu zittern: ein BUCH! Vier Monate lang hatte ich kein Buch in der Hand gehabt, und schon die bloße Vorstellung eines Buches, in dem man aneinandergereihte Worte sehen konnte, Zeilen, Seiten und Blätter, eines Buches, aus dem man andere, neue, fremde, ablenkende Gedanken lesen, verfolgen, sich ins Hirn nehmen könnte, hatte etwas Berauschendes und gleichzeitig Betäubendes.

Hypnotisiert starrten meine Augen auf die kleine Wölbung, die jenes Buch innerhalb der Tasche formte, sie glühten diese unscheinbare Stelle an, als ob sie ein Loch in den Mantel brennen wollten. Schließlich konnte ich meine Gier nicht verhalten; unwillkürlich schob ich mich näher heran. Schon der Gedanke, ein Buch durch den Stoff mit den Händen wenigstens antasten zu können, machte mir die Nerven in den Fingern bis zu den Nägeln glühen. Fast ohne es zu wissen, drückte ich mich näher heran. Glücklicherweise achtete der Wärter nicht auf mein gewiss sonderbares Gehaben; vielleicht auch schien es ihm nur natürlich, dass ein Mensch nach zwei Stunden aufrechten Stehens sich ein wenig an die Wand lehnen wollte. Schließlich stand ich schon ganz nahe bei dem Mantel, und mit Absicht hatte ich die Hände hinter mich auf den Rücken gelegt, damit sie unauffällig den Mantel berühren könnten. Ich tastete den Stoff an und fühlte tatsächlich durch den Stoff etwas Rechteckiges, etwas, das biegsam war und leise knisterte – ein Buch! Ein Buch! Und wie ein Schuss durchzuckte mich der Gedanke: stiehl dir das Buch! Vielleicht gelingt es, und du kannst dir's in der Zelle verstecken und dann lesen, lesen, endlich wieder einmal lesen! Der Gedanke, kaum in mich gedrungen, wirkte wie ein starkes Gift; mit einemmal begannen mir die Ohren zu brausen und das Herz zu hämmern, meine Hände wurden eiskalt und gehorchten nicht mehr. Aber nach der ersten Betäubung drängte ich mich leise und listig noch näher an den Mantel, ich drückte, immer dabei den Wärter fixierend, mit den hinter dem Rücken versteckten Händen das Buch von unten aus der Tasche höher und höher. Und dann: ein Griff, ein leichter vorsichtiger Zug und plötzlich hatte ich das kleine, nicht sehr umfangreiche Buch in der Hand. [...]

Stefan Zweig: Schachnovelle, S. 67–69.

F Original-Prüfungsaufgaben: Mittlerer Schulabschluss NRW

Die Original-Prüfungsaufgaben 2013 mit ausführlichen Lösungen findest du unter www.finaleonline.de. Sobald die Prüfungsaufgaben zur Veröffentlichung freigegeben sind, kannst du die Materialien mit diesem Codewort herunterladen: DE9IY58.

F 1 Leseverstehen: Seine Augen sind die Finger (2012)

Erster Prüfungsteil

Seine Augen sind die Finger

Michael Brüggemann

(1) Regentropfen trommeln auf den lehmigen Bergpfad, der Nebel hat die Gipfel der Lienzer Dolomiten in Watte verpackt. Unten am Fels steht Sabine Holzer, die Hände am Seil, den Kopf im Nacken, und sorgt sich um die Finger ihres Mannes. „Rutschig ist's. Überall Wasser. Da kriegst doch nie Halt!“ Zwanzig Meter höher tasten Andy Holzers Fingerkuppen über den nassen, glitschigen Kalk[1]. Die linke Hand klemmt in einer streichholzschachtelbreiten Spalte, die rechte fahndet nach einer trockenen Stelle, denn wo kein Wasser fließt, sitzt ein Vorsprung – und womöglich ein Untergriff[2].

(2) Andy Holzer fühlt und ertastet den Berg, sehen kann er ihn nicht. Der Heilmasseur aus Tristach in Osttirol ist seit seiner Geburt blind. Trotzdem meistert er Felswände im siebten Schwierigkeitsgrad. Seine Finger sind wie Augen für ihn: Sie geben ihm Halt in der Wand, melden den Füßen, was sie zu tun haben. Trickreich holt der blinde Kletterer Informationen aus der Natur: Wenn der Wind um die Ecke pfeift, weiß er, dass einige Meter entfernt eine Kante aufragt. Schnalzt[3] er mit der Zunge, werfen die Bergwände das Geräusch zurück, und er kann sie besser orten. Manchmal schleudert er Sand auf ein Felsplateau[4] – und hört am Aufprall der Körner, wo der Abgrund beginnt. „Die Natur ist mein Kompass“, sagt Holzer. „Ohne sie würde ich immer im Kreis laufen.“ […]

(3) Holzers Ziele sind die höchsten Berge jeden Kontinents; vier von sieben Gipfeln hat er schon bestiegen: den Elbrus im Kaukasus, den Kilimandscharo in Tansania, den Aconcagua in Argentinien und auch den kältesten Berg der Erde, den Mount McKinley in Alaska. Er erinnert sich gut daran. Bei minus 38 Grad wagten Holzer und sein Team am 30. Mai 2008 den letzten Anstieg zum Mount McKinley. 15 Kilogramm Körpergewicht hatte der Extremkletterer in zwei Wochen verloren, die Beine waren schwer wie Blei. Zweihundert Höhenmeter vor dem Gipfel peitschte den fünf Männern eisiger Wind ins Gesicht.

Andy Holzer folgte allein dem Knirschen der Schritte seiner Vorderleute, die sich tief ins gefrorene Eis bohrten. Plötzlich übertönte der Wind das Geräusch. Holzer verlor die Orientierung, wusste nicht mehr, wo der Abgrund ist. Nur sein Hintermann konnte ihm noch helfen: Alle 200 Meter flüsterte er ihm ins Ohr, was er sah. Holzer stieg dem Bild nach. Falls er sich irrte, sollte ihm der Mann gegen den Rucksack klopfen.

(4) Holzer kennt die Risiken solch mutiger Grenzgänge. Am Berg, sagt er, sei die Gefahr offensichtlich, lasse sich kalkulieren.[5] In seinem Heimatdorf sehen viele das anders: Ein Blinder gehöre nicht in die Berge. Jahrelang musste er nach einem Bergprofi suchen, der ihm das alpine[6] Klettern beibrachte. „Mit 20, 25 Jahren hat mich das wahnsinnig geärgert", sagt Holzer. „Du fühlst dich als Mensch zweiter Klasse." [...]

(5) Die Jalousien sind zugezogen, der Arbeitsraum halb dunkel: Ein Blinder braucht keine Beleuchtung. Andy Holzer hockt vor seinem Computer und lauscht. Eine Sprachsoftware übersetzt ihm eingegangene EMails. Die beiden Arbeitsplätze sind das Basislager des Familienunternehmens Holzer. Hier organisieren Andy Holzer und seine Frau Sabine Vortragsreisen, suchen nach Sponsoren für teure Bergabenteuer, schneiden und vertonen Bilder und Videos für seine Multimediashow. „Es geht darum, Barrieren[7] zu überwinden – am Berg wie im Leben." Mit dieser Botschaft füllt der Extrembergsteiger Vortragssäle, reißt Manager, Banker, Verkäufer und Krankenpfleger aus ihrem Alltagstrott. Ein Blinder, der senkrecht den Fels hochklettert wie eine Spinne am Garagentor, der in die sauerstoffärmsten Gegenden dieser Erde vordringt – das berührt die Menschen, regt sie zu Träumen und Taten an. Viele Zuschauer haben Holzer geschrieben, dass er sie motiviert habe, etwas Neues anzufangen mit ihrem Leben.

(6) Holzer kennt sich aus im Überwinden von Hindernissen. Er wächst Ende der sechziger Jahre in Amlach auf, einem 300-Einwohner-Dorf. Die Eltern lehnen den Vorschlag ab, Andy auf eine Blindenschule in Wien zu schicken. Sie wandern mit ihm, binden ihm eine Gummischnur an den Hosenbund und bringen ihm das Skifahren bei. „Wir wollten ihm das Gefühl geben, ein ganz normaler Junge zu sein", sagt seine Mutter Maria Holzer.
Andy sprudelt vor Tatendrang, kommt mit blauen Flecken und blutigen Knien nach Haus. Alles halb so schlimm. Er will nicht mit dem Schicksal hadern[8], sondern die Welt kennenlernen. Vor allem die Berge. Als Neunjähriger berührt Holzer erstmals ein Gipfelkreuz. Das pure Glück. „Für mich war das die Bestätigung, dass ein Berg eine Spitze hat, wo alles zusammenläuft", sagt Holzer.

Frankfurter Allgemeine Sonntagszeitung vom 02.09.2009

1 Kalk: Gestein

2 Vorsprung, Untergriff: hier: Möglichkeiten sich beim Klettern Halt zu verschaffen

3 schnalzen: mit der Zunge einen Laut erzeugen

4 Felsplateau: ebene Fläche am Berg

5 kalkulieren: berechnen

6 alpin: hochgebirgig

7 Barriere: Hindernis

8 mit dem Schicksal hadern: mit dem Schicksal unzufrieden sein

Aufgaben zum Leseverstehen

1 Kreuze die richtige Antwort an.

Sabine Holzer macht sich Sorgen (Abschnitt 1), weil die Finger ihres Mannes vielleicht …

a)	wegen des vielen Wassers abrutschen könnten.	
b)	den nassen, glitschigen Kalk nur tasten könnten.	
c)	links in einer Spalte stecken bleiben könnten.	
d)	rechts an einem Untergriff halt finden könnten.	

2 Kreuze die richtige Antwort an.

„Seine Finger sind wie Augen für ihn." (Zeile 11). Was bedeutet diese Aussage im Textzusammenhang?

Beim Bergsteigen …

a)	benötigt er keine Sinne.	
b)	benutzt er seine Finger.	
c)	ergänzen seine Finger den Sehsinn.	
d)	ersetzen seine Finder den Sehsinn.	

3 Kreuze die richtige Antwort an.

Andy Holzer wirft beim Klettern manchmal mit Sand (Abschnitt 2), um …

a)	die Geräusche seiner Mitmenschen besser zu hören.	
b)	den Schall der eigenen Fußtritte abzudämpfen.	
c)	eine Vorstellung von der Umgebung zu erhalten.	
d)	eine glatte Oberfläche an den Feldwänden aufzurauen.	

4 Im Abschnitt 2 steht, dass Andy Holzer sich beim Klettern auf bestimmte Sinne verlässt. Nenne diese Sinne.

____

____

5 *„Die Natur ist mein Kompass."* (Z.18) Erläutere, wie die Aussage im Textzusammenhang zu verstehen ist.

____

____

____

____

6 Kreuze die richtige Antwort an.

Welche der folgenden Berge hat Holzer laut Abschnitt 3 bisher bestiegen?

a)	Aconcagua	
b)	Elbrus	
c)	Großglockner	
d)	K1	
e)	Kilimandscharo	
f)	Montblanc	
g)	Mount Everest	
h)	Mount McKinley	
i)	Zugspitze	

7 Kreuze die richtige Antwort an.

Andy Holzer unternimmt diese Klettertouren obwohl sie risikoreich sind (Abschnitt 4).
Das Risiko ist für ihn laut Text ...

a)	einschätzbar.	
b)	reizvoll.	
c)	aufregend.	
d)	unbedeutend.	

8 Kreuze die richtige Antwort an.

Die Botschaft Holzers, dass es darum gehe, *„Barrieren zu überwinden – am Berg wie im Leben"* (Z. 47/48) wird im gesamten Text ...

a)	mehrfach wörtlich wiederholt.	
b)	mit Beispielen wiederlegt.	
c)	infrage gestellt.	
d)	wissenschaftlich bewiesen.	

9 Ordne die folgenden Überschriften den Textabschnitten 1 – 4 zu.

	Überschrift	**Textabschnitt (1,2,3,4)**
a)	Berge und Regen	
b)	Klettern und Gefahr	
c)	Klettern und Sand	
d)	Hören und eisiger Wind	

10 Welche der folgenden Aussagen trifft zu, welche trifft nicht zu? Kreuze jeweils an.

Der Extremkletterer Andy Holzer …

		trifft zu	**trifft nicht zu**
a)	wurde blind geboren.		
b)	ist von Beruf Heilmasseur.		
c)	brachte sich Gebirgsklettern selbst bei.		
d)	macht vielen Menschen Mut.		
e)	klettert weltweit.		
f)	verkauft Reisen in die Berge.		

11 Der Wind birgt für den Kletterer Andy Holzer sowohl Vorteile als auch Gefahren.
Nenne jeweils ein Beispiel.

Vorteil:

____

____

Gefahr:

____

____

12 Kreuze die richtige Antwort an.
Andy Holzer hält Vorträge, er reißt dabei *„Manager, Banker, Verkäufer und Krankenpfleger"* (Z. 49–50) aus ihrem Alltag. Diese Aufzählung steht im Text stellvertretend für …

a)	Zuhörer, die in mehreren Berufen gleichzeitig arbeiten.	
b)	Leute, die interessante Berufe haben.	
c)	Menschen, die beruflich mit Geld umgehen.	
d)	Personen, die aus verschiedenen Berufen kommen.	

13 Erläutere die Aussage *„Für mich war das die Bestätigung, dass ein Berg eine Spitze hat, wo alles zusammenläuft"* (Z. 64–66) im Textzusammenhang.

____

____

____

____

14 Eine Schülerin sagt nach dem Lesen des Textes:

„Es ist unverständlich, dass sich ein Mensch freiwillig in eine derart gefährliche Situation bringt."
Du kannst dieser Aussage zustimmen oder nicht. Wichtig ist, dass du deine Meinung begründest und dich auf mehrere Textaussagen beziehst.

Begründung:

Zustimmung:

Ablehnung:

Quelle (Aufgaben): Ministerium für Schule und Weiterbildung des Landes Nordrhein-Westfalen, Düsseldorf 2012

F 2 Augabentyp 4a: Rudolf Otto Wiemer: Alte Zeitungen (2012)

Wahlthema 1

Lies bitte zunächst den Text, bevor du die Aufgaben bearbeitest.

Schreibe einen zusammenhängenden Text.

Aufgabenstellung

1 Analysiere den Text „Alte Zeitungen" von Rudolf Otto Wiemer.
Gehe dabei so vor:

- Schreibe eine Einleitung, in der du Titel, Autor und Erscheinungsjahr benennst und das Thema formulierst.
- Fasse zusammen, wofür das lyrische Ich seine Zeitungen nutzt.
- Beschreibe den Inhalt der Zeitungsmeldungen und ermittle die Gemeinsamkeiten (Strophe 1 bis 6).
- Erläutere auf dieser Basis, welche Gegensätzlichkeiten sich in den Strophen zeigen (Strophe 1 bis 6). Berücksichtige dabei auch die sprachlichen und formalen Mittel (Aufbau der einzelnen Strophen, Wortwahl).
- Erkläre die Bedeutung der Zeitungsmeldung in Strophe 7 im Gesamtzusammenhang des Textes.
- Eine Mitschülerin sagt: *„Es ist verständlich, dass man durch die Flut von Schlagzeilen abstumpft."* Setze dich mit der Aussage der Schülein auseinander und überlege, ob du ihre Einschätzung teilen kannst. Begründe deine Meinung und beziehe dich dabei auf den Text.

Quelle (Aufgaben): Ministerium für Schule und Weiterbildung des Landes Nordrhein-Westfalen, Düsseldorf 2012

Alte Zeitungen

Rudolf Otto Wiemer

Ich habe mir gestern das Frühstücksbrot
in 'ne alte Zeitung gepackt.
Drauf stand: Ein Schiff ist bei Kap Horn
mit Mann und Maus versackt.

Mein arg[1] zerfleddertes Rechenbuch
steckt gleichfalls in Zeitungspapier.
Drauf steht: Überschwemmung am Kongofluss
vernichtete Mensch und Tier.

Auch der Umschlag zu meinem Kalenderheft
ward mit Zeitungspapier überklebt:
Das Bombardement[2] im Kampfgebiet
ist wieder aufgelebt.

Und auf dem Tisch das Zeitungsblatt
mit Lettern[3] groß und rot:
Die Kinder von Ostpakistan
vom Hungertod bedroht.

Und als ich im Keller das Fensterglas
mit 'ner dicken Zeitung verhängt,
las ich: Zweitausend Tonnen Korn
im Pazifik versenkt.

Dann stopft ich mit Zeitung die Schuhe aus,
sie waren vom Regen schwer.
Da stand: Zwanzigtausend Tote im Jahr,
allein im Straßenverkehr.

Und eine Zeitung im Februarwind
flog über die Wege am Wall[4].
Flog mir vor den Fuß. Ich las: Viel Spaß –
viel Spaß im Karneval!

Wiemer, Rudolf Otto: Alte Zeitungen. In: Gelberg, Hans-Joachim (Hrsg.): Überall und neben dir. Gedichte für Kinder und Erwachsene. Weinheim: Beltz & Gelberg Verlag, 2010, S. 200. (Erstveröffentlichung 1975)

1 arg: sehr, ganz

2 Bombardement: Bombardierung

3 Letter: Buchstabe

4 Wall: alte Stadtbefestigung, z. B. Stadtmauer

F 3 Aufgabentyp 2: Robinson Crusoe (2012)

Wahlthema 2

Bald wird an deiner Schule ein Theaterstück über Robinson Crusoe aufgeführt. Du bist gebeten worden, in der Schulzeitung zur Vorbereitung die Figur des Robinson Crusoe vorzustellen.
Dein Text soll Schülerinnnen und Schüler sowie Lehrkräfte und Eltern über die Figur des Robinson Crusoe informieren.
Damit du deinen Text schreiben kannst, bekommst du eine Materialsammlung (M1 – M7).

Lies bitte zunächst die Aufgabenstellung und dann die Materialien aufmerksam durch, bevor du mit dem Schreiben beginnst.

Aufgabenstellung

Verfasse auf der Grundlage der Materialien M1 – M7 einen informierenden Text über Robinson Crusoe. Schreibe nicht einfach aus den Materialien ab, sondern achte auf eine eigenständige Darstellung in einem zusammenhängenden Text.

Gehe dabei so vor:

- Formuliere für den Text eine passende Überschrift.
- Schreibe eine Einleitung in der du kurz Robinson Crusoe vorstellst (Wer ist Robinson? Mit welchem einschneidenden Erlebnis muss er fertigwerden? Welcher Autor hat die Figur erfunden?).
- Erläutere, in welcher außergewöhnlichen Lebenssituation sich Robinson Crusoe nach dem Schiffbruch befindet und welche Folgen sich daraus für sein Leben und Handeln ergeben.
- Stelle die Gemeinsamkeiten und Unterschiede zwischen der historischen Vorlage und Defoes Roman dar.
- Schlussfolgere anhand der Materialien und eigener Überlegungen, was die Menschen von heute an Robinson Crusoe beeindruckt. Erläutere dabei den Begriff „Robinsonade".
- Notiere unterhalb des Textes die von dir genutzten Materialien.

Quelle (Aufgaben): Ministerium für Schule und Weiterbildung des Landes Nordrhein-Westfalen, Düsseldorf 2012

M 1

Zeichnung MSW

M 2 Robinson Crusoe (Romanauszug) *Daniel Defoe*

Ich wurde im Jahre 1632 in der Stadt York als Sohn einer angesehenen Familie geboren, die aber nicht aus diesem Lande war, denn mein Vater war ein Deutscher aus Bremen und hatte sich zuerst in Hull niedergelassen. Er kam an diesem Ort als Kaufmann zu einem beträchtlichen Vermögen. Darauf siedelte er nach York über. Dort heiratete er meine Mutter, deren Familie Robinson hieß. Nach ihr und dem deutschen Namen meines Vaters wurde ich Robinson Kreutzner genannt. Da es aber in England üblich ist, deutsche Namen zu verunstalten, so wurde ich Robinson Crusoe genannt, und so haben mich auch meine Kameraden allezeit genannt.
Da man mich als dritten und letzten Sohn zu keiner ernsthaften Beschäftigung angehalten[1] hatte, fing ich bald an, mich mit abenteuerlichen Plänen zu beschäftigen. Mein Vater, der schon bei Jahren[2] war, hatte mir eine gute Erziehung gegeben und wollte einen Juristen aus mir machen. Mir aber gefiel nichts in der Welt so gut als das Seemannsleben, und die Begierde danach trieb mich gegen den Willen meines Vaters in mein späteres Elend.

Defoe, Daniel: Robinson Crusoe. Hamburg: Hamburger Lesehefte Verlag, o.J., Nr. 116, S. 1.

1 zu keiner ernsthaften Beschäftigung angehalten: zu keiner Arbeit verpflichtet

2 bei Jahren: alt

M 3 Klappentext zum Roman

Als es den englischen Kaufmann und Seefahrer nach einem Schiffbruch als einzigen Überlebenden auf eine unbewohnte Insel verschlägt, ahnt er noch nicht, dass er dort für die nächsten 28 Jahre seine eigene Welt erschaffen muss. Mit Ausdauer, Geschicklichkeit und Willenskraft kämpft er ums Überleben, gegen Unwetter, Kannibalen und die Einsamkeit ...

Klappentext zu der Ausgabe „Robinson Crusoe“ von Daniel Defoe, Würzburg: ArenaVerlag, 2004.

M 4 Robinsons Alltag

Robinson baut sich eine kleine Festung, in deren Schutz er lebt. Er beginnt, Getreide anzubauen, zu jagen und Kleidung aus den Fellen wilder Ziegen herzustellen. Etwa am zwölften Tag nach seiner Landung errichtet er ein großes Kreuz, in das er den 30. September 1659 als Datum seiner Ankunft auf der Insel einritzt, und beschließt, fortan jeden Tag eine Kerbe in das Kreuz zu ritzen. Auch führt er ein Tagebuch, bis ihm schließlich die Tinte ausgeht. Seine Festung rüstet er mit vom Schiff geretteten Musketen[3] aus. All dies tut er mit äußerster Vorsicht, da er sich auf der Insel nicht sicher fühlt.

http://de.wikipedia.org/wiki/Robinson_Crusoe, Seitenaufruf am 07.02.2012

3 Musketen: Handfeuerwaffen

M 5 Robinson und Robinsonaden

So ist es allen Robinsonaden gemein, dass als Grundsituation die Einsamkeit auf einer Insel variiert wird. [...] Ob als Bilderbuch, Kinderbuch, Krimi, Comic, Manga, Fernsehfilm, Kinokassenschlager, Hörstück oder selbst als Oper: Für Kinder – Uwe Timm ‚Der Schatz auf Pagensand' – als auch für Erwachsene – Stephen King ‚Der Überlebenstyp' – scheinen Stoff und Thema spannend und tragen so zum Weiterleben der Robinsonaden bis heute bei.

http://www.erzwiss.unihalle.de/gliederung/grund/schulz/Material/Abenteuer/Robinsonade%20gesamt.doc; Seitenaufruf am 07.02.2012

M 6 Tabelle mit Daten zum Roman und zur historischen Vorlage

	Roman von Defoe	**historische Vorlage**
Name	Robinson Crusoe	Alexander Selkirk
Alter zu Beginn	18 Jahre	24 Jahre
Beruf	Seemann und Kaufmann	Seemann und Pirat
Zeit auf Insel	1659–1687	1704–1709
Inselname und lage	unbekannte Insel in der Karibik (Mittelamerika)	Isla Más a Tierra vor der Küste Chiles (Südamerika)
Grund für Aufenthalt auf Insel	• erleidet nach starkem Sturm Schiffbruch	• glaubt, dass sein Schiff wegen starker Beschädigung sinken wird • kann seine Mannschaft nicht davon überzeugen • wird von seinem Kapitän auf der Insel allein zurückgelassen
Ausrüstung	• Muskete samt Schießpulver • ein Messer • Tinte • ein Tagebuch	• Muskete samt Pulver • Tabak und ein Feuerstein • ein Beil und ein Messer • eine Bibel

Das Material basiert auf Informationen von nachstehenden Internetadressen: http://www.wasistwas.de/sportkultur/alleartikel/artikel/link//b260515764/browse/5 /article/robinsoncrusoe. htm, http://literaturnetz.org/11969; Seitenaufruf am 07.02.2012

M 7 Fünf Monate einsame Insel: Robinson Crusoe light (Zeitschriftenartikel)

Türkisblaues Wasser, weißer Strand, völlige Einsamkeit: Auf einer winzigen Fidschi-Insel machte Adrian Hoffmann fünf Monate lang seinen Aussteiger-Traum wahr.

„Unser Paradies ist etwa 400 Meter lang und 200 Meter breit. Auf der Landkarte ist es so groß wie ein Sandkorn. Von den mehr als 300 Fidschi-Inseln gehört diese zu den kleinsten, zwei Stunden Bootsfahrt sind es bis zur nächstgrößeren Insel. In zehn Minuten sind wir einmal drum herum gelaufen. Wir, das sind meine Frau Nina und ich, zwei Mittzwanziger aus Heilbronn auf der Suche nach völliger Abgeschiedenheit in der Natur.

Hinter den Palmen verbirgt sich ein in die Jahre gekommenes Holzhaus, das fünf Monate lang unser Zuhause sein wird. Es ist eine Art Robinson-Crusoe-Erlebnis in der Softversion. Freiwillig und dazu mit Solarenergie, die wir für einen Kühlschrank nutzen, der so groß ist wie ein Zimmertresor. Der Verzicht auf westlichen Luxus ist Gewöhnungssache. Wir duschen mit Regenwasser aus einer Blechschale, benutzen ein Plumpsklo und kochen mehrmals am Tag Wasser ab, damit wir es trinken können.

Nur einmal gerät unser Unternehmen in Gefahr: An meinem rechten Oberschenkel entzündet sich eine Wunde. Keine Ahnung, wie es dazu kam. Wenn wir das nicht in den Griff bekommen hätten, hätten wir ein Problem gehabt. Die Reise zu einem Krankenhaus dauert mindestens einen Tag. Ob sie dort qualifizierte Ärzte haben, ist fraglich. Wer sich für die einsame Insel entscheidet, muss eben ein gewisses Risiko eingehen.“

http://www.spiegel.de/reise/fernweh/0,1518,druck642124,00. html; Seitenaufruf am 07.02.2012

Glossar

Alliteration: → *Sprachliche Mittel*

Anapher: → *Sprachliche Mittel*

Anekdote: Eine Anekdote ist eine kurze, humorvolle Erzählung über eine Begebenheit, die für eine historische Persönlichkeit oder einen bestimmten Zeitraum bezeichnend ist.

Auktorialer Erzähler: → *Merkmale erzählender Texte*

Bericht: → *Journalistische Textsorten*

Diagramm: → *Grafik*

Direkte Rede: → *Merkmale erzählender Texte*

Ellipse: → *Sprachliche Mittel*

Epik: Unter diesem Begriff fasst man alle Arten der erzählenden Dichtung zusammen. Es gibt viele epische Kleinformen (→ *Erzählung,* → *Fabel,* → *Kurzgeschichte, Märchen, Sage, Schwank*). Zu den umfangreicheren epischen Texten gehört der → Roman.

Erlebte Rede: → *Merkmale erzählender Texte*

Er-/Sie-Erzählung: → *Merkmale erzählender Texte*

Erzählperspektive: → *Merkmale erzählender Texte*

Erzählung: In der Literatur versteht man unter einer Erzählung alle kurzen erzählenden Texte, die nicht eindeutig einer anderen Kurzform (→ *Fabel, Märchen, Sage, Schwank*) zugeordnet werden können.

Essay: → *Journalistische Textsorten*

Euphemismus: → *Sprachliche Mittel*

Fabel: Dies ist eine zumeist kurze Erzählung, in der Tiere oder Pflanzen sich wie Menschen verhalten. Häufig stehen sich zwei Tiere mit gegensätzlichen Eigenschaften gegenüber. Meistens wird nach einer kurzen Einführung die Handlung durch Rede und Gegenrede fortgeführt und endet mit einem überraschenden Schluss. Am Beispiel des erzählten Geschehens wird eine Lehre gezogen oder Kritik an bestimmten Verhaltensweisen geäußert.

Gedicht: → *Lyrik*

Glosse: → *Journalistische Textsorten*

Grafik: Grafiken stellen statistische Größen und Größenverhältnisse mithilfe von Diagrammen bildlich dar. Man unterscheidet folgende Typen von Diagrammen:
1. Balkendiagramme oder Säulendiagramme, die absolute Zahlen anzeigen. Die Höhe der Säule oder die Länge des Balkens gibt eine Anzahl an.
2. Tortendiagramme bzw. Kreisdiagramme, die eine prozentuale Zusammensetzung einer Gesamtmenge verdeutlichen. Der Kreis ist in mehrere Teile unterteilt, die jeweils den Anteil an der Gesamtmenge wiedergeben.
3. Kurvendiagramme oder Liniendiagramme, die eine Entwicklung anzeigen. Die Daten von verschiedenen Zeitpunkten können mithilfe eines solchen Diagramms miteinander verglichen werden.

Hyperbel: → *Sprachliche Mittel*

Ich-Erzählung: → *Merkmale erzählender Texte*

Indirekte Rede: → *Merkmale erzählender Texte*

Innerer Monolog: → *Merkmale erzählender Texte*

Interview: → *Journalistische Textsorten*

Ironie: → *Sprachliche Mittel*

Journalistische Textsorten:

Informierende Texte
Die **Meldung** ist die Kurzform der Nachricht. Sie enthält nur die wichtigsten Informationen (Wer? Wo? Was? Wann?). Sie steht häufig auf der ersten Seite und weist meist auf einen ausführlichen Bericht im Innenteil der Zeitung hin.

Der **Bericht** ist die ausführliche Form der Nachricht. Er liefert eine detaillierte und sachliche Darstellung eines Sachverhalts.
Merkmale:
1. Die Überschrift (häufig mit Unterüberschrift) informiert sachlich.
2. Ein halbfett gedruckter Vorspann fasst die wichtigsten Informationen (W-Fragen) zusammen.
3. Im Hauptteil erfolgt eine ausführliche Darstellung der Nachricht mit Erklärung der Zusammenhänge und Hintergründe.
4. Die Darstellung ist sachlich, wertende Äußerungen durch den Berichterstatter fehlen.
5. Aussagen von Personen werden in direkter und indirekter Rede wiedergegeben.
6. Häufig ergänzt den Text ein erklärendes Bild.

Die **Reportage** ist das Ergebnis vielfältiger Nachforschungen (= Recherchen). Die Reportage will nicht nur informieren, sondern die Leser auch durch die lebendige Art der Darstellung in besonderem Maße ansprechen.
Merkmale:
1. Die Überschrift ist so formuliert, dass sie die Neugier der Leser weckt.
2. Häufig informiert ein halbfett gedruckter Vorspann über den Inhalt der Reportage.
3. Der Anfang lässt die Leser oft ein Geschehen miterleben.
4. Sachlich-informierende Textstellen wechseln mit persönlich-schildernden Darstellungen.

5. Dadurch ergibt sich oft ein Wechsel von Zeitstufen (z. B. Präteritum für Rückblick).
6. Häufig werden Aussagen von Personen in wörtlicher Rede wiedergegeben.
7. Oft findet man wertende Meinungsäußerungen der Autorin/des Autors.
8. Illustrierende oder erklärende Bilder unterstützen die Aussagen des Textes.
9. Der Name der Autorin/des Autors wird angegeben.

Das **Interview** ist das Ergebnis eines Gesprächs, in dem ein Journalist/eine Journalistin gezielte Fragen an eine Person stellt, die von ihr beantwortet werden. Das Ziel kann darin bestehen, aktuelle Informationen über bestimmte Sachverhalte zu erhalten oder die persönliche Meinung zu einem bestimmten Problem zu erfahren.

Kommentierende Texte
Der **Kommentar** liefert eine Meinung zu einem Sachverhalt. Diese kann zustimmend oder ablehnend sein.
Merkmale:
1. Häufig wird er in Verbindung mit einem Bericht oder einer Meldung geschrieben.
2. In vielen Zeitungen erscheinen die Kommentare an einer bestimmten Stelle (z. B. Kommentare zu politischen Ereignissen).
3. Kürzere Kommentare beziehen sich oft auf einen Artikel auf der gleichen Seite.
4. Die Autorin/der Autor wird genannt.
5. In der Regel verwenden Kommentare keine Bilder.

Oft haben Kommentare einen typischen Aufbau:
1. Zunächst werden die wichtigsten Informationen dargestellt, die zum Verständnis der Stellungnahme nötig sind.
2. Die Autorin/der Autor legt seine Meinung begründet dar.
3. Als Abschluss wird meist ein Wunsch oder ein Ausblick formuliert.

Die **Glosse** ist ein locker geschriebener, häufig kritisch gehaltener Kommentar zu einem aktuellen Ereignis. Glossen stehen in vielen Zeitungen und Zeitschriften an einem festen Platz, haben das gleiche Layout und sind eine Form der persönlichen Meinungsäußerung.
Merkmale:
1. Sie sind oft zugespitzt formuliert und humorvoll geschrieben.
2. Aktuelle Themen oder neue gesellschaftliche Erscheinungen werden kritisiert oder verspottet.
3. Die Kenntnis des Sachverhalts wird vorausgesetzt.
4. Sie enden oft mit einer überraschenden Wende am Schluss (Pointe).
5. In Glossen tauchen immer wieder ironische Formulierungen, sprachliche Bilder, Wortspiele, Doppeldeutigkeiten und Anspielungen auf.

Der (oder das) **Essay** ist eine kürzere, sprachlich lebendige Abhandlung, in der ein Problem von verschiedenen Seiten betrachtet und in der die persönliche Meinung der Autorin/des Autors zum Ausdruck gebracht wird.

Karikatur: Durch Über- oder Untertreibungen werden in Zeichnungen menschliche Schwächen oder Missstände kritisiert und lächerlich gemacht.

Klimax: → *Sprachliche Mittel*

Kommentar: → *Journalistische Textsorten*

Konjunktiv: Die Verbform, die wir normalerweise verwenden, nennt man **Indikativ (Wirklichkeitsform)**:
Er sagt: „Ich komme morgen."
In der indirekten Rede (→ *Merkmale erzählender Texte*) verwendet man meistens den **Konjunktiv (Möglichkeitsform)**: Er sagt, er komme morgen.
Der Konjunktiv gibt an, was ein anderer gesagt haben soll.

Kurzgeschichte: Es handelt sich um einen kürzeren erzählenden Text. Die folgenden Merkmale sind zwar typisch für Kurzgeschichten, aber nicht immer treffen alle Kriterien in gleicher Weise zu.
Merkmale:
1. Die Handlung setzt unvermittelt ein.
   Es fehlen einleitende Angaben zu Ort, Zeit und Personen der Erzählung.
2. Gegenstand der Kurzgeschichte sind Alltagspersonen in Alltagssituationen.
3. Die Hauptperson ist einem Problem oder einer kritischen Situation ausgesetzt.
4. Oft nimmt die Handlung eine unerwartete Wendung.
5. Der Schluss ist offen. Der Leser soll über den Fortgang der Handlung selbst nachdenken.
6. Die Darstellung der Handlung ist kurz gefasst und auf das Wesentliche beschränkt.
7. Typische Merkmale der Sprache in Kurzgeschichten:
   - Wiederholungen, Aufzählungen,
   - Umgangssprache, Jugendsprache,
   - mehrere kurze Sätze, die aufeinanderfolgen,
   - unvollständige Sätze (Ellipsen).

Lyrik: Lyrik bezeichnet Dichtung in Versform (Gedichte). Früher wurden die Verse zur Lyra, einem alten Saiteninstrument, gesungen. Deshalb sagt man auch heute noch einfach: Lyrik ist liedartige Dichtung. Viele Gedichte sind vertont worden.
Im Gedicht drückt das → *lyrische Ich* seine Gefühle, seine Stimmungen, aber auch seine Erlebnisse, Einstellungen und Gedanken aus.
Viele Gedichte sind in **Strophen** gegliedert. Mindestens zwei Verszeilen werden in einer Strophe zusammengefasst. Oft beginnt mit einer Strophe ein neuer Gedanke.
Es gibt Gedichte, die zwar einem bestimmten Rhythmus folgen, aber nicht am Wort- und Versende gereimt sind.
Durch **Reime** erhalten Gedichte eine bestimmte Klangwirkung. Durch den Gleichklang der Reimwörter (z. B. *küssen – müssen; Fassaden – baden*) werden oft zwei oder mehr Verszeilen miteinander verbunden.
Drei Reimformen werden besonders oft verwendet:

Paarreim
a Sonne
a Wonne
b Eis
b heiß

umarmender Reim
a Sonne
b Eis
b heiß
a Wonne

Kreuzreim
a Sonne
b Eis
a Wonne
b heiß

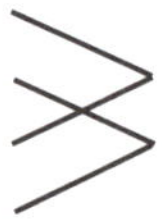

Unter dem **Metrum** eines Gedichts versteht man die Folge von betonten und unbetonten Silben in den Wörtern eines Verses:

x x́ x x́ x x́ x (= Jambus)
Es war, als hätt der Himmel …
x́ x x́ x x́ x x́ x (= Trochäus)
Als ich schläfrig heut erwachte …

Eine besondere Gedichtform stellt das **Sonett** dar. Diese Gedichtform wurde im 14.–16. Jahrhundert häufig verwendet. Sie besteht aus zwei Strophen zu vier Zeilen und zwei Strophen zu drei Zeilen. Häufig wird in den beiden Vierzeilern das Thema vorgestellt, während die abschließenden Dreizeiler eine Auswertung oder Schlussfolgerung beinhalten.

Lyrisches Ich: Das lyrische Ich kann die oder der Sprechende im Gedicht sein. Das lyrische Ich kann, muss aber nicht die Einstellung oder Stimmung der Dichterin/des Dichters wiedergeben.

Märchen: Märchen erzählen Geschichten, die sich in Wirklichkeit nicht ereignen könnten. Oft handeln sie von Zauberern, Hexen, Feen und sprechenden Tieren. In einer räumlich und zeitlich nicht festgelegten Welt steht die Hauptfigur vor großen Gefahren und kaum lösbaren Aufgaben. Die Zahlen 3, 6, 7, 12 spielen eine besondere Rolle. Auch formelhafte Sprüche sind typisch für Märchen. Am Ende siegt meist das Gute.

Merkmale erzählender Texte: Wenn man eine Erzählung analysieren will, ist die genaue Untersuchung von folgenden Merkmalen wichtig:

1. **Erzählperspektive:** Ein Autor kann in unterschiedlicher Weise erzählen. Daher unterscheidet man:
   Ich-Erzählung: Das Geschehen, aber auch Gedanken und Gefühle werden aus der Sicht einer bestimmten Figur in der 1. Person erzählt: *Meine Eltern schlafen sicher schon. Mir aber dreht sich der Kopf, und ich komm nicht zur Ruhe. Was soll ich nur tun? Könnte ich doch nur die Zeit um einen halben Tag zurückdrehen!*
   Er-/Sie-Erzählung: Der Erzähler stellt seine Personen in der dritten Person vor. Er kann dabei **als auktorialer Erzähler (auktoriales Erzählen/auktoriale Erzählsituation)** auftreten. Der Autor ist der Allwissende, der das Geschehen von außen erzählt und auch mehr weiß als die Figuren des Geschehens und daher Ereignisse voraussehen oder auf sie zurückblicken und sie kommentieren kann.
   Jan vermutete, dass seine Eltern schon schliefen, während er sich im Bett wälzte und sich heftige Vorwürfe machte. Ein bisschen tat er sich auch selbst leid. Seine Eltern schliefen jedoch keineswegs, sondern fassten einen Entschluss.
   Der Erzähler kann aber auch in der 3. Person aus der Sicht einer Person die Geschichte erzählen und kommentieren. Man spricht dann von einem **personalen Erzähler (personales Erzählen/personale Erzählsituation):**
   Jan wälzte sich im Bett und fand keine Ruh. Sicher würden seine Eltern schon schlafen. Warum nur konnte er die Zeit nicht zurückdrehen, nur einen halben Tag?

2. **Zeitverhältnisse:** Wenn ein Erzähler ein Geschehen, das in der Realität sehr kurz ist, sehr ausführlich darstellt und kommentiert, spricht man von **Zeitdehnung:**
   In diesem Augenblick des Fallens liefen die Ereignisse der letzten Tage in seinem Kopf wie in einem Film ab: die Begegnung mit seinem Vater, sein unbeherrschtes Verhalten Marion gegenüber und das Treffen mit dem großen Unbekannten, der ihn in diese ausweglose Situation gebracht hatte.
   Von **Zeitraffung** hingegen spricht man, wenn der Autor ein Geschehen, das in der Realität länger dauert, zusammenfasst, nur andeutet oder überspringt:
   Als Jan Stunden später im Krankenhaus aufwachte, hatte er Mühe, sich zurechtzufinden.

3. **Redeformen:** Der Erzähler kann unterschiedliche Redeformen verwenden.
   Direkte Rede: In wörtlicher Rede werden Äußerungen und Gedanken wiedergegeben: *Jan war aufgebracht: „Was wissen Sie schon, was geschehen ist!“*
   Indirekte Rede: Äußerungen werden vom Erzähler wiedergegeben, zumeist unter Verwendung des → Konjunktivs: *Vollkommen unbeherrscht machte er allen um ihn Stehenden Vorwürfe, dass schließlich niemand gekommen sei, ihm zu helfen, und er daher ganz allein auf sich selbst gestellt gewesen sei.*
   Erlebte Rede: Der Erzähler gibt die Gedanken und Gefühle in der 3. Person und meistens im Präteritum wieder: *Als alle den Raum verlassen hatten, war Jan sehr niedergeschlagen. War es nicht auch sein Fehler, dass es so weit gekommen war? War er nicht einfach zu stolz gewesen?*
   Innerer Monolog: Die Gedanken und Gefühle werden in der Ich-Form dargestellt, häufig im Präsens: *Jan nahm sein Handy und suchte die Nummer von Marion. Ich werde ihr alles erklären. Ich werde sie nicht um Verzeihung bitten, denn mein Verhalten kann man nicht entschuldigen.*

4. **Satzbau:** Man unterscheidet folgende Möglichkeiten des Satzbaus:
   - **Satzreihe (Parataxe):** Es werden nur Hauptsätze aneinandergereiht. Häufig sind sie kurz: *Jan schwieg. Sein Puls raste. Blut schoss ihm in den Kopf. Dann sprang er auf.*
   - **Satzgefüge (Hypotaxe):** Darunter versteht man den Verbund von Haupt- und Nebensätzen: *Als er die Tür öffnete* (Nebensatz), *blies ihm ein kalter Wind entgegen* (Hauptsatz), *der schon vor geraumer Zeit begonnen hatte zu wehen und sich nun zu einem Sturm entwickelte* (Relativsatz).

- **Unvollständige Sätze (Ellipse):** → *Sprachliche Mittel*

Die Wirkung dieser Satzformen kann sehr unterschiedlich sein und kann nur aus dem Zusammenhang des Textes erschlossen werden.

5. **Sprachliche Mittel:** → *Sprachliche Mittel*

Metapher: → *Sprachliche Mittel*

Metrum: → *Lyrik*

Neologismus: → *Sprachliche Mittel*

Parabel: Eine lehrhafte Erzählung über eine allgemeine Erkenntnis oder Wahrheit, in der anders als im Gleichnis der direkte Vergleich mit dem Vergleichswort „wie" fehlt. Die Parabel enthält eine Sachebene (Sachteil) und eine Bildebene (Bildteil). Die Leser müssen selbstständig von der Bildebene auf die Sachebene schließen.

Paradoxon: → *Sprachliche Mittel*

Parallelismus: → *Sprachliche Mittel*

Personaler Erzähler: → *Merkmale erzählender Texte*

Personifikation: → *Sprachliche Mittel*

Redeformen: → *Merkmale erzählender Texte*

Reim: → *Lyrik*

Reportage: → *Journalistische Textsorten*

Rhetorische Frage: → *Sprachliche Mittel*

Roman: Der Roman ist eine lange Erzählung, die zwischen hundert und mehreren tausend Seiten umfassen kann. Im Zentrum eines Romans steht oft die ausführliche Schilderung der problematischen Situation eines Einzelnen. Beschrieben wird, wie er in seiner Umgebung und mit seinen Mitmenschen lebt, sich verändert und entwickelt.

Rückblick: Vor allem in der → *Epik* (Erzählung, Roman) gibt es solche Einschübe, die vor der Zeit der eigentlichen Handlung spielen. Sie dienen dazu, die jetzige Situation oder das Handeln einer Figur zu erklären.

Sachtext: Ein Sachtext informiert über Tatsachen, Vorgänge und Sachverhalte. Er kann z. B. über die Tier- oder Pflanzenwelt informieren oder über bedeutsame Ereignisse. Sachtexte findet man in Zeitungen, Zeitschriften oder in Sach- oder Schulbüchern.

Satire: Eine satirische Darstellung zeigt menschliche Schwächen oder Fehler in stark übertriebener Darstellungsweise auf. Sie will diese lächerlich machen, zum Nachdenken anregen, kritisieren und häufig auch eine Änderung von Verhaltensweisen bewirken. Satire kann in den verschiedensten Textsorten auftreten.

Merkmale:
1. Ironie → *Sprachliche Mittel*
2. Übertreibungen und überzogene Vergleiche
3. Verspottungen durch ins Lächerliche gezogene Situationen
4. Wortspiele

Satzgefüge: → *Merkmale erzählender Texte*

Satzreihe: → *Merkmale erzählender Texte*

Sprachliche Mittel: Nahezu in allen Texten werden gezielt sprachliche Mittel eingesetzt, um bestimmte Wirkungen zu erzielen (siehe Übersicht Seite 144).

Sonett: → *Lyrik*

Strophe: → *Lyrik*

Umarmender Reim: → *Lyrik*

Vergleich: → *Sprachliche Mittel*

Vers: → *Lyrik*

Zeitdehnung: → *Merkmale erzählender Texte*

Zeitraffung: → *Merkmale erzählender Texte*

Zeitverhältnisse: → *Merkmale erzählender Texte*

Sprachliche Mittel	Erläuterung	Beispiel	mögliche Wirkung
Alliteration, die	Wiederholung von Anfangslauten bei aufeinanderfolgenden Wörtern	Milch macht müde Männer munter.	emotionale Verstärkung des gewünschten Eindrucks
Anapher, die	Wiederholung derselben Wortgruppe an Satz-/Versanfängen	Worte sind verletzend. Worte sind unersetzlich.	Eindringlichkeit; Rhythmisierung erreichen
Ellipse, die	unvollständiger Satz, der aber sinngemäß leicht zu ergänzen ist	Feuer! / Je früher der Abschied, desto kürzer die Qual.	der wichtigste Aspekt soll hervorgehoben werden
Euphemismus, der	Beschönigung	vollschlank statt dick / eingeschlafen statt gestorben	abgemilderte Negativbotschaft, taktisches Verhalten
Hyperbel, die	starke Unter- oder Übertreibung	Es ist zum Haareausraufen! / ein Meer von Tränen	Dramatisierung; starke Veranschaulichung
Ironie, die	Äußerung, die durchblicken lässt, dass das Gegenteil gemeint ist	Das hast du ja ganz toll hinbekommen! / Vier Wochen Regen. Super!	Herabsetzung; kritische Anmerkung; Stellungnahme
Klimax, die	Steigerung; meist dreigliedrig	Er kam, sah und siegte.	Dramatisierung
Metapher, die	verkürzter Vergleich, Verwendung eines Wortes in übertragener Bedeutung	Geldwäsche / Er war ein Löwe in der Schlacht. / Du bist meine Sonne.	Veranschaulichung
Neologismus, der	Wortneuschöpfung	Mobbing / Gammelfleisch / unkaputtbar (Werbesprache)	Hervorhebung
Paradoxon, das	Zusammenstellung von Wörtern, die sich eigentlich widersprechen	bittersüß / Vor lauter Individualismus tragen sie eine Uniform.	starker Anreiz zum Nachdenken
Parallelismus, der	Wiederholung gleicher Satzstrukturen	Ein Blitz leuchtete, der Donner folgte, ein Gewitter setzte ein.	Dramatisierung, Intensivierung
Personifikation, die	Vermenschlichung; Gegenstände oder Tiere erhalten die Eigenschaften oder Fähigkeiten von Menschen	Die Sonne lacht. / Die Smileys haben uns fest im Griff. / Mutter Natur	lebendige und anschauliche Darstellung
Rhetorische Frage, die	scheinbare Frage, deren Antwort jeder kennt; Leser und Zuhörer müssen zustimmen, da ihr Einverständnis vorausgesetzt wird	Gibt es den idealen Menschen? / Wer ist schon perfekt? / Wer glaubt denn das noch?	Mobilisierung einer bestätigenden Reaktion der Leser
Vergleich, der	Verknüpfung zweier Begriffe mit *wie*	Der Kämpfer ist stark wie ein Löwe.	anschauliche Darstellung

FiNALE Prüfungstraining

Nordrhein-Westfalen
Mittlerer Schulabschluss 2014

Lösungen

Deutsch

Peter Delp
Andrea Heinrichs
Harald Stöveken
Martina Wolff

westermann

A Vorbereitung auf die Abschlussprüfung

A 1.1 Die Zeitvorgaben in der Prüfung

Seite 5

1. Teil I der Prüfung: 8.00 bis 8.30 Uhr/
   Auswahl für Teil II: 8.30 bis 8.40 Uhr/
   Teil II der Prüfung: 8.40 bis 10.40 Uhr (mögliches Beispiel)

2. – Prüfungsbeispiele für Aufgaben zum Leseverstehen: S. 9–14, 62–67, 86–91, 115–119, 128–132, 133–137
   – Prüfungsbeispiele für Aufgaben zum Aufgabentyp 2: S. 27–35, 68–71, 72–75, 92–95, 96–99, 120–121, 122–123
   – Prüfungsbeispiele für Aufgaben zum Aufgabentyp 4a: S. 15–19, 46–53, 54–61, 76–79, 80–83, 84–85, 104–108, 109–114, 124–125, 126–127, 138–139

A 1.3 Was wird bei der Aufgabenstellung „Analysiere ...“ erwartet?

Seite 7

2. ❶ Analysiere den Text „Das Wiedersehen“ von Gertrud Schneller. Gehe dabei folgendermaßen vor:
   a) Schreibe eine Einleitung, in der du Titel, Autor, Textsorte und Thema benennst.
   b) Fasse den Inhalt in eigenen Worten zusammen.
   c) Beschreibe Peters Situation.
   d) Stelle anhand von Textbeispielen Peters und Jeans Gefühlslage dar.
   e) Erkläre die Überschrift „Das Wiedersehen“ und erläutere die Textaussage.

   ❷ In den Zeilen 51 bis 53 sagt Peter: „Die wirkliche Strafe, weißt du, die kommt erst jetzt.“ Erläutere, was er damit meint, und nimm Stellung zu dieser Aussage.
3. b) Die Formulierung „anhand von Textbeispielen“ weist darauf hin, dass man sich auf den Text beziehen muss.
   c) Die Deutung ergibt sich aus der Forderung, dass die Überschrift erklärt und die Textausage erläutert werden soll.
   d) Die Deutung der Textstelle ergibt sich daraus, dass eine Erläuterung des Zitats gefordert ist. Die Bewertung ergibt sich durch die Aufgabe, Stellung zur Aussage nehmen zu müssen.

A 1.4 Was bedeutet die Aufgabenstellung „informieren“?

Seite 8

1. Adressat: Mitschülerinnen und Mitschüler
   Situation/Thema: Umwelt-AG plant Info-Wand über Berufe in der Natur
   Schreibziel: einen informativen Text über den Beruf des Försters schreiben

2. ❶ c) Stelle die vielfältigen Aufgaben und Einsatzorte eines Försters anhand von Beispielen aus dem Material ausführlich dar.
   d) Erläutere die Zukunftsperspektiven eines Försters und begründe sie.
   e) Schlussfolgerere anhand der Materialien und eigener Überlegungen, welche Eigenschaften und Fähigkeiten jemand mitbringen sollte, der Förster werden will.
   f) Notiere unterhalb deines Textes die von dir genutzten Materialien.

A 2.1 Die Überprüfung des Leseverstehens

Seite 11

❶ b) Laut Text verursacht der Klimawandel das Schmelzen der Pole und damit den stetigen Anstieg des Wasserstandes der Meere.

❷ Damit will der Autor ausdrücken, dass es nicht erst so weit kommen sollte, dass ein Eisberg am Strand vorbeitreibt, damit die Menschen die katastrophalen Auswirkungen des Klimawandels wahrnehmen können.

❸ Damit ist gemeint, dass die Nordsee in jedem Jahr Teile der Insel wegspült und sie damit verkleinert.

❹

Abschnitt	Zeilenangaben	Überschrift
1	Z. 1–9	Darstellung der Situation: Das Eis schmilzt, Permafrostböden tauen auf. → Das Wasser steigt und bedroht die Welt.
2	Z. 10–17	Klimawandel ist für das Schmelzen der Pole verantwortlich, *wird durch den Menschen verursacht*
3	Z. 18–27	Rekordwerte bei der Eisschmelze in Grönland bedrohen viele Tierarten
4	Z. 28–39	*Gletscher der Antarktis schmelzen, bis 2100 könnte der Meeresspiegel um bis zu 80 Zentimeter steigen*
5	Z. 40–54	*Süßwasserreservoirs schmelzen: tiefliegende Regionen werden überflutet, das Ökosystem gerät aus dem Gleichgewicht*
6	Z. 55–81	Klimaflüchtlinge in verschiedenen Regionen der Erde: *Papua Neuguinea, Pazifischer Ozean, Bangladesh usw.*

❺ **Auswirkungen des Klimawandels**
weitere Punkte im Cluster:
- tiefliegende Regionen werden überflutet
- Meeresspiegel steigt
- Sand der Inseln wird abgetragen
- Ökosystem gerät aus dem Gleichgewicht
- Klimaflüchtlinge auf der ganzen Welt

Seite 12

6 Richtig ist b). Der Text „Schmelzende Pole, steigende Pole" informiert darüber, dass die Pole der Arktis und Antarktis schmelzen und welche Auswirkungen dies hat.
Begründung:
Meiner Ansicht nach beschreibt die Aussage b) das Thema des Textes am besten, denn der Autor stellt lediglich einen Aspekt des Klimawandels und seine Auswirkungen dar: das Schmelzen der Pole der Arktis und Antarktis und damit das Ansteigen des Wasserpegels der Ozeane. Daher passt die Aussage a) nicht zum Thema. Im Text wir darüber informiert, dass sich der Meeresspiegel bis zum Jahr 2100 um bis zu achtzig Zentimeter anheben könnte. Das würde bedeuten, dass viele flache Küstenregionen und Inseln auf der ganzen Welt überflutet würden. Dieses wird anhand anschaulicher Beispiele verdeutlicht. Allerdings ist zu keiner Zeit die Rede davon, dass die Erde komplett im Wasser versinken könnte. Daher finde ich die Aussage c) unpassend. (Die Begründung ist schlüssig und korrekt aufgebaut.)

7 a) trifft zu, b) trifft nicht zu, c) trifft nicht zu, d) trifft zu, e) trifft nicht zu, f) trifft zu (Alle Kreuze wurden richtig gesetzt.)

Seite 13

8
- Bangladesh: Überflutung der tiefliegenden Regionen (Z. 43–45, 64–67)
- Sylt: Teile der Insel werden durch die Nordsee abgetragen (Z. 47–50)
- Carteret-Inseln (Papua-Neuguinea): Umsiedelung von 980 Menschen (Z. 56–59)
- Tuvalu (Pazifischer Ozean): 11.000 Klimaflüchtlinge werden in Australien nicht aufgenommen (Z. 60–63)
- Bangladesh und Südindien: nach einer Sturmflut müssen 100.000 Reisbauern fliehen, mehr als 4.000 Menschen werden vermisst (Z. 63–67)
- Shismaref (Alaska): Siedlung wird überflutet, Bevölkerung gibt auf und packt die Koffer (Z. 67–71)
- Malediven: Präsident spart, um im Ernstfall Land z. B. in Indien kaufen zu können (Z. 71–75)
- Indonesien: will Klimaflüchtlingen Zuflucht gewähren, obwohl 2.000 der insgesamt 17.000 indonesischen Inseln ebenfalls im Wasser verschwinden könnten (Z. 75–81)

9 b) ist falsch. Richtig ist a). Es handelt sich um eine Personifikation.

10 Der Nebensatz (Gliedsatz) gibt die Bedingung für die nachgestellte Hauptaussage an (b)).

Seite 14

11 Das Schaubild stellt die Sommereis-Decke der Arktis im Nordpolarmeer dar. Es zeigt eine Karte, auf der die Staaten Alaska, Kanada, Grönland und Russland rund um die Arktis abgebildet sind. Der Nördliche Polarkreis ist durch eine gestrichelte Linie angedeutet. Durch zwei verschiedene Linien wird die Sommereis-Ausdehnung zwischen 1978–2000 und im September 2009 angezeigt. Es wird deutlich, dass zwischen den Linien ein großer Unterschied besteht, denn an den Seiten zu Alaska und Russland ist die Sommereis-Decke im Jahr 2009 um bis zu 1000 Kilometer zurückgegangen. Dies zeigt die Eisschmelze am Nordpol.

12 c) ist richtig. Die Grafik veranschaulicht den Rückgang der mittleren Sommereis-Decke im Nordpolarmeer in den letzten 30 Jahren und damit das Schmelzen des ewigen Eises.

13 Meiner Ansicht passen Text und Schaubild gut zusammen, denn die Grafik veranschaulicht die Aussagen des Textes. Gleichzeitig werden die Aussagen (Z. 18–27) durch die Abbildung belegt, denn die Eisschmelze am Nordpol wird gezeigt, sodass das ganze Ausmaß des Klimawandels besser vorstellbar ist. (Die Begründung ist korrekt.)

14 Mögliche Schülermeinung:
Das Zitat ist nachvollziehbar.
Begründung:
Angesichts der im Text beschriebenen Auswirkungen (Z. 18–39) und der Darstellung in der Grafik finde ich diese Aussage nachvollziehbar, denn die Auswirkungen des Klimawandels sind bereits heute deutlich zu spüren. Das Schmelzen der Pole wird nicht nur Auswirkungen auf das Ökosystem haben und den Lebensraum vieler Tierarten verändern, sondern viele Menschen werden ihre Heimat verlieren und somit ihre Existenzgrundlage. Deshalb passt die Redewendung „Das Wasser steigt und steht uns schon bis an den Hals." fast wortwörtlich auf die derzeitige Klimasituation der Erde und dem sollte ganz dringend durch einen verminderten CO_2-Ausstoß entgegengewirkt werden.
(Die Begründung ist logisch und korrekt.)

A 2.2 Die Schreibaufgabe: ein Beispiel

Seite 17

3. a) und b) Gliederung und Unterthemen der Schreibaufgabe:
- Einleitung (Z. 1–4):
Vorstellung des Textes und der Quelle (epischer Text mit Parabel); Benennung des Themas und der Absicht des Verfassers
- Hauptteil (Z. 4–49):
Z. 4–24: inhaltliche Zusammenfassung der Erzählung, in der zwischen Bild- und Sachteil unterschieden wird (Sinnabschnitte)
Z. 25–31: Aufbau des Textes in Sach- und Bildteil; Einbezug der Textart Parabel und ihrer Funktion für die Erzählung; Übertragung der Parabel auf den Sachteil: indirekte Antwort auf die Frage des Sultans
Z. 31–41: Gegenüberstellung der handelnden Figuren (Sultan und Jude); Absicht ihres Handelns: Jude entzieht sich durch die indirekte Antwort der Gefahr; Sultan erkennt Weisheit des Juden
Z. 42–49: Darstellung der Ausgangsfrage, welche der drei Religionen („die jüdische, die sarazenische oder die christliche") die wahre Religion sei; Antwort, die durch die Parabel gegeben wird, sagt aus, dass alle Religionen

gleichberechtigt nebeneinander stehen, da sie alle von Gott kommen

– Schluss (Z. 49–55):
Erklärung des Zitates Z. 129/130: „… und verehrte ihm überdies noch ansehnliche Geschenke."; Stellungnahme zum Zitat und Begründungen

c) Untersuchung des Schülertextes:

- Aspekte der Aufgabenstellung:
  1a) Einleitung (Titel, Autor, Textsorte und Thema) (Z. 1–4)
  1b) Wiedergabe des Inhalts (Z. 5–24)
  1c) Aufbau des Textes unter Berücksichtigung der Textart (Z. 25–31)
  1d) handelnde Figuren, die sich gegenüberstehen und deren Absicht (Z. 31–39)
  1e) Erläuterung der Ausgangsfrage und der Antwort, die durch die Parabel darauf gegeben wird (Z. 42–49)
  1f) Erklärung des Zitates und begründete Stellungnahme dazu (Z. 49–55)

- Überprüfung, ob Absätze sinnvoll gesetzt sind:
  Durchgängig hat der Schüler keine Absätze gesetzt; das erschwert den Lesefluss des Textes und ebenso die Überprüfung, ob alle wesentlichen Aufgabenteile bearbeitet wurden. Zwar hat er alle Aufgabenaspekte bearbeitet; dieses lässt sich aber nur durch sehr genaues Lesen herausfinden. Absätze gehören jeweils an das Ende eines Aufgabenaspekts (s. Lösung zu 3 c)).

- Genannte Textart und ihre Merkmale:
  Der Schüler hat die Textart richtig zugeordnet und in seiner Schreibaufgabe inhaltlich und sprachlich richtig belegt: Die Erzählung wird als Sachteil mit einer Parabel als Bildteil erkannt. Die Parabel, die wiederum von einer handelnden Figur erzählt wird, kann auf den Sachteil übertragen werden. Sie ist eine gleichnishafte Erzählung, in der inhaltliche Parallelen zum Sachteil deutlich werden. In diesem Fall wird eine indirekte Antwort auf die gestellte Frage, welche der Religionen die wahre sei, gegeben. Der Jude, der die Parabel in dieser Erzählung wiedergibt, überträgt sie als Antwort selbst auf die Frage des Sultans, d. h. auf den Sachteil.

- Aussagen mit Textbelegen:
  Z. 25/26: Aufbau des Textes: Beleg der Rahmenhandlung und der Parabel
  Z. 29–31: Übertrag der Parabel auf die Erzählung; Funktion der Erzählung
  Z. 34/35: Absicht des Sultans
  Z. 35–37: Absicht des Juden
  Z. 39–41: Beleg zur Darstellung der Absicht des Juden und damit zur Intention des Autors
  Z. 49–51: Bezug zum Text in der Stellungnahme und Erklärung der Textstelle in eigenen Worten

- Ergänzungen und Streichungen:
  – Generell sollte der Schüler die einzelnen Aufgabenaspekte durch deutliche Absätze abgrenzen, um den Lesefluss zu verbessern und die Überprüfbarkeit zu erleichtern. Gleichzeitig erhält man selber einen besseren Überblick darüber, ob alle Aufgabenaspekte erarbeitet wurden.
  – In der Einleitung wird die Absicht des Verfassers zwar als Hypothese dargestellt, aber das Thema wird nicht übergreifend genannt. Oftmals kann man Absicht und Thema zusammenfassen; hier sollte jedoch der Themenaspekt, wie zum Beispiel „die Frage nach der wahren Religion als List, das eigene Ziel zu erreichen" ergänzt werden.
  – Es ist sinnvoll, die Zusammenfassung des Textes (1b) an Sinnabschnitten zu orientieren. Hier ist dies jedoch nicht notwendig, da die Aufteilung in Rahmenhandlung und Bildteil eine deutliche Struktur ermöglicht. Aufgrund der Komplexität der Handlung fällt die Inhaltsangabe recht ausführlich aus, lässt sich daher nur schwerlich weiter kürzen.
  – Die Aufteilung in Bild- und Sachteil hätte auch sprachlich herausgearbeitet werden können, indem auf die wörtliche Rede des Juden eingegangen worden wäre: z. B. „Um mein Urteil darüber zu fällen, muss ich folgende Geschichte erzählen." (Z. 51–53).
  – Die abschließende Stellungnahme fällt ein wenig zu knapp aus. Zwar wird das Zitat kurz erklärt und es findet sich ebenfalls ein kurzes Statement, aber eine kritischere Herangehensweise wäre wünschenswert.
  – Bewertung: Die Lösung zur Analyse erscheint insgesamt plausibel hergeleitet und verständlich. Sie enthält Erarbeitungen zu allen Aufgabenaspekten und ist sachlich richtig. Diese Art der Darstellung ist demnach gut gelungen.

- Ausdrücke und Wendungen, die ich mir merken sollte:
  Der vorliegende Text … wurde von … verfasst und stammt aus …
  Es handelt sich um einen epischen Text, in dem der Autor zeigt, dass …
  Der Text besteht aus …
  … um zu verdeutlichen, dass …
  Im Text werden … gegenübergestellt
  Ich denke, dass …
  Deshalb …

B Arbeitstechniken und Strategien zur Bearbeitung von Schreibaufgaben

B 1 Arbeitstechnik: Im Wörterbuch nachschlagen

Seite 20

1. – **effektiv** handeln: wirkungsvoll etwas tun
   – **globale** Erderwärmung: die weltumspannende, die weltweite Erwärmung der Erde
   – zielgerichtete **Strategien**: genauer Plan zur Verwirklichung eines Ziels
   – wurde **publiziert**: nachschlagen bei publizieren = veröffentlichen
   – **Komplexität** der Vorgänge: die Vielschichtigkeit, der Gesamtumfang

2. Umweltbewu**ss**tsein, Landfl**ä**chen, **Z**ugang, gef**äh**rdeten, beschrän**k**t, en**t**standen

B 2 Arbeitstechnik: Texte erschließen und Inhalte zusammenfassen – literarische Texte

Seite 21
1. individuelle Lösung

B 3 Arbeitstechnik: Texte erschließen und Inhalte zusammenfassen – Sachtexte

Seite 23
1. individuelle Lösung

B 4 Arbeitstechnik: Schaubilder auswerten

Seite 25
1. **Schaubild A: Auswertung**
   a) Erster Schritt: Sich orientieren
   Thema: Anteil erneuerbarer Energien in Deutschland
   Zahlenangaben: in Gigawattstunden (GWh)
   graue Säulen: 1990
   blaue Säulen: 2008
   Vergleiche zwischen: 1990 und 2008

   b) Zweiter Schritt: Den Inhalt des Schaubildes erfassen und stichpunktartig aufschreiben
   Die Stromerzeugung durch erneuerbare Energien hat im Jahr 2008 gegenüber 1990 erheblich zugenommen. Den größten Zuwachs verzeichnet die Windenergie. Sie hat einen fast doppelt so hohen Wert in Bezug auf die Stromerzeugung in GWh wie die an zweiter Stelle liegende Biomasse. Knapp dahinter liegt die Wasserkraft. Der biogene Anteil des Abfalls und die Photovoltaik liegen etwa gleichauf auf Platz 4 und 5. Sie haben etwa ein Drittel des Anteils der Wasserkraft. Die Geothermie liegt noch nahezu unbedeutend auf dem 6. Platz.
   Der Anteil der Stromerzeugung insgesamt, gemessen am gesamten Bruttostromverbrauch, hat sich von 1990 bis 2008 fast verfünffacht.

   c) Dritter Schritt: Aufgabenstellung beantworten und Ergebnisse aufschreiben
   1. Den größten Zuwachs hat von 1990 bis 2008 die Windenergie erzielt.
   2. Die Wasserkraft hat im Vergleich zur Windenergie nur etwa die Hälfte des Anteils der Windenergie.

2. **Schaubild B: Auswertung**
   a) Erster Schritt
   Thema: Stromverbrauch in privaten Haushalten
   Zahlenangaben: in Prozent
   Kreisausschnitte: unterschiedliche Farben für die einzelnen Gerätebereiche
   Vergleiche zwischen 2002 und 2007

   b) Zweiter Schritt
   In je einem Kreisdiagramm für das Jahr 2002 und 2007 werden sechs verschiedene Bereiche des Stromverbrauchs in privaten Haushalten angegeben. Die Werte sind im Vergleich der Jahre annähernd gleich geblieben. Den größten Anteil haben in beiden Jahren mit 30 % (2002) und 29 % (2007) die Gefrier- und Kühlgeräte. Auf Platz 2 liegen die Bügel-, Koch- und Trockengeräte mit 18 % (2002) und 19 % (2007). Platz 6 belegt im Vergleich beider Jahre mit gleichgebliebenen 8 % die Beleuchtung.

   c) Dritter Schritt
   1. Der Anteil des Stromverbrauchs für Unterhaltungselektronik ist von 10 % (2002) leicht auf 12 % (2007) angestiegen.
   2. Gespart wurde 2007 bei der Heizung und den Kühl- und Gefriergeräten. Mehr verbraucht wurde in der Unterhaltungselektronik und beim Kochen und Bügeln.

Schaubild C: Auswertung
   a) Erster Schritt
   Thema: Entwicklung und Aufklärung von Straftaten
   Zahlenangaben: in Millionen und in Prozent
   Je eine Kurve für die Entwicklung und Aufklärung von Straftaten

   b) Zweiter Schritt
   Die obere Kurve zeigt die in Deutschland erfassten Straftaten von 1998 bis 2007. Dabei zeigt sich, dass der Wert von 1998 (6,46 Mio.) im Jahr 2000 auf den niedrigsten Wert überhaupt absinkt (6,26 Mio.), dann im Jahr 2004 ansteigt auf den höchsten Wert (6,63 Mio.) und im Jahr 2007 wieder absinkt auf den zweitniedrigsten Wert (6,28 Mio.). Die Aufklärungsrate wird in einer zweiten Kurve darunter gezeigt und in Prozent dargestellt. Im Jahr 1998 wurden 52,3 % aufgeklärt (niedrigster Wert insgesamt). Die Kurve steigt dann leicht an und sinkt im Jahr 2002 auf 52,3 % (zweitniedrigster Wert). Dann steigt die Kurve der Aufklärungen wieder an auf den Höchstwert von 55,4 % im Jahr 2006 und sinkt 2007 leicht ab auf 55,0 %. Insgesamt fällt auf, dass beide Kurven im Jahr 2007 am dichtesten zusammenliegen, d. h. es gibt weniger Straftaten bei gleichzeitig höherer Aufklärung.
   c) Dritter Schritt
   1. 2001 und 2002 nahm die Zahl der aufgeklärten Straftaten im Vergleich zum Vorjahr ab.
   2. Von 2000 bis 2004 ist ein Anstieg der erfassten Straftaten zu verzeichnen (um 370 000).

B 5 Schreibaufgabe zu einem informativen Text in sechs Schritten bearbeiten

Seite 27
2. Adressat: Leser der Schülerzeitung (Mitschülerinnen und Mitschüler sowie Lehrer)
   Situation/Thema: Ausgabe zum Thema „Umweltschutz“, Problem der Überfischung der Weltmeere darlegen

3. Schreibziel:
   ❶ Ich soll als Reporter der Schülerzeitung einen informativen Text zum Problem der Überfischung der Weltmeere verfassen. Ich gliedere meinen Artikel so: Interesse weckende Einführung in das Thema, Beschreibung

der Situation in den Weltmeeren (z. B. Artenrückgang), Erläuterung der Folgen der Überfischung (mit Beispielen), Tipps zum richtigen Verbraucherverhalten.

4. individuelle Lösung

5. mögliche Untersteichungen und Randbemerkungen:
M 2: industrielle Fischtrawler fangen tonnenweise Fisch; entziehen Einheimischen so die Existenzgrundlage; Kontrollen fehlen
M 3: Nachfrage nach Fisch ist explodiert; über 80 % der Bestände gelten als überfischt oder stehen unmittelbar davor; die meisten Fischbestände werden etwa 2048 kollabieren, wenn sich in der Fischereipolitik nichts ändert; Deutsche verzehren ca. 16 kg Fisch pro Jahr; von 1950–2003 hat sich der Fischverbrauch um 600 % erhöht; 2006 wurden 92 Mio. Tonnen Fisch gefangen – hinzu kommt noch Beifang und illegaler Fang; 51,7 Mio. Tonnen Fisch aus Aquakulturen, die wiederum Futterfische benötigen; vorgegebene Fangquoten werden nicht eingehalten; 2,1 Mio. Schiffe allein für Fischfang; 23.000 industrialisierte Trawler mit Sonargeräten und Satellitennavigation; Fischpiraterie aktiv: 500.000 Tonnen illegaler Fisch in der EU – gute Verdienste
Auswirkungen: Bedrohung des Ökosystems Meer; Gefährdung der Ernährungssicherheit in West- und Nordafrika und Asien; Verlust der Existenzgrundlage kleinerer Fischer
Schutzmaßnahme: Verzicht auf den Verzehr von Fischarten, die von der Überfischung bedroht sind
M 4: Siegel sollen Käufern die Fischwahl erleichtern, z. B. das MSC-Siegel: nachhaltige Fischerei oder Aquakulturen, Rückverfolgbarkeit; Greenpeace empfiehlt MSC nur in Ausnahmefällen
M 5: WWF-Einkaufsratgeber Fisch und Meeresfrüchte bietet Orientierungshilfe für Fischkonsumenten; Beispiel Lachs: gute Wahl: Pazifischer Lachs (mit MSC-Siegel)

Seite 31

6. Ich muss nicht das gesamte Diagramm (M 1) erschließen, sondern kann die Informationen aus M 1 und M 2 miteinander verknüpft darstellen. Auch aus M 3 muss ich nicht alle Informationen verwenden.

8. a) Kategorien der Aufgaben für Tabelle und Mindmap:
❶ d) Folgen der Überfischung (mit Beispielen)
e) Maßnahmen des Verbrauchers zum Schutz der Fische

Seite 34

9. Möglicher Schreibplan:

Schreibplan

❶ a) Überschrift: Bald keine Fischstäbchen mehr?

Einleitung:
❶ b) Ausgabe der Schülerzeitung zum Thema „Umweltschutz", Thema: Problem der Überfischung der Weltmeere → Rückgang der Bestände, Zitat aus M 3 (Z. 16), M 3: Menschen wollen nicht auf Annehmlichkeiten verzichten (z. B. Sushi) → unverantwortlich

Hauptteil:
❶ c) Beschreibung der Situation in den Weltmeeren: 80 Prozent der Fischbestände gelten als überfischt oder stehen kurz davor (M 3), weitere Informationen aus M 1 – M 3
❶ d) Erläuterung der Folgen (mit Beispielen): Überfischung der Bestände → Kollaps (M 3), Einheimische verlieren ihre Existenzgrundlage (M 2), Bedrohung des Ökosystems Meer (M 3), Gefährdung der Ernährungssicherheit in Afrika und Asien (M 3)

Schluss:
❶ e) Maßnahmen zum Schutz der Fische: Fischereipolitik muss häufigere Kontrollen durchführen, Fangquoten müssen kontrolliert werden → Abkommen, härtere Strafen für Fischpiraterie, Verbraucher: Produkte kaufen, die mit Siegeln für nachhaltige Fischerei versehen sind, z. B. MSC-Siegel, Bio-Siegel; Einkaufsratgeber des WWF im Internet nutzen (M 4, M 5) → eindeutiger Appell an Leser

❶ f) verwendete Materialien: M 1, M 2, M 3, M 4, M 5

Seite 35

10. Möglicher Artikel für die Schülerzeitung:
❶ **Bald keine Fischstäbchen mehr?**
In unserer Ausgabe „Umweltschutz" darf das Thema „Überfischung der Weltmeere" nicht fehlen, denn wir Menschen gehen unverantwortlich mit den wenigen noch vorhandenen Fischbeständen um. So spricht ein Umweltexperte der FAO gerade unsere Generation an, wenn er warnt: „Sollte sich an der gegenwärtigen [...] Fischereipolitik nichts ändern, werden die meisten Fischbestände bis zum Jahr 2048 kollabieren". Doch nicht nur viele Arten in den Weltmeeren sind bedroht, ein Kollaps der Fischbestände bedroht auch die Ernährungssicherheit vieler Menschen auf der Welt.

11. Über 80 Prozent der Fischbestände sind aktuell überfischt oder stehen unmittelbar davor. Das hat viele verschiedene Gründe. Der Hauptgrund besteht aber darin, dass der Konsum von Fisch und Meeresfrüchten weltweit enorm gestiegen ist. Allein von 1950 bis 2003 erhöhte sich der Fischverbrauch bei uns in Deutschland um 600 %. Um diesen Bedarf zu decken, wurden allein im Jahr 2006 weltweit 92 Millionen Tonnen Fisch gefangen und 51,7 Millionen Tonnen in Aquakulturen gezüchtet. Das sind unvorstellbare Mengen.
Zwar gibt es vorgegebene Fangquoten, diese werden aber nicht eingehalten, sodass zu diesen Mengen noch unzählige Tonnen illegal gefischt werden. In China wird 1/3 des weltweit gefangenen Fisches verarbeitet und konsumiert. Riesige industrielle Fischtrawler schwimmen auf dem Meer, spüren die Fischgründe mit Sonargeräten und Satellitennavigation auf und fangen alles, was schwimmen kann. Die Fische werden noch an Bord verarbeitet und eingefroren, sodass die Trawler monatelang nicht an Land gehen müssen. Die Folgen, die sich daraus auch für uns ergeben, sind katastrophal. Schon bald könnte es tatsächlich keine

Fischstäbchen mehr in den Kühltruhen unserer Supermärkte zu kaufen geben, denn die Überfischung bedroht das Ökosystem Meer extrem. Viele Arten können nicht mehr nachwachsen. Manche Arten, wie zum Beispiel der Blauflossen-Thunfisch, sind derzeit so rar, dass dafür horrende Preise erzielt werden – und sie sind gleichzeitig so begehrt, weil sie als Delikatesse gelten, beispielsweise in edlen Sushi-Restaurants. Durch den Beifang werden auch Arten, wie Schildkröten, Delfine und Haie extrem dezimiert. Zudem entzieht die Industriefischerei durch das Fischen in den fremden Gewässern den einheimischen Fischern ihre Ernährungssicherheit – und somit ihre Existenzgrundlage. Weltweit drohen Hungerkatastrophen.

Seite 42

12. Daraus ergibt sich, dass wir dringend umdenken müssen. Die Verantwortlichen für die Fischereipolitik müssen darauf drängen, dass die vorgegebenen Fangquoten eingehalten werden und die Kontrollen diesbezüglich verstärken. Dazu gehört auch, dass die Strafen für Fischpiraterie verschärft werden müssen. Das bedeutet aber einen großen finanziellen und personellen Aufwand, der in Anbetracht der großen Weltmeere nicht immer zu leisten ist. Aber nicht nur in der Fischereipolitik muss sich einiges ändern. Besonders wir Verbraucher sind gefragt, wenn es darum geht, den Fischkonsum einzuschränken. Laut Umweltexperte der FAO gehören „Schwertfisch, Seeteufel oder Kabeljau/Dorsch definitiv nicht mehr auf den Teller und die Speisekarte". Bestellt euch Fisch, der nicht gefährdet ist!
In Deutschland gibt es verschiedene Siegel, zum Beispiel das blaue MSC-Siegel. Es soll uns als Käufern die Fischwahl erleichtern. Produkte mit diesem Siegel gewährleisten, dass Fisch und Meeresfrüchte aus nachhaltiger Fischerei oder Aquakultur kommen. Gute Tipps zum Einkauf gibt euch auch der Einkaufsratgeber des WWF im Internet. Hier wird empfohlen, welche Fische ihr unbedenklich genießen könnt.
Es ist fünf vor zwölf! Wenn ihr wollt, dass auch eure Enkel noch wissen sollen, wie Fischstäbchen schmecken, dann engagiert euch für den Umweltschutz und gegen die Überfischung!

13. Zum Verfassen meines informativen Textes habe ich die Materialien M1, M2, M3, M4 und M5 genutzt.

B 6 Schreibaufgabe zu einem Sachtext in sechs Schritten bearbeiten

Seite 36

2. – eine Einleitung schreiben
   – den Inhalt zusammenfassen
   – sagen, was ein Rechtsstaat ist
   – die Bedingungen nennen, die ein Rechtsstaat erfüllen muss
   – sagen, was in New Orleans passiert ist
   – mich zur Textaussage äußern

3. von Recht und Gesetzen, von Gesetzesbruch oder von Gefahren für den Rechtsstaat

5. *Frustration:* große Enttäuschung
   tolerieren: akzeptieren
   scheinbar ausbleibende Hilfe: Hilfe wird ersehnt, kommt nur schleppend an

Seite 39

6. Der Text weist darauf hin, warum es wichtig ist, sich an Gesetze zu halten und zeigt am Beispiel der Stadt New Orleans, was passiert, wenn das Recht außer Kraft gesetzt wird.

7. Kommentar
   – sachlich und informativ geschrieben
   – Autorin legt ihre Meinung begründet dar
   – Autorin appelliert an Leser

Seite 39/40

8./9.

1. Beschwerden über Gesetzesauslegung (Z. 1–10):
   – Bürgerbeschwerden: Richter urteilen „kleinlich"
   – Ausgangsfrage: Was passiert, wenn Recht und Ordnung außer Kraft gesetzt werden?

2. Schilderung der Ausnahmesituation in New Orleans während des Hurrikans „Katrina" (Z. 11–64):
   – Sommer 2005 in den USA
   – New Orleans besonders betroffen: Stadt überflutet
   – Überlebende suchen nach Lebensmitteln und Medikamenten
   – Recht und Ordnung sind untergegangen
   – es herrschen Trauer, Frust, Hass, Aggression
   – Läden werden geplündert
   – Gewalt herrscht
   – Ladenbesitzer greifen zur Selbstjustiz

3. Keine Ausnahmen bei Gesetzesüberschreitungen (Z. 65–90)
   – Gesetzesübertretungen müssen immer bestraft werden (auch kleine Vergehen: Ampelmissachtung)
   – Rechtsstaat bietet Sicherheit

4. Bedingungen für funktionierenden Rechtsstaat (Z. 91–107)
   – alle Bürger befolgen Gesetze zum Wohl der Allgemeinheit
   – fordert Gewissen und Moral seiner Bürger
   – jeder muss sein Rechtsempfinden sensibilisieren
   – auch kleinliche Bestrafungen müssen akzeptiert werden

Seite 40

10. – Überlebende suchen Wasser und Lebensmittel
    – Anwohner plündern Läden, stehlen Waren
    – Menschen werden gezwungen, Autos abzugeben
    – Ladenbesitzer greifen zu Selbstjustiz

Seite 42

11. Der Text will vor allem an das Rechtsempfinden der Leser appellieren und sie anschaulich informieren. Er liefert sachliche Informationen über das Funktionieren des Rechtsstaats und stützt sich auf ein konkretes Beispiel (New Orleans).

12. Wirkung des Textes: interessant, informativ, anschaulich, verständlich, kritisch

13. Die Autorin erreicht die Wirkung durch sprachliche Mittel:
- klare Sprache: Redewendung: In den sauren Apfel beißen, Umgangssprache (Knöllchen), keine Metaphern
- rhetorische Fragen (Was passiert, wenn Recht und Ordnung außer Kraft gesetzt werden? Doch wo fängt die Ahndung an ...? Ist es nicht besser, in den sauren Apfel ...)
- Autorin kommentiert (Dies zeigt ganz klar..., Jeder war sich selbst der Nächste! Während man teilweise noch Verständnis aufbringen ..., Anwohner nutzten das Chaos schamlos aus ...)
- Wir-Form bindet Leser ein (Wir leben nun mal in einem Rechtsstaat..., Daher ist jeder von uns aufgefordert...)
- Gegenüberstellungen: Gesetzesbrecher/Gesetzeshüter
- anschauliche Beispiele (siehe New Orleans)

14. zu der Aussage „Niemand würde sich allerdings an Gesetze halten, wenn Gesetzesüberschreitungen ohne Folge blieben."

15. siehe Schreibplan

Seite 44

16. Möglicher Schreibplan:

Schreibplan

Einleitung:
1. Andrea Heinrichs: „Wenn Recht und Ordnung untergehen", Kommentar, Rechtsempfinden von Bürgern

Hauptteil:
1. Kurze Zusammenfassung der wichtigsten Textaussagen
2. auf Beispiele aus New Orleans eingehen
3. Absicht der Autorin erläutern

Schluss:
Stellungnahme zu „Niemand würde sich allerdings an Gesetze halten, wenn Gesetzesüberschreitungen ohne Folge blieben."

Seite 45

17.–19. Möglicher Schülertext zu den Teilaufgaben ❶ und ❷:

Wozu brauchen wir das Recht?

In dem Kommentar „Wenn Recht und Ordnung untergehen" von Andrea Heinrichs geht es um das Rechtsempfinden vieler Bürger, die die Ahndung von Gesetzesüberschreitungen teilweise als „kleinlich" empfinden. Gleichzeitig zeigt die Autorin am Beispiel der Auswirkungen des Hurrikans „Katrina" auf die Stadt New Orleans, was es bedeuten kann, wenn das Recht außer Kraft gesetzt wird.

Der Kommentar geht von der Ausgangsfrage „Was aber passiert, wenn Recht und Ordnung außer Kraft gesetzt werden?" (Z. 7–9) aus und informiert anschaulich, was passieren kann, wenn durch einen Ausnahmezustand das Recht außer Kraft gesetzt wird. Dazu ist es im Sommer 2005 in New Orleans gekommen. Der Hurrikan „Katrina" hat dafür gesorgt, dass die Stadt überflutet und teilweise zerstört wurde. Wegen der großen Zerstörung konnte den Menschen nicht sofort geholfen werden, sodass sie selbst aktiv wurden. Während einige Überlebende lediglich in den Geschäften nach Wasser und Lebensmitteln suchten, nutzten andere die Situation schamlos aus: Sie plünderten Läden und eigneten sich Waren an, die sie nicht zum Überleben brauchten, wie Flachbildschirme und Uhren (Z. 50/51). Hemmungslos zwangen sie andere Menschen mit Gewalt dazu, ihre Autos abzugeben. Die Polizei konnte nicht überall einschreiten, da sie zahlenmäßig unterlegen war, sodass so mancher Ladenbesitzer selbst das Recht in die Hand nahm und mit Gewalt gegen Plünderer vorging. Rücksichtslos und nur an sich selbst denkend, handelten einige Bürger New Orleans ausschließlich zum Zweck der Selbstbereicherung (Z. 53–55).

Ausgehend von diesem Beispiel verdeutlicht die Autorin, dass es keine Ausnahmen bei Gesetzesüberschreitungen geben darf, auch wenn diese kleinlich erscheinen (Z. 77–86). So dürfen nicht nur Mord und schwerer Diebstahl geahndet werden, sondern auch kleine Gesetzesübertretungen, wie das Überqueren der Straße bei Rot. Um solche Ausnahmezustände wie in New Orleans zu vermeiden, ist ein funktionierender Rechtsstaat nötig. Bedingungen dafür sind, dass alle Bürger Gesetze zum Wohl der Allgemeinheit befolgen. Dies erfordert Gewissen und Moral eines jeden Bürgers. So müssen also auch kleinliche Bestrafungen akzeptiert werden (Z. 100–102).

Die Autorin verfolgt offensichtlich die Absicht, an das Rechtsempfinden aller Bürger zu appellieren. Ihren Appell unterstützt sie durch sprachliche Mittel: Sie verwendet eine klare, gut verständliche Sprache. Umgangssprachliche Wendungen wie „in den sauren Apfel beißen" (Z. 103/104) oder „Knöllchen" (Z. 104) lockern den Text auf und unterstreichen das Anliegen der Autorin. Zusätzlich sorgt sie durch rhetorische Fragen (Was passiert, wenn Recht und Ordnung außer Kraft gesetzt werden? Doch wo fängt die Ahndung an ...? Ist es nicht besser, in den sauren Apfel ...) dafür, dass sich die Leser direkt angesprochen fühlen und erzeugt eine höhere Betroffenheit. Obwohl der Text überwiegend sachlich geschrieben ist, kommentiert die Autorin auch subjektiv (Dies zeigt ganz klar ..., Jeder war sich selbst der Nächste!, Während man teilweise noch Verständnis aufbringen ..., Anwohner nutzten das Chaos schamlos aus ...). Die Appellfunktion des Kommentars wird zudem durch die „Wir-Form" unterstützt, die die Leser einbindet (Wir leben nun mal in einem Rechtsstaat ..., Daher ist jeder von uns aufgefordert ...).

Der Textaussage „Niemand würde sich allerdings an Gesetze halten, wenn Gesetzesüberschreitungen ohne Folge blieben" stimme ich nur teilweise zu. Das würde ja heißen, dass unsere Gesetze von jedermann beachtet werden und niemand dagegen verstößt. Dagegen sprechen jedoch die ständigen Zeitungsmeldungen über Diebstähle, Morde oder andere kriminelle Machenschaften. Auch diesen Tätern sind die Folgen einer Gesetzesübertretung bekannt. Trotzdem schrecken sie vor ihren Taten nicht zurück. Selbst im Alltag kann man immer wieder Gesetzesübertretungen beobachten, die für viele selbstverständlich sind: Minderjährige rauchen immer noch, auch wenn dies mittlerweile verboten ist. Oder wie sieht es mit Geschwindigkeitsübertretungen aus? Täglich kommt es bei einer Mehrheit der Verkehrsteilnehmer zu Verstößen. Ich stimme daher der Autorin des Kommentars ganz klar zu: Wichtig ist es, dass jeder Mensch für sich ein Rechtsempfinden entwickelt, das sich an unseren Gesetzen orientiert und nicht daran, dass der Starke sich gegen den Schwachen durchsetzt.

B 7 Schreibaufgabe zu einem erzählenden Text in sechs Schritten bearbeiten

Seite 46

2. Individuelle Lösung

3. Menschen, die sich lange nicht gesehen haben, treffen wieder zusammen. Sie freuen sich und haben sich viel zu erzählen.

5. „Aus Pietätsgründen" (Z. 13): aus Ehrfurcht, Achtung, Rücksichtnahme
„Dann plötzlich scheint ein Erinnern auf sein Gesicht zu kommen." (Z. 22–24) : Langsam erinnert sich jemand, das macht sich auch in seinem Gesicht bemerkbar.

Seite 48

6. In der Geschichte geht es um das Wiedersehen zweier Freunde. Einer von ihnen war drei Jahre lang im Gefängnis und hat Schwierigkeiten, sich in der Freiheit zurechtzufinden.

7. Merkmale einer Kurzgeschichte:
   - kürzerer, erzählender Text
   - Die Handlung setzt unvermittelt im Café ein; genaue Orts- und Zeitangaben sowie umfassende Informationen zu den Personen fehlen.
   - Thema der Erzählung ist ein alltäglicher Konflikt zwischen Haftentlassenen in der neuen Freiheit und den übrigen Menschen. Zwei Freunde sehen sich einer kritischen Situation ausgesetzt.
   - Die Handlung endet unerwartet, indem Jean seinem alten Freund, dem ehemaligen Häftling Peter, den Schlüssel zu seiner Wohnung überlässt.
   - Der Schluss ist offen: Man weiß nicht, wie die Beziehung der beiden Freund sich entwickelt und ob Peter sich in der Freiheit zurechtfinden wird.
   - typische sprachliche Merkmale: Alltagssprache, schlichte, überwiegend sachliche Ausdrucksweise, Wiederholungen

Seite 49

8. a) Hauptpersonen sind die beiden alten Freunde Peter und Jean.
   b) Die Handlung spielt in irgendeiner Stadt in einem Café.
   c) Es gibt keine Zeitangaben.
   d) Peter trifft in einem Café seinen alten Freund Jean. Beide sind überrascht und unsicher. Entsprechend holprig verläuft das Gespräch. Am Ende übergibt Jean seinem Freund Peter seinen Wohnungsschlüssel für eine Übergangszeit.
   e) Peter hat drei Jahre im Gefängnis verbracht und ist wieder auf freiem Fuß. Das Anknüpfen an alte Kontakte gestaltet sich schwierig, da alle offenbar ungern mit einem ehemaligen Häftling zu tun haben möchten (Beruf, Wohnung). Peter ist deshalb unsicher und ängstlich.

9. Mögliche Einteilung in Sinnabschnitte:
   1) Z. 1–16: Peter trifft nach drei Jahren Haft seinen Freund Jean in einem Café.
   2) Z. 17–57: Beide sprechen in Andeutungen darüber, wie es ihnen geht.
   3) Z. 58–74: Jean erklärt seinen raschen Aufbruch.
   4) Z. 75–91: Peter ist bedrückt. Jean kommt zurück und übergibt Peter seinen Wohnungsschlüssel.

Seite 49/50

10. a)

Was Jean sagt und tut	Was Jean vermutlich denkt
„Bist du schon wieder …" (Z. 11/12)	Er ist fast erschrocken und vermeidet das Wort „Gefängnis", um Peter nicht zu verletzen.
Er bietet Peter einen Kaffee an. (Z. 18/19)	Er geht nicht auf Peters Bemerkung ein, um das Thema zu vermeiden.
„Kellner wissen alles. Mach dir nichts daraus." (Z. 27/28)	Er versucht, Peters Empfindlichkeit zu zerstreuen.
„Das ist es sicher nicht", sagt Jean rasch. (Z. 54/55)	Er möchte nicht über Peters Empfindlichkeit sprechen.
Jean spielt mit dem Blatt der Zeitung. (Z. 59/60)	Er ist verlegen.
Plötzlich blickt Jean auf die Uhr … „Ich muss jetzt gehen. …" (Z. 62/63)	Er ist froh, einen Grund zu haben, das Lokal zu verlassen.
… wie sich Jean entschlossen umwendet … (Z. 78/79)	Jean ist klargeworden, dass er seinen Freund so nicht sitzenlassen darf.

Seite 50

b) Sprachliche Mittel, die Peters Unsicherheit und Angst darstellen:
   Peters Hand zittert leicht … (Z. 1)
   - … meint Peter leise. (Z. 15/16)
   - Sie schweigen. (Z. 29), Sie schweigen wieder. (Z. 58)
   - … während Peter nachdenklich … (Z. 60/61)
   - Seine Rechte spielt zitternd … Sein Blick ist gesenkt. (Z. 75–77)

c) Er denkt, dass ihn die anderen Menschen meiden, weil er im Gefängnis gewesen ist.

d)
   - Peter hat offenbar eine dreijährige Strafe abgesessen („Drei Jahre sind genug.", Z. 15).
   - Jean scheint erschrocken zu sein („Bist du schon wieder …", Z. 11/12).
   - Jean will an alte Zeiten anknüpfen, Normalität vortäuschen („Wirst du wieder bei Frau Ruegg wohnen?", Z. 47/48).
   - Sie sind beide verlegen und wissen nicht, wie sie sich richtig verhalten sollen („Sie schweigen wieder.", Z. 58).
   - Jean macht sich Peters Situation erst im letzten Moment bewusst und gibt vor, vergessen zu haben, dass er Peter den Schlüssel geben wollte („Ich habe vergessen, dir den Schlüssel zu geben.", Z. 86/87).

e) Wenn man einen Namen einsetzen würde (z. B. Herr Schmidt hat dafür gesorgt, dass...), würde die Aktion persönlicher wirken. So macht alles einen unpersönlichen, kalten Eindruck. „Man" hört sich bürokratisch, unmenschlich an.

f) Er denkt, dass sie nichts mit ihm zu tun haben wollen, sich aber nicht trauen, mit ihm darüber zu reden. Ihm ist es ja selbst peinlich.

g) Als Jean weggeht und Peter allein zurücklässt, wird ihm bewusst, wie kaltherzig er gegenüber seinem Freund ist. Vielleicht hat er auch ein schlechtes Gewissen, dass es ihm so gut geht. Das Wort „entschlossen" deutet darauf hin, dass er mit sich gerungen hat, was er tun soll.

Seite 51

11. a) Er schämt sich wahrscheinlich für seine Tat und vor allem dafür, ein ehemaliger Häftling zu sein. Er möchte nicht darüber reden.

b) Er ist unsicher, ängstlich, traut sich nicht, laut zu reden, weil er nicht auffallen und erkannt werden möchte. Er glaubt, die anderen wollen nichts mit ihm zu tun haben.

c) Es ist nicht herzlich und freudig. Es ist eigentlich das Gegenteil von dem, was man unter „Wiedersehen" versteht. Beide haben sich nichts zu erzählen, weil sie unsicher (Peter) oder abwartend (Jean) sind.

12. ... wie problematisch ein Wiedersehen zwischen alten Freunden nach drei Jahren ohne Kontakt zueinander verlaufen kann. Außerdem will sie die Probleme ehemaliger Häftlinge nach ihrer Haftentlassung beschreiben.

13. a) Die Strafe nach Recht und Gesetz ist verbüßt. Nun aber fühlt Peter sich ständig ausgegrenzt. Das Gefühl, geringschätzig behandelt zu werden, ist schlimmer als eine klar umrissene, kalkulierbare Strafe. Noch schlimmer ist es, wenn nicht offen ausgesprochen wird, was jemand denkt und stattdessen andere Dinge vorgeschoben werden. Es ist wie Mobbing, das psychisch krank macht.

b) Individuelle Lösung

Seite 52

14. Möglicher Schreibplan:

Schreibplan

Einleitung:
- In der Kurzgeschichte „Das Wiedersehen" von Gertrud Schneller geht es um ...

Hauptteil:
- Inhaltszusammenfassung
- Peters Situation
- Das Verhältnis der beiden Freunde zueinander
- Bedeutung der Überschrift „Das Wiedersehen"
- Wirkung und Absicht der Autorin

Schluss:
Erläuterung des Zitats mit Stellungnahme und Begründung

Seite 53

15.–17. Möglicher Schülertext zu den Teilaufgaben ❶ und ❷:

In der Kurzgeschichte „Das Wiedersehen" von Gertrud Schneller thematisiert die Autorin die Schwierigkeiten von Straftätern nach ihrer Haftentlassung. Sie haben Schwierigkeiten, mit der wiedergewonnenen Freiheit klarzukommen, fühlen sich abgelehnt und ausgegrenzt.
Aufgeregt betritt Peter ein Café, um seinen ehemaligen Freund Jean zu treffen. Der sitzt genau wie früher hinten in der Ecke und ist fast erschreckt, als er Peter sieht. Er fragt, ob Peter „schon wieder ...". Aber das Wort „entlassen" spricht er nicht aus, denn er will seinen alten Freund nicht verletzen. Peter wirkt ängstlich und spricht leise und vermeidet ebenfalls, über damals zu sprechen. Er nennt sein Vergehen „es" und macht einen reuigen Eindruck. Er fühlt sich von seinen Mitmenschen abgelehnt und empfindet ihr Verhalten als eigentliche, schmerzhaftere Bestrafung. Denn seine damalige Wirtin hat kein Zimmer für ihn und als Jean plötzlich aufbricht, um einen Zug zu erreichen, glaubt Peter, dass auch sein Freund weiteren Kontakt vermeiden will. Einsam bleibt er im Café zurück, als Jean überraschend zurückkehrt und ihm seine Wohnungsschlüssel für eine Übergangszeit überlässt. Peter hat eine dreijährige Haftstrafe abgesessen und versucht nun, in diesem Café offenbar an alte Zeiten anzuknüpfen. Aber so recht gelingt ihm das nicht, denn er vermutet überall um sich herum Misstrauen und Ablehnung. Das glaubt er aus dem Verhalten des Kellners herauszulesen, aus dem Verhalten seiner ehemaligen Wirtin, die kein Zimmer für ihn hat, und aus dem plötzlichen Aufbruch seines alten Freundes Jean. Die Zeit im Gefängnis hat sein Selbstbewusstsein zerstört. Peter fühlt sich gebrandmarkt, von allen erkannt und ausgegrenzt. Keiner spricht offen mit ihm und er hält die Zurückhaltung (zum Beispiel von Jean) für Ablehnung.
Peter vermutet also, dass seinem Freund Jean diese Begegnung unangenehm ist. Jean dagegen weiß nicht so recht, wie er mit Peter umgehen soll. Er vermeidet Äußerungen, die das damalige Geschehen betreffen. Es ist fast so, als ob er mit jemandem spricht, den er nicht verletzen will. Dennoch beweist er echte Freundschaft, als er Peter am Ende die Schlüssel zu seiner Wohnung übergibt. Jean hat nach langem Überlegen erkannt, in welcher schwierigen Situation sich der alte Freund befindet, nicht nur wegen der fehlenden Unterkunft. Im Übrigen zeigt sich, dass er seinen Freund nicht angelogen hat. Peter hatte geglaubt, die Reise sei nur ein Vorwand gewesen. Somit wird deutlich, dass die Ängste Peters zu falschen Wahrnehmungen und Schlussfolgerungen führen und seine Situation erschweren.
Dieses „Wiedersehen" ist kein freudiges Wiedertreffen, bei dem die Gesprächspartner atemlos erzählen, was alles in ihrem Leben passiert ist. Das Gespräch zwischen Peter und Jean ist geprägt von Verlegenheit, Angst, Misstrauen und Peinlichkeit einerseits und von Vorsicht, Rücksichtnahme, Unsicherheit andererseits. Das Gespräch verläuft stockend, ohne Höhepunkte (Lachen, Verwunderung, Nachfragen). Die Autorin möchte mit dieser Kurzgeschichte deutlich machen, wie kompliziert der Neubeginn in Freiheit für einen ehemaligen Häftling sein kann. Mit der Entlassung ist

es nicht getan. Peter muss den normalen Umgang mit den Menschen erst wieder erlernen. Ihm fehlt Selbstbewusstsein, das muss wieder hergestellt werden. Ein Freund wie Jean ist dabei sehr hilfreich. Das Zitat drückt aus, dass eine Haftstrafe mehr bedeutet als nur für eine gewisse Zeit im Gefängnis zu sitzen. Viel schlimmer ist der psychische Aspekt. Die Angst vor der Verachtung durch andere kann ein Leben lang andauern. Ehemalige Häftlinge werden gemieden, es wird über sie geredet, sie stehen ständig unter Stress – privat wie im Beruf. Natürlich trifft das nicht auf jeden ehemaligen Häftling zu, aber wahrscheinlich doch auf viele. Ich stimme der Aussage von Peter zu, dass die wirkliche Strafe erst nach dem Gefängnisaufenthalt kommt. Es ist ähnlich wie beim Mobbing. Ein Mensch ist ständig das Ziel von Angriffen und kann sich nicht wehren. Meiner Ansicht nach ist es verständlich, dass Peter empfindlich auf seine Mitmenschen reagiert und genau beobachtet, wie sie sich ihm gegenüber verhalten. Das ist ein gewisser Schutzmechanismus. Allerdings darf er es nicht übertreiben. Manchmal deutet er das Verhalten anderer vielleicht falsch. In dieser Geschichte hat er das Glück, dass ihm sein Freund Jean hilft, obwohl Peter zunächst davon ausgeht, dass auch Jean ihn ablehnt.

B 8 Schreibaufgabe zu einem Gedicht in sechs Schritten bearbeiten

Seite 54

2. Die erste Aufgabe ist es, eine Einleitung für das Gedicht zu formulieren, in der Titel, Autorin, Textart und Thema benannt sind. Der Inhalt des Gedichts soll in eigenen Worten zusammengefasst werden. Daraufhin muss ich die Wirklichkeit, um die es im Text geht, beschreiben und mithilfe der Form und Sprache erläutern, warum die Wirklichkeit so dargestellt wird. In der zweiten Aufgabe soll ich meine Meinung dazu äußern, ob die im Gedicht dargestellte Wirklichkeit realistisch erscheint.

3. – Zukunft
   – Darstellung eines Traumes oder Wunsches
   – ein Ziel
   – hört sich nach dem Beginn einer Erzählung an

5. In dem Gedicht geht es um eine Zukunftsvision, in der ein Vater mit seinem Sohn durch die Straßen geht, die nach der Technisierung alles Natürliche verloren haben. Sie sind durch Glas von der Umwelt abgeschottet. Am Ende muss der Vater dem Sohn erklären, was ein Baum ist, denn dieser Baum scheint der einzige seiner Art zu sein, weil er unter Glas abgeschottet ist.

6. Die Autorin stellt eine Zukunftsvision von der „schönen neuen Welt" dar, in der zwar alles von Technik bestimmt ist, doch in der die Natur keinen Platz hat.
   In dieser Welt sind die Straßen glasüberdeckt, das Spielzeug ist mechanisch, in Cafés wird Elektronik-Musik gespielt und die Nahrungsmittel sind künstlich. Ein Vater und sein Sohn gehen durch diese Straßen, bis sie in einem Gebäude sind, durch dessen Drehtür sie eintreten. In diesem Gebäude scheint Vergangenes ausgestellt zu sein, und der Vater zeigt dem Sohn einen seltenen Baum, der unter Glas geschützt wird. Er weist besonders auf diesen Baum hin.

Seite 56

7./8. Anmerkungen zum Gedicht:
Eines Tages *von Ilona Bodden*
siehe S. 12 im Lösungsheft

Seite 57

9. a) Das moderne Gedicht „Eines Tages ..." wurde im Jahre 1990 in der Zeitschrift „Praxis Deutsch", Heft 99, S. 31 veröffentlicht. Die Autorin ist Ilona Bodden. Bodden stellt darin ihre Zukunftsvision von einer „schönen neuen Welt" vor, in der zwar alles technisch orientiert ist, doch die Folgen der Umweltbelastung haben dazu geführt, dass in dieser Welt keine Natur existiert und alles künstlich ist. Ein Baum ist dementsprechend etwas Seltenes und wird im Gedicht wie ein Museumsgegenstand behandelt.
   b) Nach dem ersten Lesen hat man als Leser den Eindruck, dass eine Alltagssituation dargestellt wird. Trotzdem macht einen diese merkwürdige Welt nachdenklich, denn sie unterscheidet sich aufgrund der Technisierung und des Fortschritts deutlich von unserem heutigen Alltag: Natur ist selten und die Menschen wirken wie Roboter in einer künstlichen Welt. Auf mich wirkt die Darstellung eher finster und farblos, strahlt irgendwie Einsamkeit aus.
   c) Bodden will darauf hinweisen, dass unsere Zukunft so aussehen könnte, wenn wir weiterhin die Umwelt verschmutzen und die Natur zerstören.
   Es werden nicht viele Gefühle der Personen deutlich. Die Welt wirkt eher monoton und trist, fast sachlich. Dadurch wirkt der Alltag farblos und die Menschen erscheinen einsam, denn alles ist künstlich und emotionslos.
   d) In ihrem Gedicht hat Ilona Bodden ganz bewusst auf traditionelle Gedichtformen verzichtet, denn der Fokus liegt auf dem Inhalt, und es geht um eine „moderne" Zukunft. Somit passt ein modernes Gedicht ohne traditionelle Formen wie Reim und Metrum besser dazu. Das Gedicht besteht aus lediglich einer Strophe mit 27 Versen. Ein Reimschema ist nicht zu erkennen, sodass das Gedicht wie eine Erzählung wirkt. Der Text ist formal in drei Abschnitte zu unterteilen, was jeweils durch die Anapher „Und er wird ..." (V. 14 und 22) deutlich wird. Daher entsteht der Eindruck von drei Strophen.

Seite 58

   e) Gleich zu Beginn im ersten Vers leitet die Autorin mit einer Wiederholung der Überschrift „Eines Tages ..." (V. 1) das Gedicht ein. So entsteht der Eindruck, als wolle sie eine Zukunftsvision, von der sie sehr sicher ist, dass sie eintreten wird, entwerfen. Gleichzeitig wirkt dieser Anfang wie der Beginn einer Erzählung. Dieser Eindruck wird von der Form des Gedichts gestützt, denn die Autorin verzichtet bewusst auf traditionelle Gedichtformen, da das Gedicht lediglich aus einer Strophe mit 26 Versen besteht. Ein Reimschema ist nicht erkennbar und die Zeilensprünge verbinden die Verse wie bei einer Erzählung. Außerdem zeigt

Eines Tages,	→ *irgendwann in naher Zukunft = Zukunftsvision / Wiederholung der Überschrift, wie ein Märchen*
wird der Vater seinen Sohn bei der Hand nehmen.	→ *Verb im Futur / zwei Generationen, Alltagsszene / keine Namen genannt = Übertragbarkeit auf andere Menschen*
Er wird mit ihm	→ *Zeilensprünge verbinden Verse; wie erzählender Text*
durch die glasüberdeckten Straßen gehen,	→ *keine Natur / Umwelt wirkt abgeschottet durch Glas; hygienisch rein, kein Schmutz, wie Museum*
an Schaufenstern stehen bleibend	→ *Welt hinter Glas zum Anschauen und Bewundern*
mit mechanischem Spielzeug	→ *nichts Natürliches, von Technik bestimmt / wie Roboter*
wird er vielleicht	→ *mögliches Handeln der beiden*
die Schnellbahn benutzen	→ *Technisierung; Alltag ist geprägt durch Bequemlichkeit*
und unter den Rhythmen von Elektronik-Musik	→ *wiederum nichts Natürliches / Computerwelt*
in einem kleinen Café	→ *Teile der ursprünglichen Welt der Vergangenheit sind übrig geblieben*
künstliche Nahrungsmittel genießen,	→ *Natur scheint völlig verloren; selbst Lebensmittel sind künstlich*
regenbogenfarbenen Schaum	→ *interessante Nahrungsmittel / wirken aber völlig unnatürlich = unbekannte Lebensmittel = Kontrast zum kleinen Café*
irgendwelcher Substanzen.	→ *Menschen wissen selbst nicht, was sie zu sich nehmen*
Und er wird,	→ *Anapher leitet neuen Abschnitt ein*
durch fremde Gifte in seinem Blut seltsam angeregt,	→ *unbekannte Substanzen haben Einfluss auf die Stimmung des Mannes*
mit seinem Sohn das Café verlassen	
und durch die staubfreien, glasüberdeckten Straßen	
davongehen	→ *wiederum Zeilensprünge die das Gedicht als Erzählung wirken lassen / hygienisch reine, von der Umwelt abgeschottete Umwelt*
bis zu einem Gebäude,	→ *Ziel der Wanderung von Vater und Sohn*
aus dessen Drehtür	→ *Hinweis auf Vergangenes*
der Atem der Jahrtausende weht.	→ *einzige Metapher = Betonung / Anzeichen für Geschichte, Vergangenheit; Gebäude wirkt als Überbleibsel aus alten Zeiten*
Und er wird dort umhergehen,	→ *Handlung wie im Museum*
seinem Sohn dies und jenes weisend,	→ *Mann gibt seine Kenntnisse an seinen Sohn weiter*
und endlich	→ *Adverb zeigt an, dass beide darauf gewartet haben*
unter einem Glassturz (Berühren verboten)	→ *verborgen und geschützt wie in einer Vitrine = Museum; eingeschobener Kommentar wie bei einem Hinweisschild*
zeigen:	→ *nicht berühren, nur anschauen*
Sieh mal! Ein Baum ...	→ *deutlicher Hinweis des Vaters an den Sohn, wie wörtliche Rede / Baum ist etwas Einzigartiges, das ausgestellt wird / einziges Lebewesen, das aus der Natur übrig geblieben ist?*
	→ *eine Strophe, 27 Verse, kein Reimschema*
	→ *wie Erzählung; Inhalt wichtiger als Form; dreimal ähnliche Satzanfänge = drei Teile: V. 1 – V. 13 / V. 14 – V. 21 / V. 22–27*

Fortsetzung von Seite 11:

die Form, dass der Fokus auf dem Inhalt liegt. Inhalt und Form entsprechen einander auch insoweit, dass beide modern erscheinen.

Die verwendete Anapher „Und ..." (V. 14, 22) zeigt eine inhaltliche Struktur auf. Dadurch lässt sich das Gedicht in drei Abschnitte teilen, die eine Entwicklung angeben, da deutlich wird, dass der Vater und der Sohn die Orte wechseln. Das Ziel ist ein Gebäude, das sich aufgrund der Beschreibung von den anderen abhebt, da es an vergangene Zeiten erinnert. Auffällig ist hier die Metapher „... aus dessen Drehtür der Atem der Jahrtausende weht." (VV. 20–21). Die „Drehtür" steht für den Wandel, für die Veränderungen im Alltag der Menschen und ist gleichzeitig ein Überbleibsel aus der Vergangenheit. Der Ausdruck „Atem der Jahrtausende" soll zeigen, dass die Menschen und ihre Taten über die Jahre zu diesem Wandel geführt haben.

f) Die Autorin stellt zwei Rollenfiguren dar: Vater und Sohn (V. 2). Da sie keine konkreten Namen verwendet und auch keinen Ort vorgibt, sind die Handlungen sowie das Verhalten der beiden auf viele Menschen übertragbar. Zudem stellen beide zwei verschiedene Generationen dar: Der Vater gibt sein Wissen an den Sohn weiter und klärt ihn über die Vergangenheit auf.

g) Durch die Darstellung dieser technischen Alltagswelt der Zukunft möchte Ilona Bodden darauf aufmerksam machen, dass wir Menschen die Natur zerstören und dass das Leben in der Zukunft von uns beeinflusst wird, denn die dargestellte Umwelt wirkt zwar hygienisch rein und sicher und die Menschen leben ganz ähnlich wie in diesen Zeiten, doch insgesamt wirkt der Alltag ohne Natur eher farblos und monoton.

10. Mögliche Schülermeinung:
Ich denke, diese Darstellung einer Zukunftsvision erscheint realistisch, weil:
- alles immer unnatürlicher und mechanischer wird,
- das Leben der Menschen auf Technologie basiert, auf die sie nicht verzichten wollen,

- sich der unser Alltag am Konsum orientiert,
- die Menschen Natur und Umwelt zerstören,
- Kritik am Verhalten aller Menschen angebracht ist („der Atem der Jahrtausende ...", V. 21).

Seite 59

11. Möglicher Schreibplan:

Schreibplan

Einleitung:
- modernes Gedicht „Eines Tages..." von Ilona Bodden
- veröffentlicht in der Zeitschrift „Praxis Deutsch", Heft 99, 1990, S. 31
- Thema: Zukunftsvision einer „schönen neuen Welt", in der zwar alles von Technik bestimmt ist, doch in der die Natur keinen Platz hat

Hauptteil:

- Vater und Sohn, zwei verschiedene Generationen, wandern durch die Straßen ihrer Stadt
- Alltag ist hoch technisiert, hygienisch rein, wirkt strukturiert, aber für die Natur ist kein Platz, lediglich ein Baum ist in einem alten Gebäude unter Glas zu besichtigen
- Erklärung dazu, warum die Wirklichkeit so dargestellt wird: modernes Gedicht ohne traditionelle Formen; Stilmittel: Anaphern bewirken Dreiteilung; Metapher weist auf Vergangenheit hin, Drehtür als Chiffre für Veränderungen ...

Schluss:
- Darstellung der Wirklichkeit wirkt realistisch, da Umweltzerstörung, Kosumorientierung, Technisierung ...

Seite 60/61

12.–15. Möglicher Schülertext zu den Teilaufgaben ❶ und ❷:

Das moderne Gedicht „Eines Tages ..." von Ilona Bodden wurde 1990 in „Praxis Deutsch", Heft 99, S. 31 veröffentlicht. Die Autorin stellt darin ihre Zukunftsvision von einer „schönen neuen Welt" vor, in der zwar alles technisch orientiert ist, doch die Folgen der Technisierung und Umweltbelastung dazu geführt haben, dass keine Natur mehr existiert und alles künstlich ist. Ein Baum ist dementsprechend etwas Seltenes und wird im Gedicht wie ein Museumsgegenstand behandelt.
Vermutlich will Bodden darauf hinweisen, dass unsere Zukunft so aussehen könnte, wenn wir weiterhin die Umwelt verschmutzen und die Natur zerstören. Es werden nicht viele Gefühle der Personen deutlich. Die Welt wirkt eher monoton und trist, fast sachlich. Dadurch wirkt der Alltag farblos und die Menschen erscheinen einsam, denn alles ist künstlich und emotionslos.
In dieser Welt sind die Straßen glasüberdeckt, das Spielzeug ist mechanisch, in Cafés wird Elektronik-Musik gespielt und die Nahrungsmittel sind künstlich. Ein Vater und sein Sohn gehen durch diese Straßen, bis sie in einem Gebäude sind, durch dessen Drehtür sie eintreten. In diesem Gebäude scheint Vergangenes ausgestellt zu sein, und so zeigt der Vater dem Sohn einen seltenen Baum, der unter Glas geschützt steht. Er weist besonders auf diesen Baum hin. Anhand der Beschreibungen ihrer Handlungen und der Dinge, die sie sehen und die ihnen begegnen, entsteht der Eindruck, dass ihr Alltag von der Technologie bestimmt wird, alles unnatürlich ist und sie von der Umwelt abgeschottet sind
Die Wirklichkeit wird als eine künstliche und unnatürliche dargestellt, in der die Natur nicht mehr so existiert, wie wir sie heute kennen.
Gleich zu Beginn im ersten Vers leitet die Autorin mit einer Wiederholung der Überschrift „Eines Tages ..." (V. 1) das Gedicht ein. So entsteht der Eindruck, als wolle sie eine Zukunftsvision entwerfen, von der sie sehr sicher ist, dass sie eintreten wird. Gleichzeitig wirkt dieser Anfang wie der Beginn einer Erzählung. Dieser Eindruck wird von der Form des Gedichts gestützt, denn die Autorin verzichtet bewusst auf traditionelle Gedichtformen, da das Gedicht lediglich aus einer Strophe mit 27 Versen besteht. Ein Reimschema ist nicht erkennbar, und die Zeilensprünge verbinden die Verse wie bei einer Erzählung. Außerdem zeigt die Form, dass der Fokus auf dem Inhalt liegt. Inhalt und Form entsprechen einander auch insoweit, dass beide modern erscheinen.
Die verwendete Anapher „Und ..." (V. 14, 22) zeigt eine inhaltliche Struktur auf. Dadurch lässt sich das Gedicht in drei Abschnitte teilen, die eine Entwicklung angeben, da deutlich wird, dass der Vater und der Sohn die Orte wechseln. Das Ziel ist ein Gebäude, das sich aufgrund der Beschreibung von den anderen abhebt, da es an vergangene Zeiten erinnert. Auffällig ist hier die Metapher „... aus dessen Drehtür der Atem der Jahrtausende weht." (VV. 20–21). Die „Drehtür" steht für den Wandel, für die Veränderungen im Alltag der Menschen und ist gleichzeitig ein Überbleibsel aus der Vergangenheit. Der Ausdruck „Atem der Jahrtausende" soll zeigen, dass die Menschen und ihre Taten über die Jahre zu diesem Wandel geführt haben.
Die Autorin stellt zwei Rollenfiguren dar: Vater und Sohn (V. 2). Da sie keine konkreten Namen verwendet und auch keinen Ort vorgibt, sind die Handlungen sowie das Verhalten der beiden auf viele Menschen übertragbar. Zudem stellen beide zwei verschiedene Generationen dar: Der Vater gibt sein Wissen an den Sohn weiter und klärt ihn über die Vergangenheit auf.
Durch die Darstellung dieser technischen Alltagswelt der Zukunft möchte Ilona Bodden darauf aufmerksam machen, dass wir Menschen die Natur zerstören und dass das Leben in der Zukunft von uns beeinflusst wird, denn die dargestellte Umwelt wirkt zwar hygienisch rein und sicher und die Menschen leben ganz ähnlich wie in diesen Zeiten, doch insgesamt wirkt der Alltag ohne Natur eher farblos und monoton.
Eine solche Zukunftsvision halte ich für realistisch, da wir Menschen mit unserer Konsumgier nicht aufhören, die Umwelt zu zerstören. Unser Leben basiert auf Technologie. Wir haben uns sehr viel aufgebaut und müssten radikale Änderungen vornehmen und auch auf vieles verzichten, um eine Klimakatastrophe zu verhindern oder zumindest zu verzögern. Jedoch scheint es so, als würde dies nicht passieren, weil die Menschen nicht auf ihre Bequemlichkeiten verzichten möchten.
Somit halte ich das Gedicht für eine angebrachte Kritik an den Menschen und empfinde es als einen indirekten Aufruf, eine Zukunft wie die dargestellte zu verhindern.

C Prüfungsaufgaben zum Themenbereich „Recht und Gerechtigkeit"

C 1 Leseverstehen: Menschenrechte – Grundrechte – Bürgerrechte

Seite 63

1. a) trifft zu, b) trifft zu, c) trifft zu, d) trifft nicht zu

Seite 64

2. Gliederung

	Abschnitt	Zeilen	Zwischenüberschrift
a)	1	Z. 1–22	Geschichte der Menschenrechte
b)	2	Z. 23–54	Die Menschenrechte sind naturgegeben
c)	3	Z. 55–69	Grundrechte sind Menschenrechte in einer Verfassung
d)	4	Z. 70–82	Bürgerrechte sind Grundrechte in einer Verfassung
e)	5	Z. 83–117	Das Recht auf informelle Selbstbestimmung

3. a) trifft zu, b) trifft zu, c) trifft nicht zu, d) trifft nicht zu

4. mögliche Begründungen:
   a) Im Text werden Menschenrechte in verschiedenen Formen behandelt, nicht Vorurteile.
   b) Die Karikatur zeigt ein häufig anzutreffendes Vorurteil gegenüber Menschen anderen Aussehens (Hautfarbe).
   c) Im Text gibt es keine Kritik an den Menschenrechten.
   d) Bei dem Recht auf informelle Selbstbestimmung geht es um Datenschutz, dies wird in der Karikatur überhaupt nicht angesprochen.

Seite 65

5. a), b) und c) passen zum Text.

6. a) und b) sind richtig.

7. b), c) und d) sind richtig.

8. Mögliche Menschenrechte mit Beispielen:
   - Das Recht auf Leben: Es gibt schwere Strafen per Gesetz z. B. bei Mord, in Deutschland gibt es keine Todesstrafe.
   - Das Recht auf Glaubens- und Meinungsfreiheit: Jeder darf seine Meinung sagen, solange er niemanden beleidigt. Alle Parteien und Religionsgemeinschaften werden geduldet, solange sie sich nicht staatsfeindlich verhalten.
   - Die Gleichheit vor dem Gesetz: Jeder kann vor Gericht auf sein Recht klagen.
   - Die Gleichheit von Mann und Frau: Gleiche Chancen für beide Geschlechter im Beruf, in Ehe und Familie. Jeder kann den Beruf ergreifen, den er möchte. Frauen haben die gleichen Rechte wie Männer, dies war bis ins 20. Jahrhundert nicht der Fall. (Das Frauenwahlrecht wurde in Deutschland erst 1918 nach dem 1. Weltkrieg eingeführt.)

Seite 66

9. b) ist falsch.

10. c) und d) sind richtig.

11. Mögliche Begründung:
    Ja, ich finde die Überschrift passend, weil sie ganz deutlich macht, dass es im Text um die verschiedenen Begriffe geht, die gegenübergestellt werden sollen und damit erklärt werden.

Seite 67

12. Mögliche Stellungnahme:
    Dem Satz „Was helfen den Menschen in Afrika die Menschenrechte, wenn sie verhungern" kann ich nur beipflichten, denn in diesem Fall helfen die Menschenrechte beim Kampf ums Überleben nicht. Aber der Satz enthält für uns, das heißt für alle Nationen und Menschen, die Verpflichtung, denen zu helfen, denen es nicht gut geht. Im Text steht, dass die Menschenrechte für alle gelten und naturgegeben sind, also müssen wir in Afrika dafür sorgen, dass das Menschenrecht auf Leben auch dort möglich ist. Wir müssen noch viel mehr in der Entwicklungshilfe tun und den Menschen helfen, die dort verhungern. Auch die anderen Menschenrechte in Afrika müssen umgesetzt werden, damit Diktaturen und Gewaltherrschaft beendet werden.

13. Mögliche Begründung:
    Ja, ich bin dieser Meinung, weil auch mir bei einem solch schwierigen Thema die verständlichen Beispiele fehlen. Mit Beispielen, die ich kenne, würde mir vieles deutlicher werden. Besonders im Teil der informellen Selbstbestimmung, wo es um Daten und Computer geht, hätte ich gern noch genauer gewusst, was der Staat an Daten speichern darf und was nicht.

    Nein, ich bin nicht dieser Meinung, denn im Text geht es um die Erklärung von Begriffen, die oft in Zeitungen und im Fernsehen vorkommen. Diese Begriffe werden kurz und knapp erklärt. Ich konnte weiß nun, was sie bedeuten, wenn ich sie höre bzw. lese. Das ist der Sinn dieses Textes.

C 2 Aufgabentyp 2: Jugendkriminalität

Seite 70

2. Adressat: Mitschülerinnen und Mitschüler (Leser der (Schülerzeitung)
   - Situation/Thema: Bericht für die Schülerzeitung → Problem Jugendkriminalität
   - Schreibziel: Mitschülerinnen und Mitschüler in der Schülerzeitung über das Problem Jugendkriminalität informieren

   Mögliche Mindmap:
   siehe unten

Seite 71

3. Möglicher Schreibplan

Schreibplan

(1) a) Überschrift: Wird unsere Jugend zunehmend kriminell?

(1) b) Einleitung:
- Bericht in Schülerzeitung nach Praktikum bei der Polizei
- Zahlenbeispiel aus M4 (mehr als jede vierte Gewalttat wird durch einen Tatverdächtigen unter 18 Jahren begangen)
- Fakten aus M2 (2006: 105.902 verurteilte Jugendliche)

Hauptteil:

(1) c) Beschreibung häufiger Delikte Jugendlicher: Nach dem Jugendstrafrecht verurteilte (2006): 30,3 %: Sachbeschädigung und einfacher Diebstahl, 26,3 %: Körperverletzung, 18,2 %: schwerer Diebstahl, Raub und Erpressung

(1) d) Faktoren für kriminelles Verhalten: Gewalt in der Familie, Schläge und Missbrauch spielen eine große Rolle. Weitere Faktoren sind Gruppenzwang, Perspektivlosigkeit und die Gewöhnung an Brutalität. Die Faktoren sind vielfältig und nicht einfach zu benennen.

Schluss:

(1) e) Maßnahmen gegen Jugendkriminalität: Menschen kommen aus dem Gefängnis nicht weniger kriminell heraus. Aber: Warnschussarrest als Abschreckung wird vorgeschlagen. Wichtig sind Unterstützung, Halt und Orientierung, Bestätigung und Anerkennung. Die Familie spielt eine wichtige Rolle.

(1) f) verwendete Materialien: M1, M2, M3, M4, M5

Mindmap: Informativer Text zum Thema „Jugendkriminalität"

Jugendkriminalität

1 b) Einleitung (Problem aufzeigen)
- M2: 105.902 verurteilte Jugendliche (2006)
- M4: jede vierte Gewalttat durch einen Tatverdächtigen unter 18 J. (Z. 11–13)

1 c) häufige Delikte Jugendlicher (mit Angaben)
- M1: Graffiti sprayen ist auch eine Straftat (Angaben fehlen)
- M2: Sachbeschädigung, einfacher Diebstahl (30,3%) Körperverletzung (26,3%) schwerer Diebstahl, Raub, Erpressung (18,2%)
- M4: Sachbeschädigung, Bedrohung, Nötigung, …

Daran muss ich denken:
- Materialsichtung: M2 und M4 → wichtig
- Textplanung: wichtige Informationen markieren, Randbemerkungen notieren Mindmap angelegen, Schreibplan schreiben
- Textformulierung: schülernah schreiben, für die Einleitung: Zahlen und Fakten aus M2 und M4, provozierende Behauptung aufstellen (→ Aufmerksamkeit)
- verwendete Materialien notieren: M1, M2, M3, M4, M5

1 d) Faktoren für kriminelles Verhalten
- M4: Gewalt in der Familie, Gruppenzwang, Gewöhnung an Brutalität, Perspektivlosigkeit
- M5: Schläge, Missbrauch, Enttäuschung

1 e) Maßnahmen gegen Jugendkriminalität
- M3: Warnschussarrest
- M4: Halt und Orientierung: Familie spielt zentrale Rolle
- M5: Bestätigung, Anerkennung → soziale Nähe

4. Möglicher Schülertext:

❶ Wird unsere Jugend zunehmend kriminell?

Wusstet ihr, dass jede vierte Gewalttat durch einen Tatverdächtigen unter 18 Jahren verübt wird? Im Rahmen meines Praktikums bei der Polizei bin ich mit dem Problem der Jugendkriminalität in Berührung gekommen. Dabei ist mir deutlich geworden, dass Jugendkriminalität auch in der Schule ein wichtiges Thema sein muss. Immerhin wurden 105.902 Jugendliche im Jahr 2006 nach dem Jugendstrafrecht verurteilt. In dem folgenden Text werde ich versuchen, die Ursachen für kriminelles Verhalten bei Jugendlichen zu beleuchten und Auswege aufzuzeigen.
Die häufigsten Delikte Jugendlicher zwischen 14 und 17 Jahren sind Sachbeschädigung und Diebstahl. Im Jahr 2006 wurden 30,3 % der nach dem Jugendstrafrecht Verurteilten wegen Sachbeschädigung und einfachen Diebstahls verurteilt. Übrigens, auch das Graffiti-Sprayen ist eine Straftat und fällt unter das Delikt „Sachbeschädigung". Im gleichen Jahr wurden 26,3 % wegen Körperverletzung verurteilt und 18,2 % wegen schweren Diebstahls, Raub und Erpressung. Aufrüttelnde Zahlen, vor allem, wenn man dabei bedenkt, dass niemand gleich beim ersten Mal verurteilt wird.
Was ist der Grund für dieses Verhalten einiger Jugendlicher? Polizeihauptkommissar Peter Kraft ist Kontaktbeamter für Gewaltprävention und viel in Schulen unterwegs. Er sagt, dass es verschiedene Faktoren gibt. Eine zentrale Rolle würde die Familie spielen. Wer als Kind erlebt hat, wie alle Konflikte nur mit verbaler Aggression (Beleidigungen, Tadel, Beschimpfungen) und Schlägen „gelöst" werden, hat nicht gelernt, Konflikte gewaltfrei zu klären und wird es genau so tun. Hinzu kommen vielleicht seelische Beschädigungen durch Enttäuschungen, Ablehnungen oder Missbrauch. Gewalttätiges Verhalten wird auch durch Gruppenzwänge und Perspektivlosigkeit gefördert. Außerdem kann man sich durch den dauernden Konsum gewaltverherrlichender Medien auch an Brutalität gewöhnen.
Wie kann man der Kriminalität von Jugendlichen vorbeugen? Herr Polizeihauptkommissar Peter Kraft sagt, dass die Jugendlichen in erster Linie Halt und Orientierung bräuchten. Dabei ist vor allem die Familie ganz wichtig. Hier werden die Grundlagen für ein gutes Sozialverhalten gelegt. Dazu gehören Zuwendung, Lob, Bestätigung und Anerkennung. Die Jugendlichen brauchen aber auch ein gutes Umfeld und Perspektiven. Allerdings, und das muss auch gesagt werden, sind klare Regeln und Konsequenzen, wenn etwas passiert ist, auch wichtig. Der Sozialarbeiter Ahmed Sari plädiert für einen frühen „Warnschussarrest", damit der Jugendliche die Folgen seines Handelns zu spüren bekommt. Das, so sagt er, kann abschreckend und heilsam sein.

Für meinen informativen Text habe ich die folgenden Materialien verwendet: M1, M2, M3, M4 und M5.

C 3 Aufgabentyp 2: Unrecht im Internet

Seite 74

2. – <u>Adressat:</u> Mitschülerinnen und Mitschüler (Leser der Schülerzeitung)
   - <u>Situation/Thema:</u> Zunehmende Abzocke im Internet, Ansprechpartner für ratlose Schüler
   - <u>Schreibziel:</u> Leser der Schülerzeitung über Gefahren und Schutzmaßnahmen im Internet informieren

Tabelle: siehe Seite 17 im Lösungsheft

Seite 75

3. Möglicher Schreibplan

Schreibplan

❶ a) <u>Überschrift</u>: Im Internet ist nichts umsonst

❶ b) <u>Einleitung</u>:
- Bericht in der Schülerzeitung, viele Mitschülerinnen und Mitschüler bitten um Rat
- Gratisangebote locken (M 1)

<u>Hauptteil</u>:
❶ c) Die Gefahren im Internet: Einschätzung der Gefahren von Jugendlichen (M 4), Abzocke wird am häufigsten genannt; hinter Gratis-Angeboten verstecken sich häufig Kosten, wichtige Angaben sind oft leicht zu übersehen
❶ d) Mögliche Folgen der Gefahren: Man hat unwissentlich ein teures Abo abgeschlossen, Mahnungen und Anwaltsdrohungen kommen, man fühlt sich hilflos.

<u>Schluss</u>:
❶ e) Schutzmaßnahmen: die AGBs und das Impressum lesen, keine persönlichen Daten preisgeben; wenn es schon zu spät ist: nicht bezahlen, die Verbraucherzentrale einschalten.

❶ f) verwendete Materialien: M 1, M 2, M 3, M 4, M 5

4. Möglicher Schülertext:

❶ Im Internet ist nichts umsonst

Immer wieder fragen mich Mitschülerinnen und Mitschüler um Rat, weil sie im Internet an unseriöse Anbieter geraten sind, die sie gnadenlos „abzocken" wollen. Es wird mit Gratisangeboten gelockt, man glaubt den Versprechungen und schon flattert ein paar Tage später eine saftige Rechnung ins Haus. Im folgenden Artikel möchte ich euch über einige Gefahren im Internet aufklären. Jeder von euch kennt bestimmt jemanden, der bereits in die SMS-Falle getappt ist. Um dies zu vermeiden, werde ich euch auch einige Schutzmaßnahmen erklären.
Als größte Gefahr im Internet nennen Jugendliche, laut JIM-Studie 2010, die Abzocke. Viele Anbieter geben sich seriös als Helfer in allen Lebenslagen aus und bieten gratis z. B. Horoskope, kostenlose SMS und Hausaufgabenhilfe an. Sehr oft verbergen sich dahinter versteckte Abonnements. Man setzt ein Häkchen zu viel, schon ist man in einen teuren Vertrag gerutscht und erhält ein paar Tage später nichtsahnend eine hohe Rechnung. Mahnungen und Androhungen von Gerichtsverfahren lassen meist

auch nicht lange auf sich warten. Der verschreckte Internetnutzer wird so schnell eingeschüchtert und bezahlt lieber, anstatt sich noch mehr Ärger einzuhandeln.
Nicht ungefährlich sind auch Bekanntschaften über das Internet. Du weißt nicht wirklich, wer am anderen Ende der Leitung sitzt. Es ist also größte Vorsicht geboten im Umgang mit deinen persönlichen Daten.
Vor versteckten Kosten und Abos kannst du dich schützen, indem du die gesamte Seite bis ans Ende hinunter scrollst und vor allem das Kleingedruckte liest. Öffne stets die Allgemeinen Geschäftsbedingungen (AGB). Wenn von Vertragslaufzeiten und Kündigungsfristen die Rede ist, scheint es sich um eine vertragliche Bindung zu handeln, die mit Kosten verbunden ist. Schaue dir auch das Impressum an. Hat der Anbieter seinen Firmensitz im Ausland, kann es schwierig werden, seine Rechte durchzusetzen. Überlege stets genau, wo du ein Häkchen setzt.
Und wenn du doch in die Kostenfalle tappst, keine Panik, sprich mit deinen Eltern und wende dich an die Verbraucherzentrale. Die sind mit dem Problem bestens vertraut und können dir und deinen Eltern mit Rat und Tat zur Seite stehen – kostenlos.

Zum Verfasssen meines Schülerzeitungsartikels habe ich die Materialien M 1, M 2, M 3, M 4 und M 5 herangezogen.

Tabelle: Informativer Text zum Thema „Gefahren und Schutzmaßnahmen im Internet“

Aufgaben / Material	**1 b) Einleitung (Problem aufzeigen)**	**1 c) Gefahren im Netz**	**1 d) Folgen**	**1 e) Schutzmaßnahmen**	**Daran muss ich denken:**
M 1	– es wird mit Gratisangeboten gelockt	– versteckte Kosten hinter Gratisangeboten – wichtige Angaben sind leicht zu übersehen	– Mahnungen – Drohungen mit einem Anwalt	– nicht bezahlen – Verbraucherzentrale einschalten	<u>Materialsichtung:</u> M 1 bietet sich gut für die Einleitung an, alle Materialien sind nutzbar <u>Textplanung:</u> wichtige Informationen markiert, Randbemerkungen, Tabelle angelegt, Schreibplan geschrieben <u>Textformulierung:</u> Adressaten interessieren und betroffen machen, praktische Beispiele aus dem Alltag suchen, mit „Binsenweisheit“ als Überschrift beginnen <u>Verwendete Materialien:</u> M 1, M 2, M 3, M 4, M 5
M 2	-------	– absichtliche Täuschung	– gefährliche Leute treffen	-------	
M 3	-------	– Gewinnspiele	– Rechte schwer durchzusetzen, wenn Anbieter im Ausland sitzt	– AGBs lesen – keine persönlichen Daten angeben – Impressum lesen	
M 4	-------	– Abzocke/ Betrug (M: 40 %, J: 49 %), Viren (M: 29 %, J: 55 %), Datenklau (M: 33 %, J: 23 %)	-------	-------	
M 5		– schnell das falsche Kästchen aktiviert – Kostenfallen (Gratis-SMS, Horoskope, Hausaufgabenhilfen) im Netz – versteckte, teure Abos	– teure Abos abgeschlossen	– Verbraucherzentrale einschalten – sie geht, wenn es nötig ist, vor Gericht	

C 4 Aufgabentyp 4a: Bertolt Brecht: Der Augsburger Kreidekreis

Seite 77

1. Arbeitsschritt 3: Woran denkst du bei dem Titel?
   Die Überschrift „Der Augsburger Kreidekreis" nennt lediglich die Stadt Augsburg und dass es um einen Kreidekreis geht. Der Titel ist sehr sachlich.

2. Teil 1, Z. 1–8: Die Magd Anna rettet das Kind und nimmt es bei sich auf.
   Teil 2, Z. 9–30: Der Richter erklärt, dass er die „rechte Mutter" finden will.
   Teil 3, Z. 31–47: Die Probe wird vorbereitet.
   Teil 4, Z. 48–88: Die Probe
   Teil 5, Z. 88–101: Die Entscheidung des Richters

3. Z. 94/95: „Und er nickte Anna zu ..."
   Z. 99–101: „... daß der Richter, als er der Frau (...) das Kind zusprach, mit den Augen gezwinkert habe."

Seite 78

4. Er ärgert sich darüber, dass die zwei Frauen sich um ein Kind streiten, ohne an das Wohl des Kindes zu denken.

5. Die Geschichte ist spannend, weil die Zuschauer (und auch die Leser) sich nicht vorstellen können, wie ein einfacher Richter diese komplizierte Frage lösen will. Hinzu kommt noch die merkwürdige Probe mit dem Kreidekreis.

6. Der Richter vertraut auf das wahre mütterliche Gefühl für das Kind, das nur die Magd Anna haben kann, da sie das Kind wie ihr eigenes aufgezogen hat. Deshalb ist es gerade nicht das feste Ziehen an dem Kind, das hier den Ausschlag gibt.

7. Perspektive: auktorialer Erzähler gibt eine sachliche Darstellung
   Zeit- und Ortsangabe: Stadt Augsburg, Dreißigjähriger Krieg sowie die Namen der Frauen; diese Angaben vermitteln Überprüfbarkeit
   umgangssprachliche Ausdrücke: „Schufte", „... daß beide wie gedruckt lügen ...", „... fing an zu heulen ...", „... das Geplärr ...", „Schlampe". Dadurch wirkt die Sprache natürlich und wirklichkeitsnah (und die Geschichte auch).

8. Der Autor will unterhalten und belehren.
   Die Geschichte ist einerseits interessant und spannend (Wie löst ein Richter diesen verzwickten Fall?). Zum anderen wird der Leser über diese Frage nachdenken und vielleicht überlegen, wie er selbst den Fall gelöst hätte.

9. – Die beiden Frauen erfahren, dass wahre Liebe belohnt wird.
   – Die Zuschauer (und die Leser) sehen, dass es neben der objektiven Gerechtigkeit eine moralische Betrachtungsweise gibt. Wenn die leibliche Mutter das Kind erhalten hätte, wäre das moralisch ungerecht gewesen.

Seite 79

10. Der Richter verwendet eine List. Er setzt dabei auf das mütterliche Gefühl der Magd Anna, denn die leibliche Mutter hat noch keine Bindung zu dem Kind. Er provoziert das Verhalten der leiblichen Mutter, denn die zieht mit aller Kraft. Der Richter hat sie hereingelegt.

11. Heute würden medizinische Testverfahren (DNA-Test) eingesetzt, die die Abstammung belegen würden.

12.

Richter in der Erzählung	Richter heute
• baut auf mütterliches Gefühl und gesunden Menschenverstand • verwendet eine List • benutzt ein Verfahren, das alle Zuschauer verfolgen und nachvollziehen können	• richtet sich nach Gesetzesvorschriften • stützt sich auf Gutachten • benutzt medizinische Tests

13. Möglicher Schreibplan:

Schreibplan

Einleitung:
Erzählung von ... / mithilfe einer List wird die „rechte" Mutter eines Kindes gefunden

Hauptteil:
- Kurze Wiedergabe des Inhalts
- Grundauffassung des Richters
- Absicht des Autors

Schluss:
Stellungnahme zur Frage

14. Möglicher Schülertext zu den Teilaufgaben ❶ und ❷:

In der Erzählung „Der Augsburger Kreidekreis" beschreibt Bertolt Brecht ein Gerichtsverfahren, in dem der Streit zweier Frauen um ein Kind entschieden wird. Mithilfe einer List findet der Richter eine Entscheidung.
Zur Zeit des Dreißigjährigen Krieges rettet die Magd Anna das Kind ihrer Herrin und nimmt es als ihr eigenes an, denn die leibliche Mutter ist geflohen. Nach Jahren kehrt die leibliche Mutter zurück und fordert ihr Kind, das Anna jedoch behalten will. Der Fall landet vor Gericht, wo die rechtmäßige Mutter ermittelt werden soll. Der Fall ist verzwickt und als letztes Mittel verwendet der Richter eine List. Er lässt einen Kreidekreis auf den Boden ziehen und das Kind hineinstellen. Die Frauen stehen sich gegenüber und sollen auf Kommando das Kind zu sich aus dem Kreis herausziehen. Den Frauen und den Zuschauern erklärt der Richter, dass die Frau mit der stärkeren Liebe auch mit der größeren Kraft ziehen werde. Die leibliche Mutter bringt das Kind daher mit einem heftigen Ruck auf ihre Seite, während die Magd Anna das Kind sofort loslässt, damit es keinen Schaden nimmt. Das ist der Beweis für den Richter, dass Anna die „wahre" Mutter ist, denn die leibliche hätte das Kind kalten Herzens in Stücke gerissen. Er spricht Anna das Kind zu und die Menschen erzählten sich noch lange, dass der Richter Anna dabei zugezwinkert habe.
Der Richter ist ein weiser Mann, dem das Wohl der Men-

schen, in diesem Fall des Kindes, am Herzen liegt. Ihm ist klar, wer die leibliche und wer die „wahre" Mutter ist, aber er möchte es allen beweisen. Dabei setzt er auf seine Menschenkenntnis. Eine Frau, die ein Kind liebt, wird alles tun, um es vor Schaden zu bewahren. Ihm ist wichtig, dass diese Frau das Kind erhält, denn von der wird es gut behandelt. Dem Richter ist der moralische, gefühlsmäßige Anspruch wichtiger als eine rechtliche Vorschrift. Er verlässt sich bei diesem Experiment auf den gesunden Menschenverstand und behält recht. Gleichzeitig werden die Frauen und die Zuschauer überzeugt, denn der Beweis ist eindeutig. Heute hätte der Richter nach Recht und Gesetz handeln, hätte medizinische Tests und Gutachten bemühen und das Kind wahrscheinlich der leiblichen Mutter zusprechen müssen. Manch ein Richter hätte jedoch ein schlechtes Gefühl, statt des Herzens das Gesetz entscheiden zu lassen.
Brecht möchte seine Leser auf jeden Fall unterhalten, denn der Ausgang dieses Streitfalls ist interessant. Dazu gehört das ungewöhnliche Experiment, das durch seine Einfachheit verblüfft. Brecht vermittelt den Eindruck, dass die Geschichte wahr ist. Dazu gehören die Zeit- und Ortsangabe sowie die umgangssprachlichen Ausdrücke. Dadurch wirkt die Geschichte ungekünstelt und natürlich. Der Leser schmunzelt darüber, dass die Frauen „wie gedruckt lügen", dass das Kind heult und plärrt und der Richter der „Schlampe" zum Schluss das Kind wegnehmen lässt. So ging es wahrscheinlich zu vor Gericht in einer kleinen Stadt. Zusätzlich bewirkt die Perspektive des auktorialen Erzählers, dass die Geschichte relativ sachlich und verbürgt wirkt.
Wenngleich Brecht vielleicht nicht direkt belehren will, so möchte er seine Leser auf jeden Fall nachdenklich machen und in die Situation des Richters versetzen. Der macht Zuschauern wie Lesern klar, dass es neben Recht und Gesetz noch eine andere Kategorie, nämlich die der Moral und des Gefühls in Verbindung mit dem gesunden Menschenverstand gibt. Wie hätten wir entschieden? Wie unfair (aber juristisch nicht falsch) sind möglicherweise heutige Gerichtsurteile? Damit wären wir bei der Frage, ob eine solche Beweisführung heutzutage vor Gericht haltbar wäre. Die Antwort ist einfach: Natürlich nicht. Ein Richter ist an Gesetze gebunden. Entscheidungshilfen sind medizinische Untersuchungen und Gutachten von Fachleuten. Eine Probe wie in der Geschichte ist heutzutage undenkbar. Vielleicht hätte die leibliche Mutter das Kind erhalten, womit dem Kind wahrscheinlich kein Gefallen getan worden wäre. Vielleicht wäre der leiblichen Mutter auch das Sorgerecht entzogen worden. In jedem Fall könnten heute nicht einfach Herz und Gefühl entscheiden.

C 5 Aufgabentyp 4a: Die Prinzen: Ungerechtigkeit

Seite 81

2. *Strophe 1 und Refrain:*
   - Lyrisches Ich ernährt sich gesund
   - wird dennoch dick
   - lädt Mädchen ein
   - Bruder kommt dazu
   - findet, Ungerechtigkeit geht zu weit
   - wird Ungerechtigkeitsanwalt
   - verdient gut an Ungerechtigkeit

   Strophe 2 und Refrain:
   - du klaust im Supermarkt
   - Oma wird dafür verhaftet
   - unbegabter Lehrer schreit
   - Schüler werden heiser
   - findet, Ungerechtigkeit geht zu weit
   - wird Ungerechtigkeitsanwalt
   - verdient gut an Ungerechtigkeit

   Strophe 3 und Refrain:
   - Ungerechtigkeit gab es schon immer
   - keiner hat dafür die Berechtigung
   - findet, Ungerechtigkeit geht zu weit
   - wird Ungerechtigkeitsanwalt
   - verdient gut an Ungerechtigkeit

3. Beispiele für Ungerechtigkeit:
   - Strophe 1: trotz kalorienbewusster Ernährung dicker werden, sich auf einen Abend allein mit der Freundin freuen und vom Bruder gestört werden
   - Refrain: es gibt zu viel Ungerechtigkeit
   - Strophe 2: Verhaftung eines Unbeteiligten (Oma), Angeschriene (Schüler) werden heiser
   - Strophe 3: dass das Lyrische Ich selbst schon ungerecht war

   Beispiele für Gerechtigkeit:
   - Refrain: Lyrisches Ich verdient gut an Ungerechtigkeit

Seite 82

4. (Refrain, Z. 15/16) Lyrisches Ich beklagt sich über Ungerechtigkeit, findet es aber gut, dass es daran verdient. (Str. 3, Z. 32/33) Lyrisches Ich war selbst schon ungerecht, obwohl es sich zum Ungerechtigkeitsanwalt machen will.

5. Bewusstmachung, Unterhaltung

6. a) Übertreibungen:
   Z. 1: den ganzen Tag Gemüse essen
   Z. 19: Oma wird verhaftet
   b) Ironie:
   Z. 11/12: ich werde Ungerechtigkeitsanwalt
   c) Umgangssprache:
   Z. 3: mein Hintern
   Z. 10/14: echt
   Z. 17: geklaut
   d) Wortneuschöpfungen:
   Z. 12: Ungerechtigkeitsanwalt
   e) Wiederholungen:
   - „Ungerechtigkeit", „Das ist Ungerechtigkeit": Es soll ganz deutlich sein, um was es geht.
   - Refrain: Konflikt soll deutlich werden: einerseits Ablehnung von Ungerechtigkeit, anderseits gute Verdienstmöglichkeit

   f) sprachliche und formale Mittel:
   - insgesamt 3 Strophen plus Refrain, jeweils 8 Verse
   - Strophe 1 und 2: alle geraden Verse (Z. 2/4/6/8) reimen sich (teilweise Kreuzreim), Refrain und Strophe 6 ausschließlich Paarreim
   - Wortspiele: Berechtigungsschein, berechtigt zum Ungerechtsein
   - Beispiele unterschiedlich Handelnder: Strophe 1: Es geht um Lyrisches Ich, Strophe 2: Handelnde sind andere (ihr, der Lehrer)

Seite 83

7. Perspektive: Lyrisches Ich

8. Das Lyrische Ich bewertet Ungerechtigkeit. Es hält sie für schlecht. Dabei hebt es sich besonders hervor („sogar ich“). Offensichtlich hält sich das Lyrische Ich für sehr moralisch und anständig. Somit wird klar, dass Ungerechtsein zu jedem Menschen gehört.

9./10. Individuelle Schülerlösung

11. Schreibplan:

Schreibplan
– Einleitung: B – Hauptteil: E, D, A – Schluss: C

12. Möglicher Schülertext zu den Teilaufgaben ❶ und ❷:

Im Liedtext „Ungerechtigkeit“ von den Prinzen geht es um Beispiele für Ungerechtigkeit und um die Tatsache, was das Lyrische Ich als ungerecht empfindet und was nicht.
Die Prinzen führen in den einzelnen Strophen Beispiele für Ungerechtigkeit an. So empfindet das Lyrische Ich es in der ersten Strophe als ungerecht, dass es trotz kalorienbewusster Ernährung dicker wird. Ein weiteres Beispiel für Ungerechtigkeit ist es in seinen Augen, wenn der ältere Bruder plötzlich kommt, obwohl es sich auf einen ungestörten Abend mit seiner Freundin freut. Während es in der ersten Strophe um eigene Beispiele geht, die das Lyrische Ich direkt betreffen, handeln in der zweiten Strophe andere ungerecht (Z. 17: „ihr“, Z. 21: „ein Lehrer“): Jemand stiehlt im Supermarkt und eine unbeteiligte Oma wird daraufhin verhaftet, ein Lehrer schreit seine Schüler an, die dann heiser werden. Im Refrain betont das Lyrische Ich, dass es Ungerechtigkeit nicht richtig findet. Unterstützt wird seine Meinung durch die Strophe 3. Hier macht es deutlich, dass niemand das Recht hat, ungerecht zu handeln (Z. 28: „keiner hat einen Berechtigungsschein“), auch wenn es schon immer Ungerechtigkeit gegeben hat. Gerecht findet es dagegen die Tatsache, dass es an der herrschenden Ungerechtigkeit gut verdient (Z. 16/17). Dies ist eine widersprüchliche Aussage zu seiner grundsätzlichen Einstellung, Ungerechtigkeit nicht leiden zu können. Außerdem spielt es mit dem Gedanken, „Ungerechtigkeitsanwalt“ zu werden (Z.11/12). Ein weiterer Widerspruch ergibt sich aus der Tatsache, dass das Lyrische Ich zugibt, selbst schon ungerecht gewesen zu sein (Str. 5, Z. 7/8). Diese widersprüchlichen Aussagen sollen die Zuhörer zum Nachdenken anregen.
Der Liedtext besteht aus 3 Strophen sowie einem wiederkehrenden Refrain mit jeweils 8 Versen. Das verwendete Reimschema ist nicht einheitlich. So reimen sich in den Strophen 1 und 2 alle geraden Verse, die ungeraden jedoch nicht. Man kann also von einem teilweise vorkommenden Kreuzreim sprechen. Dies sind inhaltlich die Strophen, die Beispiele für Ungerechtigkeit anführen. Die Verse der Strophe 3 sowie des Refrains sind dagegen paarweise gereimt. Inhaltlich geht es darin um die Beurteilung von Ungerechtigkeit durch das Lyrische Ich.
Um deutlich zu machen, dass es sich bei den Beispielen für Ungerechtigkeit um alltägliche Begebenheiten handelt, verwenden die Prinzen auch Umgangssprache wie „mein Hintern“ (Z. 3), „echt“ (Z. 10/14) und „geklaut“ (Z. 17). Besonders häufig wiederholt wird das Wort „Ungerechtigkeit“ und der Satz „Das ist Ungerechtigkeit“. Somit wird das Thema des Liedtextes eindringlich an die Leser weitergegeben. In der Wiederholung des Refrains soll der Konflikt des Lyrischen Ichs deutlich werden. Einerseits lehnt es Ungerechtigkeit ab, andererseits verdient es gut daran. Auch der Wechsel der Personen, denen Unrecht geschieht, bzw. der Personen, die ungerecht handeln, bewirkt, dass den Lesern deutlich wird, dass Ungerechtigkeit nicht nur ein persönliches Problem des Lyrischen Ichs ist, sondern ein alltägliches Problem darstellt. So geht es in Strophe 1 zunächst ausschließlich um die Ungerechtigkeit, die das Lyrische Ich erfährt, während in Strophe 2 andere Personen ungerecht handeln („ihr“, „ein Lehrer“) und von Ungerechtigkeit betroffen sind („Oma“, „Schüler“).
Der Textstelle „Ungerechtsein ist in jedem Fall schlecht, sogar ich war schon mal ungerecht“ kann ich leider nur zustimmen. Natürlich nimmt man sich immer vor, gerecht zu handeln, aber das gelingt nicht immer. So wie das Lyrische Ich in dem Liedtext vom Ungerechtsein profitiert, weil es daran gut verdient, so kann man auch selbst Vorteile daraus ziehen, dass man ungerecht handelt oder dass jemand ungerecht behandelt wurde. Ich habe zum Beispiel mal meine Hausaufgaben gemeinsam mit einer Freundin bei einem Freund abgeschrieben. Bei meiner Freundin ist das aufgefallen und sie musste eine Stunde in der Schule nacharbeiten, während ich damit durchkam. Somit habe ich auch zu meinem eigenen Vorteil ungerecht gehandelt. Was mir auffällt ist, dass sich das Lyrische Ich in der Textaussage besonders hervor („sogar ich“). Offensichtlich hält sich das Lyrische Ich für besonders moralisch und anständig. Somit wird klar, dass Ungerechtsein wohl zu jedem Menschen gehört, egal wie gut er ansonsten handelt. Man kann sich demnach mit dem Lyrischen Ich identifizieren.

C6 Aufgabentyp 4a: Textauszug aus Rafik Schami: Eine Hand voller Sterne

Seite 84

Möglicher Schülertext zu den Teilaufgaben ❶ und ❷:

In diesem Romanauszug übt Rafik Schami durch die Darstellung der wenig realitätsnahen Aufsatzbewertung Kritik am Schulsystem – und damit am politischen System in Syrien.
Der Ich-Erzähler soll einen Aufsatz über ein Festmahl schreiben. Da er weiß, dass der Lehrer Erzählungen über märchenhafte Feste bevorzugt, beschönigt er die Realität, denn in Wahrheit kommen die Gäste bei ihm zu Hause oft unerwartet. Daher muss seine Mutter das vorhandene Essen aufteilen. Statt dies zu schildern, geht er zu seinem Onkel Salim, der mit seiner Kutsche oftmals Gäste zu feinen Leuten gebracht hat. Salim erzählt ihm genau, was dort alles gegessen und getrunken wurde. Dann erfindet der Ich-Erzähler in seinem Aufsatz eine prachtvolle Feier. Als Bewertung erhält er eine Zwei.
Der Schüler Chalil hingegen beschreibt in seinem Text die Realität, und erzählt, dass es bei ihnen zuhause kein Festessen gäbe, da sein Vater nach den Aussagen seiner Mutter zu arm sei. Der Aufsatz endet mit dem Streit der Eltern. Zwar können die Mitschüler Chalils Geschichte nach-

vollziehen, denn allen ergeht es zu Hause ähnlich, doch der Lehrer bewertet den Aufsatz mit einer Sechs. Danach kommt Chalil nicht mehr in die Schule und arbeitet stattdessen bei einem Automechaniker.
Die Aufgabe des Lehrers lautete, dass die Schüler ein „festliches Mahl" (Z. 5) beschreiben sollten. Dabei bedenkt der Lehrer aber nicht, dass die Aufgabe nicht der Alltagswelt seiner Schüler entspricht, da sie aus ärmlichen Verhältnissen kommen. Der Tagebucheintrag spiegelt zwei verschiedene Lösungsstrategien und deren Resultate. Der Ich-Erzähler wendet sich, um die Aufgabe erledigen zu können, an seinen Onkel Salim, der als Kutscher für feine Leute gearbeitet hat. Der Kutscher hat diese Leute zu Feiern gefahren. Er kann seinem Neffen genau erzählen, „was und wie alles serviert wurde, was die Leute trinken und worüber sie reden" (Z. 15/16). Der Leser hat durch die Erzählweise des Ich-Erzählers den Eindruck, dass auch der Onkel in seinen Geschichten Euphemismen verwendet (Z. 16/17: „Onkel Salim ließ einige Paschas und Prinzen aufmarschieren, die es in Syrien nicht mehr gibt [...]"). Also verändert der Erzähler in seinem Aufsatz die alten Elemente, um vor dem Lehrer glaubhafter zu erscheinen: „[...] aber die habe ich durch einen Polizeivorsteher und sogar durch einen Richter ersetzt [...]" (Z. 17/18). Die im Tagebuch ergänzten Kommentare (Z. 19: „kein Richter hat unsere Wohnung je gesehen!") verdeutlichen, dass sich der Erzähler bewusst ist, dass er ein realitätsfernes Ereignis schildert, um dem Lehrer zu gefallen. Während des Vorlesens in der Schule wird ihm klar, wie wenig die fiktive Geschichte seiner ärmlichen Realität entspricht, denn er benennt kontrastiv dazu seine Gefühle: „Es war komisch, ein trockenes Brot für die Pause im Schulranzen zu haben und von gebratenen Gazellen zu sprechen." (Z. 22–24). Die Reaktion der Mitschüler verstärkt diesen Eindruck (Z. 24/25) und wirft die Frage nach der Sinnhaftigkeit der Aufgabe auf. Das wird schon zu Beginn des Textauszuges deutlich: „Von uns hat doch noch nie jemand einen besonderen Geburtstag oder ein großes Fest erlebt." (Z. 2/3). Dennoch erhält der Ich-Erzähler eine gute Bewertung, weil er wusste, was von ihm erwartet wird. Auch die Aufsätze der anderen Schüler entsprechen nicht der Realität. In den Texten reichten sich „Bischöfe, Generäle, Dichter und Händler [...] die Hände in unseren ärmlichen Buden [...]." (Z. 27/28). Hier wird noch deutlicher, wie sinnentleert die Aufgabe ist.
Zum Abschluss liest der Schüler Chalil seinen Aufsatz vor. Er erzählt, dass es zum Streit zwischen seinen Eltern gekommen sei, als er sie nach einem Festessen gefragt habe. Somit kann er sich keine Informationen beschaffen. Stattdessen schildert dieser die Alltagssituation in seiner Familie, die geprägt ist von Konflikten und Armut. Seine Mutter bedauert, keinen reicheren Mann geheiratet zu haben (Z. 31/32), und sein Vater glaubt, er hätte sich schon längst ein Haus kaufen können (Z. 36–38), wenn er nicht 16 Personen ernähren müsste (Z. 36). Wieder betont der Erzähler durch die Erläuterungen (Z. 35/36: „zwölf Geschwister, Vater, Mutter und den Großvater") und die Wortwahl (Z. 34: „zornig und verletzt", Z. 35: „gefräßige Familie", Z. 40/41: „längst die Groschen zusammenkratzen") die ärmlichen Lebensumstände, in denen die Familien in Syrien leben müssen. Statt Chalil zu loben, erhält dieser vom Lehrer eine Sechs, weil er am Thema vorbeigeschrieben hat. Dennoch werden die Absurdität der Aufgabe sowie die indirekte Kritik des Autors deutlich. Der Ich-Erzähler hebt mit einer vergleichenden Metapher hervor, dass sich jeder Schüler gerade in der letzten Geschichte wiederfindet (Z. 41/42: „[...] jeder von uns sah seine Familie wie in einem Spiegel."). Somit zeigt der Text deutlich in Antithesen die Unterschiede zwischen Schein und Wirklichkeit, zwischen Realität und Lüge. Die Schüler werden dazu erzogen, die Realität zu verleugnen. Damit komme ich auf meine anfangs aufgestellte Hypothese zurück. Meiner Ansicht nach kritisiert der Autor in diesem Textauszug das Schulsystem in Syrien, und damit gleichzeitig auch das politische System, da in diesem die Augen vor der Realität verschlossen werden.
Ich werde den Schüler nie vergessen, der meiner Meinung nach den besten Aufsatz geschrieben hat." (Z. 4/5), so der Ich-Erzähler am Anfang seines Tagebucheintrags. Die Kritik an der Bewertung von Chalils Aufsatz wird ansonsten nur indirekt erkennbar: Der Ich-Erzähler setzt in seinem Tagebucheintrag Chalils Erzählung an das Ende, lässt seinen Eintrag eher parataktisch enden (Z. 41/42: „Chalil kam am nächsten Tag nicht mehr. Er ist jetzt bei einem Automechaniker.") und erzählt grundsätzlich eher neutral von dem Vortrag Chalils. Chalil hat in seinem Aufsatz seine ärmliche häusliche Situation offenbart und zugegeben, dass es bei ihnen niemals ein „festliches Mahl" gegeben hat. Damit hat er die Wahrheit gesagt, wird aber durch die Sechs zusätzlich vom Lehrer dafür bestraft. Ich teile Pauls Ansicht, dass Chalil den besten Aufsatz geschrieben hat, auch wenn er das „Thema verfehlt" (Z. 46) hat. Sicherlich ist es rein objektiv, doch meiner Meinung nach hat Chalil damit auch indirekt den Lehrer kritisiert, da er ihm gezeigt hat, dass seine Aufgabe nicht der Lebenswirklichkeit der Schüler entspricht. Somit müsste dieser sich im Grunde eingestehen, dass er nicht das thematisiert, was die Schüler eigentlich beschäftigt. Die anderen Schüler haben sich zwar am Thema orientiert, sich aber dennoch opportunistisch verhalten, da sie genau wussten und geschrieben haben, was der Lehrer hören wollte.

D Prüfungsaufgaben zum Themenbereich „Mensch und Natur"

D 1 Leseverstehen: Der Mann ohne Müll

Seite 88

1. Die Aussagen b) und d) treffen zu.

2. Mögliche Begründung bei Wahl der Skizze a):
   Die Skizze stellt dar, dass Familie Rheinländer Müll generell ablehnt. Das Ortsschild steht für ihren Haushalt.
   Mögliche Begründung bei Wahl der Skizze b):
   Müll prallt an dem Haushalt der Familie Rheinländer ab. Daher die Pfeile, die vom Haushalt wegführen. Kunststoffe und Plastik dienen dabei als Beispiel für entstehenden Müll, der bei den Rheinländers nicht anfällt.

3. a) Zeile 122–143

Seite 89

   b) Zeile 57–81

4. a) ... weil es aus Umweltschutzgründen ohne Ausnahme richtig / vernünftig ist
   b) Möbel

c) wieder verwertbare
d) absichtlich, betont auffallend, herausforderrnd

5 b) trifft zu.

6 a) trifft zu.

7 Auch wenn die Reinländers in der Sache **streng / unerbittlich / unnachgiebig** sind, gilt dies nicht im Umgang mit ihren Kindern.

Seite 90

9 a) trifft zu

10 Individuelle Schülerlösung

11 Individuelle Schülerlösung

D 2 Aufgabentyp 2: Das Freiwillige Ökologische Jahr

Seite 94

2. Adressat: Schülerinnen und Schüler
Situation/Thema: Das „echte" Leben erleben im FÖJ
Schreibziel: Für Projekttag „Zukunftsperspektive" informativen Text für Stellwand über das Freiwillige Ökologische Jahr (FÖJ)

Mögliche Mindmap: *Siehe unten*

3. Beispiel 1: Auf einem Biobauernhof muss man sich um die Tiere kümmern, sie füttern, Ställe säubern, auf den Feldern helfen, mit der Familie und den Angestellten täglich zusammenarbeiten, die zugewiesenen Aufgaben durchführen und lernen, was biologischer Anbau wirklich bedeutet. Außerdem muss man lernen, welche Stoffe andere Landwirte benutzen, z. B. Pflanzenschutzmittel, um die Vorteile des ökologischen Landbaus begründen zu können.
Beispiel 2: In der Garten- und Landschaftspflege werden zum Beispiel Kräuter- und Gemüsebeete oder Streuobstwiesen angelegt bzw. gepflegt. Dazu muss man alle Arbeiten durchführen, die nötig sind, damit auf diesen Beeten und Wiesen etwas wächst, zum Beispiel umgraben, düngen, wässern, bepflanzen und schneiden. Dabei arbeitet man im Team.
Beispiel 3: Wird man zur Betreuung eines Naturlehrpfades eingesetzt, so hat man damit zu tun, diesen regelmäßig zu pflegen. Dazu gehört es, Wege zu säubern und instand zu halten. Dazu gehört ebenfalls die Erneuerung von Hinweisschildern, Bänken oder Rastplätzen. Auch kann man, zusammen mit erfahrenen Führern, Besucher über den Pfad begleiten und dessen Besonderheiten erläutern.

Mindmap: Informativer Text zum Thema „FÖJ"

FÖJ – Freiwilliges Ökologisches Jahr

1 b) Einleitung (Interesse wecken für das FÖJ)
erheblichen Zulauf, nachhaltigen Umgang mit Natur und Umwelt stärken und Umweltbewusstsein entwickeln, Zitat M 1: „Ich hatte mich schon mehrmals als Tierpflegerin beworben, bekam aber nur Absagen."

1 c) Voraussetzungen von Jugendlichen für das FÖJ:
Alter zwischen 16 und 27 Jahren, Umweltbewusstsein, handwerkliches Geschick, Bereitschaft zum Lernen in und von der Natur, ganztägig als überwiegend praktische Hilfstätigkeit, eingebunden in ein Team, sehr flexibel zeigen im Tagesablauf und an den Wochenenden

Daran muss ich denken:
Material sichten, wichtige Informationen markieren, Randbemerkungen schreiben, Adressaten und Aufgaben im Blick, Mindmap anlegen, Stichworte notieren, Überschrift suchen, Adressaten interessieren und betroffen machen, verwendete Materialien notieren

1 d) drei Einsatzmöglichkeiten im FÖJ:
praktische Beschäftigung im Natur- und Umweltschutz mit vielen sinnvollen Einsatzbereichen, z. B. Garten- und Landschaftspflege, Biotop- und Artenschutz, Gewässerpflege und landwirtschaftliche Bio-Betriebe.
- Bio-Bauernhof: handwerklich arbeiten, viel über Tiere lernen, mit anderen Menschen umgehen, Tiere hegen und pflegen, mit Energiesparprogrammen auseinandersetzen,
- Anlage und Pflege von Kräuter- und Gemüsebeeten, Streuobstwiesen: umgraben, düngen, wässern, ...
- Gelände-Neuplanung und Umgestaltung im Außendarstellungsbereich eines Freilichtmuseums
- Betreuung eines Naturlehrpfades
- Trockenmauerbau
- Mitarbeit bei Projekten der Umweltbildung, Besucherinformationen und Öffentlichkeitsarbeit zu Naturthemen

1 e) Nutzen für die Berufswahl:
- sinnvoll genutztes Jahr, ökologisch orientierte Berufe haben in der Zukunft beste Chancen
- naturbezogene Kenntnisse erwerben, Sensibilität für Umweltprobleme entwickeln, sich intensiv und engagiert mit ökologischen Fragen auseinander setzen
- Startvorteil bei Beruf im Umweltschutzbereich, weil in diesem Bereich schon praktisch tätig und ökologische Grundkenntnisse
- selbstständiger werden
- Teamfähigkeit ausbauen
- Verantwortungsbewusstsein für das Gemeinwohl stärken

4. Mögliche Beispiele: Gärtner (die Natur lieben, im Freien arbeiten, abgehärtet sein ...), Tierpfleger (tierlieb, nicht zimperlich, nicht ängstlich , zu allen Zeiten einsatzbereit sein, verantwortungsbewusst, verlässlich), Berufe in der Umweltverwaltung (organisieren können, zuverlässig, ökologisch interessiert, interessiert an Büroarbeit) ...

5. FÖJ bereitet auf Berufe vor, großer Lernzuwachs, fördert positive Einstellung zur Natur, baut Teamfähigkeit aus, Förderung des freiwilligen Engagements, bietet praktische Beschäftigung in Natur- und Umweltschutz, Entwicklung von sozialen Kompetenzen, Startvorteil bei der Bewerbung im Umweltschutzbereich

Seite 94

6. Individuelle Schülerlösung

7.

Schreibplan

❶ a) Überschrift: Das „echte" Leben erleben im FÖJ

Einleitung:

❶ b) Situation und Anliegen darstellen: Projekttag „Zukunftsperspektive", Thema Freiwilliges Ökologisches Jahr (FÖJ), Schülerinnen und Schüler darüber informieren, Zitat aus M1

Hauptteil:

❶ c) Beschreibung der Voraussetzungen: Alter zwischen 16 und 27 Jahren, Interesse an Natur und Umwelt, an Schutz der Natur, Umweltbewusstsein, handwerkliches Geschick, Teamfähigkeit, sehr flexibel zeigen im Tagesablauf und an den Wochenenden

❶ d) Erläuterung von drei Einsatzmöglichkeiten:
- Bio-Bauernhof: handwerklich arbeiten, viel über Tiere lernen, mit anderen Menschen umgehen, Tiere hegen und pflegen
- Anlage und Pflege von Kräuter-, Gemüsebeeten sowie Streuobstwiesen, alle Arbeiten durchführen, die nötig sind, damit auf diesen Beeten und Wiesen etwas wächst, Umgraben, Düngen, Wässern, Entfernen von Wildkräutern, Bepflanzen, Schneiden von Bäumen, Ernten, Theorie lernen
- Anlegen einer Trockenmauer, Steine werden aufeinander gelegt ohne feste Verbindung wie Mörtel, in den Lücken wachsen Pflanzen und wohnen Insekten und andere kleinere Tiere

Schluss:

❶ e) besonderer Nutzen für die Berufwahl: Berufe in der Umweltbildung kennen lernen, ökologisch orientierte Berufe haben in der Zukunft beste Chancen, Startvorteil bei einem Beruf im Umweltschutzbereich, weil man in diesem Bereich schon praktisch tätig war und ökologische Grundkenntnisse hat.

❶ f) verwendete Materialien: M1, M2, M3, M4, M5

8. Möglicher Schülertext:

❶ **Das „echte" Leben erleben im FÖJ**

Das Freiwillige Ökologische Jahr ist eine ganz tolle Sache, die starken Zulauf hat. In den letzten Jahren haben immer mehr Jugendliche im Alter von 16–27 Jahren das FÖJ gewählt, um Natur und Umwelt für ein Jahr zu erleben. Dies lässt sich z. B. durch ein Zitat von Lina beweisen, die sagt: „[...] Dann habe ich mich für das FÖJ beworben, bekam sofort eine Adresse, es war ein Bio-Bauernhof. Als ich den Hof sah, war ich begeistert. [...] Jetzt ist das Jahr schon zu Ende und ich will gar nicht mehr fort . Ich habe vieles gelernt, z. B. mit anderen Menschen umzugehen, Tiere zu hegen und zu pflegen, vor allem bin ich selbstständiger geworden. Ich bin froh, dass ich das FÖJ gemacht habe."

Wer ein FÖJ absolvieren will, sollte Interesse an Natur und Umwelt haben, vor allem am Schutz der Natur. Ein bisschen handwerkliches Geschick ist auch gut, denn ihr müsst oft draußen arbeiten. Da ihr an einem Einsatzort in ein Team eingebunden seid, solltet ihr mit anderen gut auskommen. Auch könnte es sein, dass ihr euch an bestimmten Einsatzorten im Tagesablauf sehr flexibel zeigen müsst.

Es gibt für euch viele Einsatzmöglichkeiten im FÖJ. Anhand der Karte und der Liste von Einsatzmöglichkeiten könnt ihr leicht feststellen, wo und was ihr tun könnt. Jedes Jahr gibt es neue freie Stellen. Ein möglicher Einsatzort könnte ein Bio-Bauernhof sein. Dort müsst ihr euch um die Tiere kümmern, sie füttern, die Ställe säubern, auf dem Feld helfen, mit der Familie und den Angestellten zusammenarbeiten, die zugewiesenen Aufgaben durchführen und lernen, was biologischer Anbau wirklich bedeutet. Außerdem müsst ihr lernen, welche Stoffe andere Landwirte benutzen, z. B. Pflanzenschutzmittel, um die Vorteile ökologischen Landbaus begründen zu können.

Ihr könntet auch zur Anlage und Pflege von Kräuter-, Gemüsebeeten sowie Streuobstwiesen eingesetzt werden. Dort müsst ihr alle Arbeiten durchführen, die nötig sind, damit auf diesen Beeten und Wiesen etwas wächst. Dazu gehören Umgraben, Düngen und Wässern der Beete, das Entfernen von Wildkräutern, das Bepflanzen mit den Gemüsesorten und Früchten, die besonders geeignet sind. Beim Obstanbau gehört das Schneiden von Bäumen und das Ernten und Weiterverarbeiten des Obstes dazu. Sicherlich werdet ihr euch auch theoretisch mit dem Aufgabenfeld beschäftigen.

Auch das Anlegen von Trockenmauern als Umweltschutzmaßnahme wird oft durchgeführt. Dazu wird aus Steinen eine Stützmauer gebaut, die an einem Hang steht oder als Grenze eines Gartens dient. Die Steine werden aufeinander gelegt, ohne dass sie eine feste Verbindung mit Mörtel bekommen. In den Lücken zwischen den Steinen können Pflanzen wachsen und Insekten und andere kleinere Tiere wohnen. Die ganze Trockenmauer muss aber so fest stehen, dass sie nicht umkippen kann, sie braucht also ein Fundament aus Beton. Alle Mauern müssen regelmäßig auf ihre Standfestigkeit überprüft werden.

Welchen besonderen Nutzen hat das FÖJ aber für die spätere Berufswahl? Dieser Nutzen lässt sich eindeutig zeigen. Ihr lernt Berufe in der Umweltbildung kennen und sammelt in diesem Bereich schon praktische Erfahrungen und ökologische Grundkenntnisse. Auch eure Teamfähigkeit wird weiter ausgebaut. In dem Zusammenhang solltet ihr bedenken, dass ökologisch orientierte Berufe in der Zukunft beste Chancen haben werden. Also hat jeder, der ein FÖJ gemacht hat, einen Startvorteil.

Persönlich finde ich die Aussage des Experten in M2 ganz wichtig, der zum Schluss sagt: „Das FÖJ ist ein sinnvoll

genutztes Jahr. Junge Menschen entwickeln in dieser Zeit nicht nur soziale Kompetenz. Sie setzen sich auch intensiv und engagiert mit ökologischen Fragen auseinander, [...]. Wenn sie sich für einen Beruf im Umweltschutzbereich entscheiden, haben sie einen Startvorteil. [...] Das wissen viele Betriebe zu schätzen, wenn sie ihre Ausbildungsplätze vergeben.
Ich habe für meinen Info-Text folgende Materialien verwendet: M1, M2, M3, M4 und M5.

D 3 Aufgabentyp 2: Lärmbelastung in der Schule

Seite 98

2. Adressat: Schulleiter, Herr Schlüter
   Situation/Thema: „Lärmbelastung an der Schule und Gegenmaßnahmen"
   Schreibziel: informativer Brief an den Schulleiter

   Mögliche Tabelle: *Siehe Seite 25*

3. – Verhaltenstraining in der Grundschule: gut, muss aber in Sek I weiter durchgeführt werden
   – Teppichböden: Einbau teuer, Lebensdauer? Allergien? Ist der Boden nicht oft dreckig?
   – Hausschuhe tragen: geht in Grundschule, in Sek I wegen Mode nicht durchsetzbar
   – Lärmampeln anschaffen: bei 20 Klassen fast 2.000 Euro → teuer

Seite 99

4. Gemeinsame Arbeitsgruppe aus AG und Lehrkräften zur Änderung Schulordnung (Toben im Flur unterbinden), zur Umgestaltung der Pausenhalle (Schallschutz, Kicker aus Ruhebereich entfernen), zum Umbau der Klassen mit Schallschutz, Lärmampeln für einen Jahrgang anschaffen (zum Ausprobieren)

Schreibplan

Münster, 02.05.2011

➊ a) Sehr geehrter Herr Schlüter,

Einleitung:

➊ b) AG „Gesundheit" – Rundgang in der Schule zum Thema Lärmbelastung, Zitat aus M5

Hauptteil:

➊ c) Beschreibung der Auswirkungen von hoher Lärmbelastung: Lärm ist ein Stressfaktor in Schule mit gesundheitlichen Folgen (mangelnde Konzentrationsfähigkeit, Hörstörungen, Schlafstörungen, hohes Gesundheitsrisiko mit Herz-Kreislauf-Erkrankungen)

➊ d) Verschiedene Möglichkeiten und Grenzen der Lärmminderung erläutern: Schallschutzdecken, Teppichböden, Lärmampel (Kosten bei vielen Klassen), Einzelstunden in bestimmten Fächern nicht möglich

Schluss

➊ e) Reduzierung der Lärmbelastung an der eigenen Schule: an die Klassenregeln halten, Schulordnung ändern, Verhalten des Einzelnen beeinflussen

➊ f) verwendete Materialien: M1, M2, M3, M4, M5

6. Möglicher Schülertext:

➊ Münster, 02.05.2011

Sehr geehrter Herr Schlüter,
die Arbeitsgemeinschaft „Gesundheit" hat aufgrund von Beschwerden über die sehr hohe Lärmbelastung an unserer Schule einen Rundgang durchs Gebäude gemacht. Bei unserem Rundgang haben uns Schülerinnen und Schüler berichtet, wie laut sie den Lärm empfinden. Außerdem habe ich zusätzlich weitere Informationen über die Lärmproblematik an Schulen eingeholt. Untersuchungen durch Lärmforscher haben ergeben, dass in vielen Klassen oft über 65 Dezibel herrschen, ab 60 Dezibel gilt Lärm als gesundheitsgefährdend. Der Chef des Umweltbundesamtes, Jochen Flasbarth, sagt dazu, dass „Lärm das wohl am stärksten unterschätzte Umweltthema in Deutschland" ist. Als Sprecher der AG „Gesundheit" möchte ich mit diesem Brief an Sie appellieren, gemeinsam mit uns eine Veränderung an unserer Schule zu erreichen.
Lärm an Schulen ist ein Stressfaktor mit vielen gesundheitlichen Folgen. Zwar wird Lärm subjektiv unterschiedlich empfunden, aber es ist sicher, dass eine zu hohe Lärmbelastung zu mangelnder Konzentrationsfähigkeit, Hörstörungen und nächtlichen Schlafstörungen führen kann. Damit geht jeder in der Schule ein hohes Gesundheitsrisiko ein. Bereits ab 40 Dezibel kann die Lern- und Konzentrationsfähigkeit gestört werden, 55 Dezibel gelten als laut, ab 65 Dezibel erhöht sich das Risiko für Herz- und Kreislauferkrankungen. Man hat oft durchschnittlich 65 Dezibel in Klassen als Regellautstärke gemessen, alle, die sich dort befinden, sind also in ihrer Gesundheit gefährdet.
Es stellt sich die Frage, welche Möglichkeiten der Lärmminderung es gibt. Wenn in allen Klassenräumen Lärmschutzdecken eingebaut würden, wäre dies ein erster Schritt. Dies soll laut Aussagen von Experten weniger als 3.000 Euro pro Klasse kosten. Bei unseren 20 Klassen macht das aber allein 60.000 Euro aus. Auch Teppichböden in den Klassen können den Lärm reduzieren. In dem Zusammenhang sollten Sie bedenken, dass es Probleme mit der Hygiene oder Allergien geben kann. Forscher schlagen auch vor, Doppelstunden zu reduzieren, weil die zweite Stunde immer lauter ist als die erste Stunde. Das mag richtig sein, ist aber in bestimmten Fächern wie Kunst und Sport gar nicht durchführbar. Einen guten Vorschlag finde ich den Einsatz von Lärmampeln, die die Lautstärke anzeigen. Da auch diese relativ teuer sind, schlage ich vor, zunächst die Lärmampeln in den fünften und sechsten Klasen einzusetzen.
In jeder Klasse sollten von Anfang an die Klassenregeln und die Schulordnung ganz deutlich sein und jeder sollte darauf achten, dass sie eingehalten werden. Jeder kann mit seinem Verhalten zur Lärmminderung beitragen, aber wir müssen alle über das Problem aufklären und Maßnahmen ergreifen, die alle zu ruhigerem Verhalten bringen. Schülerinnen und Schüler haben sich beklagt, dass auf den Fluren getobt würde und dass in den Regenpausen der Lärm in der Pausenhalle unerträglich sei. Auch die Sporthalle wird als zu laut bezeichnet.
Zum Schluss möchte ich Sie über mögliche Maßnahmen zur Verringerung der Lärmbelastung an unserer Schule informieren und hoffe, dass Sie uns helfen, diese umzusetzen. Gut wäre es, wenn Sie eine Arbeitsgruppe aus Mitgliedern der AG Gesundheit, Lehrkräften und Eltern einrichten würden. Diese hätten den Auftrag, die Schulordnung zu

Tabelle: Informativer Text zu Thema „Lärmbelastung in der Schule"

Aufgaben / Material	❶ b) Einleitung (Problem vorstellen, Interesse wecken)	❶ c) Auswirkungen von hoher Lärmbelastung	❶ d) Möglichkeiten der Lärmminderung und deren Grenzen	❶ e) Maßnahmen zur Lärmminderung an der eigenen Schule	Daran muss ich denken:
M1	Schüler finden Freizeitbereich, Pausenhalle, Sporthalle zu laut	Im Unterricht hört keiner zu, weil alle durcheinander reden, keine Ruhe im Freizeitbereich wegen Kicker, in der Pausenhalle und in der Turnhalle es ist laut	-------	Alle halten sich an die Gesprächsregeln	– Material sichten – wichtige Informationen markieren – Randbemerkungen schreiben – Adressaten und Aufgabe im Blick – Tabelle angelegen – Stichworte in die Tabelle übernehmen – für die Einleitung Zitat aus M 5 nutzen – auf Äußerungen in M 1 verweisen – M 3 wichtig für Bei-spiele zur Verdeutlichung – sich an Schulleiter wenden, an ihn appellieren – verwendete Materialien notieren
M2	Lärm = Stress in vielen Klassenräumen durchschnittlich 65 Dezibel Lautstärke	subjektiv abhängig von der Art des Lärms und der Situation Konzentrationsmängel, Hörstörungen, Schlafstörungen	Klassenzimmer: Schallschutz an Decken und Wänden (teuer), Teppichböden (Verschleiß, Dreck), Hausschuhe tragen, Verhaltenstraining in Grundschule, Doppelstunden vermeiden	Verhalten des Einzelnen trainieren, Lehrkräfte nicht resignieren, sondern etwas ändern, gemeinsam mit Eltern und Schülern für Verbesserungen kämpfen	
M3	ab 55 Dezibel = laut	ab 40 Dezibel: Lern- und Konzentrationsstörungen möglich ab 65 Dezibel: Risiko von Herz- und Kreislauferkrankungen ab 85 Dezibel: Gehörerkrankungen	-------	-------	
M4	-------	-------	Anzeigen von Lärm wie bei einer Ampel	-------	
M5	„Lärm ist das wohl am stärksten unterschätzte Umweltthema in Deutschland." (Z. 12–14)	Herz-Kreislaufbeschwerden, Bluthochdruck, erhöhtes Herzinfarktrisiko	-------	Rücksichtnahme auf andere	

ändern, um z.B. das Toben im Flur zu unterbinden oder für die Regenpause neue Regelungen zu entwerfen. Auch könnte die Arbeitsgruppe Anträge an die Stadt zum Umbau der Klassenräume, der Pausen- und der Sporthalle mit Schallschutz stellen. Dies ist sicherlich ein langfristiges Vorhaben. Als eine erste Maßnahme könnte zum Beispiel der Kicker aus dem Freizeitbereich entfernt werden .
Ich hoffe, dass ich bald von Ihnen eine Nachricht bekomme, wie wir gemeinsam weiter arbeiten wollen.

Mit freundlichen Grüßen
Carl Paulsen (AG „Gesundheit")

Für meinen informativen Brief habe ich die Materialien M1, M2, M3, M4 und M5 verwendet.

D 4 Aufgabentyp 2: Jugendreport Natur 2010

Seite 102

2. Individuelle Schülerlösung

3. – Besuch eines Bauernhofes → realistische Darstellung des Arbeitslebens dort
   – Eltern sollen ihre Kinder draußen toben lassen → Kinder lernen, dass sie die Natur nicht kaputt machen dürfen, machen sinnvolle Erfahrungen, erhalten ein besseres Gefühl für die Natur
   – Grundschullehrer sollen einmal pro Woche mit Kindern rausgehen → Kinder sammeln Erfahrungen unter Aufsicht von Experten
   – Einrichten von mobilen Klassenzimmern → Schüler werden zu Naturforschern

4. verpflichtender Besuch eines Bauernhofes in Jahrgang 5/6, Betriebsbesichtigungen in Jahrgang 9/10 (waldwirtschaftliche Betriebe, Molkereien), Naturpraktikum bei einem Förster, Sportunterricht nach draußen verlagern (Mountainbike fahren, Waldläufe), Biologieunterricht im Wald (Tiere beobachten, Pflanzen bestimmen)

Seite 103

5. Möglicher Schreibplan:

Schreibplan

➊ a)<u>Überschrift:</u> Kühe sind doch lila, oder?

<u>Einleitung:</u>
➊ b) Ergebnisse Jugendreport Natur 2010 vorstellen

<u>Hauptteil:</u>
➊ c) Vorstellungen der Jugendlichen nennen und Beispiele angeben

➊ d) Erklärungen geben: Warum wissen Jugendliche wenig über die Natur?

<u>Schluss:</u>
➊ e) Möglichkeiten nennen (Informationen aus den Texten und eigene Überlegungen verwenden)

➊ f) verwendete Materialien notieren

<u>6. Mögliches Schülerbeispiel:</u>

➊ Kühe sind doch lila, oder?

Habt ihr schon mal darüber nachgedacht, wie es dazu kommt, dass viele Schülerinnen und Schüler diese Frage ernsthaft stellen? Die Ergebnisse des Jugendreports Natur aus dem Jahr 2010 geben darüber Auskunft, wie es um unser Naturverständnis bestellt ist. Der Jugendreport beruft sich dabei auf eine Befragung von 3.000 Schülerinnen und Schülern im Alter zwischen 11 und 15 Jahren.
Für viele Jugendliche unseres Alters ist die Natur etwas zum Wohlfühlen sowie etwas Schönes und Heiles. Die befragten Jugendlichen wollen die Natur bewahren, z.B. dadurch, dass Bäume gepflanzt und der Wald durch den Förster gesund gehalten wird. Die Jugendlichen sehen aber nicht, dass wir Menschen die Natur auch brauchen, um aus ihr Rohstoffe für Lebensmittel oder Konsumprodukte zu gewinnen. Dazu gehört dann auch, dass Bäume gefällt werden müssen. Der Jugendreport zeigt zudem, wie wenig wir Jugendliche tatsächlich über die Natur wissen. So konnten viele der Befragten nicht sagen, wie viele Eier ein Huhn am Tag legt. Ziemlich überfordert waren die meisten damit, zu sagen, von welcher Kuh die H-Milch stammt. Natürlich gibt keine Kuh H-Milch, aber das wussten nur 21 Prozent. Die Hälfte der Befragten hat darauf gar keine Antwort gegeben. Einige vermuteten sogar, es seien die H-Kühe, Land-Kühe oder nur weibliche Kühe.
Diese traurigen Ergebnisse schreien nach Erklärungsversuchen. Wie kommt es dazu, dass wir mittlerweile nur noch so wenig über die Natur wissen? Das liegt vor allem daran, dass viele die Natur für langweilig halten. Seit ihrer Kindheit wird ihnen gesagt, wie sie sich im Wald zu verhalten haben. So sollen sie auf den Wegen bleiben und keine Pflanzen ausreißen, und das schreckt ab. Manche Eltern denken auch, dass ihre Kinder draußen etwas kaputt machen könnten. Daher bleiben die meisten vor ihren Computerspielen hocken und lernen gar keinen normalen Umgang mit der Natur.
Wenn man uns Jugendliche fragt, welche Möglichkeiten es gibt, uns ein genaueres Bild von der Natur zu verschaffen, dann denke ich, dass dabei die Möglichkeit, fremde Landschaften zu entdecken oder einfach durch den Wald zu gehen, besonders gefragt ist. Wer also mehr über die Natur wissen will, der sollte sich aufmachen und nach draußen gehen. Das fängt schon bei den Jüngsten an: Die Kids sollten nicht zu Hause hocken, sondern draußen toben. Auch die Schule kann dazu beitragen, wenn Klassen regelmäßig in die Natur gehen oder mal einen Bauernhof besichtigen. Dann ist es auch bald vorbei mit der Vorstellung, dass Kühe lila sind.

D 5 Aufgabentyp 4a: Waldsterben? – Find ich gut!

Seite 105

2. Absatz 1, Z. 1–8: Das ständige Gejammer über das Baumsterben ist überflüssig und soll aufhören.
   Absatz 2, Z. 9–30: Starke Bäume verursachen keine Schäden bei Sturm.
   Absatz 3, Z. 31–42: Laub ist lästig und gefährlich.
   Absatz 4, Z. 43–64: In Wäldern lauern Gefahren.
   Absatz 5, Z. 65–85: Ohne Wälder ginge es mit der Wirtschaft und mit dem Tourismus aufwärts.

Absatz 6, Z. 86–91: Kaminholz aus dem Wald verursacht Geruchsbelästigungen.

Seite 106

3.

Behauptung
• Es stürzen keine Bäume auf Autos, Häuser und Oberleitungen.
• kein Laub, das lästig und gefährlich ist
• kein Versteck für Kriminelle und wilde Tiere
• keine Abgasfilter nötig
• Platz für Windkraftanlagen
• keine Belästigung durch Kaminholz

4. ⊗ Satire

5. ⊗ Kritik
⊗ Unterhaltung
⊗ Zum Nachdenken anregen
⊗ Für Missstände sensibilisieren

6.

Zeile	Sprachliches Mittel	Textstelle
56	Lächerliche Behauptung	Munitionsmangel bei Jägern
46–48	Verallgemeinerung	Jeder, der etwas zu verbergen hat, ...
65–66	Ironie	Ganz ohne Wald ginge es aufwärts mit der Wirtschaft.
69/70	ironische Wortschöpfung	sogenannte Windkraftwälder
62	"	Natur-Gutmenschen
80/81	ins lächerliche gezogene Situation	... Reisen mit Führung durch finnische Wälder ...

Seite 107

7. Vergnügen, Unterhaltung, Nachdenken über das Grundproblem

8. Das Problem ist der fahrlässige Umgang mit Emissionen und das Abholzen von Wäldern aus finanziellen Interessen.

9. Der Autor ist natürlich gegen das Waldsterben, denn die ironische Sichtweise und die lächerlichen Begründungen für das Waldsterben kann niemand ernst nehmen. Gerade durch diese absurde Sichtweise wird das Problem viel deutlicher.

10./11. Individuelle Schülerlösung

13. <u>Möglicher Schülertext zu den Teilaufgaben ❶ und ❷:</u>
In der Satire „Waldsterben? – Find ich gut" von Peter Delp geht es um das Waldsterben, das verschiedene Gründe hat. Weltweit gesehen ist es nach wie vor ein ernst zu nehmendes Problem.
Der Autor setzt das Baumsterben zunächst gleich mit der Vergänglichkeit aller anderen Dinge in unserer Welt. Damit will er belegen, dass man gegen solche Zwangsläufigkeiten gar nichts machen kann. Es werden verschiedene Behauptungen aufgestellt, die belegen sollen, wie lästig oder gefährlich das Leben mit Bäumen sein kann. Bei Stürmen kann es passieren, dass alte, schwache Bäume auf Häuser und Autos stürzen. Das Herbstlaub verursacht Ärger und Kosten und gefährdet sogar den Verkehr. Immer wieder kommt es vor, dass ausgebrochene Kriminelle sich in Wäldern verstecken und neuerdings gibt es dort vereinzelt auch gefährliche Tiere, die ausgewildert worden sind. Abgasfilter für Autos werden nötig, um Emissionen zu vermeiden, die unter anderem auch dem Wald schaden. Das verursacht natürlich Kosten, die auch die Wirtschaft belasten. Auf freien Flächen wäre Platz für Windkraftanlagen, die erneuerbare Energien liefern können. Und auch das Heizen mit Kaminholz kann durchaus zu einer Belästigung und gesundheitlichen Beeinträchtigung führen.
Natürlich stimmt es grundsätzlich, dass nasses Laub gewisse Gefahren birgt oder dass man im Wald keinem Wolf begegnen möchte. Auch die stürzenden Bäume bei Stürmen verursachen Kosten und Schlimmeres. Die aufgeführten Gründe sind einzeln betrachtet nachvollziehbar und richtig. Aber an dieser Stelle wird die Satire deutlich. Denn daraus die Forderung abzuleiten, den Wald abzuschaffen, ist aberwitzig. Das bedarf gar keiner Gegenargumentation, nämlich für den Wald zu sprechen.
Damit die eigentliche Absicht auch deutlich wird, hat der Autor blödsinnige Aspekte eingefügt. Das sind die im Laub verborgenen Igel, auf die man treten kann, die Ganoven, die im Wald leben, die freien Flächen für Windkraftanlagen oder der Tourismus, um Bäume anzusehen. Weitere Mittel der Satire sind lächerliche Vergleiche, die das Baumsterben mit dem Untergang der DDR gleichsetzen oder mit dem Ende einer Beziehung. Weiterhin werden Wortschöpfungen verwendet (Windkraftwälder, Natur-Gutmenschen), die den Leser erheitern sollen. Die Absicht ist, die Leser mithilfe der Unterhaltung zum Nachdenken über ein ernstes Problem zu bringen. Wenngleich das Baumsterben bei uns nicht mehr die Aktualität wie vor ein paar Jahren hat, so ist es doch weltweit nach wie vor ein ernstes Thema (z. B. die Vernichtung der Regenwälder). Wir alle sind aufgerufen, diesem Wahnsinn Einhalt zu gebieten.
Das Anliegen der Satire ist es ja gerade, auf Missstände hinzuweisen, damit sie beseitigt werden. Manchmal sind Einsichten, unterhaltsam und vergnüglich verpackt, viel nachhaltiger zu erreichen als über todernste Sachtexte.
Deshalb finde ich es richtig, alle Mittel einzusetzen, um das Waldsterben überall auf unserer Erde zu stoppen. Auch wenn über eine Darstellungsform gelacht wird, muss ihr Inhalt ja nicht falsch oder unwichtig sein.

D 6 Günther Weisenborn: Zwei Männer

Seite 111

2. Abschnitt 1, Z. 1–35: Infolge eines Hochwassers hat ein Farmer seine Pflanzungen und sein Peon Frau und Haus verloren. Die Lage für sie ist aussichtslos.
Abschnitt 2, Z. 36–95: Der Gewalt des Paraná können selbst diese Männer, die schon oft in Todesgefahr waren, nichts entgegensetzen.

Abschnitt 3, Z. 96–136: Die Männer retten sich auf ein Schilfdach und treiben auf einem Strom des Todes einem ungewissen Ende entgegen.
Abschnitt 4, Z. 137–174: Während der Peon sich gerade entschließt, den Farmer vom Dach zu stoßen, bietet ihm dieser die Hälfte der letzten Zigarette an.
Abschnitt 5, Z. 175–197: Der Peon erkennt, dass der Farmer ihn als Kameraden ansieht und will sich deshalb für ihn opfern.
Abschnitt 6, Z. 198–209: Als er ins Wasser springen will, wird er vom Farmer zurückgehalten und aufgerüttelt.
Abschnitt 7, Z. 210–220: Als die beiden Männer am nächsten Morgen an Land getrieben werden, beschließen sie, wieder anzufangen.

Seite 112

3. a) Bedrohung durch das Wasser:
   - Man hörte in der Ferne ein furchtbares Donnern (Z. 43/44).
   - Dann kam der große Paraná ... (Z. 82)
   - ... es wuchs (Z. 69)
   - ... es griff an (Z. 70)
   - Nein, man merkte ihn gar nicht (Z. 84).
   - ... standen der Farmer und sein Peon bereits bis zum Bauch im Wasser (Z. 102–104).
   - ... zu einem Zug des Todes ... (Z. 134/135)

   b) Vergleiche und Metaphern:
   - ... bösartig wie hundert Schlangen ... (Z. 65/66)
   - ... todesdurstig wie der größte Puma ... (Z. 67)
   - ... es suchte sich nur mit kalten Fingern eine Stelle am Mann ... (Z. 71–75)
   - Das Wasser war gelb und lautlos (Z. 75–76).
   - ... stieß es die Hausmauern nachlässig um (Z. 115/116)
   - Zug des Todes (Z. 134/135)

   c)

Zeile	Textstelle	Bedeutung
14/15	fette Blasen	als ob das Wasser sich vollgefressen hätte und nun verdaut
28–30	Ihre Hand hatte die letzte Blase erschlagen.	Symbolisch ist damit das Ende ihres Atmens angedeutet.
74/75	... bis Blasen aus der Lunge quollen.	Wenn man ertrinkt, platzt die Lunge und schaumige Blasen dringen an die Oberfläche.

   d)
   - Man konnte das Wasser schlagen, es wuchs (Z. 68/69).
   - Man konnte hineinschießen, es griff an (Z. 69/70).
   - Es biss nicht, es stach nicht, es suchte sich nur mit kalten Fingern eine Stelle am Mann, ... (Z. 70–75)
   - Nein, man merkte ihn gar nicht (Z. 84).
   - Als es dunkel wurde, standen der Farmer und sein Peon bereits bis zum Bauch im Wasser (Z. 102–104).

   e)
   - Z. 121–124: Das Dach ging einen langen Weg. Es fuhr kreisend zu Tal. Es trieb am Rande der großen Urwälder vorbei. Es ... (atemlose Aufzählung, keine elegante Satzverbindung)
   - Z. 111–113: Das Wasser rauschte. Die Blasen platzten. Ein totes Huhn schwamm im Kreise vor der Haustür. (nüchtern, sachlich)
   - Z. 165–168: Dichter Nebel fuhr mit ihnen. Ringsum das Wasser schien still zu stehen. Fuhren sie im Kreis? Sie wussten es nicht. Sie sahen sich an. (Ratlosigkeit)

Seite 113

4. a) Sein Rancho ist vom Wasser zerstört.

→

Er hat sich zu seinem Herrn geflüchtet.

→

Seine Frau war ertrunken.

→

Er macht den Farmer auf den Paraná aufmerksam.

→

Er hat sich mit dem Farmer auf das Schilfdach geflüchtet.

→

Er will den Farmer vom Dach stoßen.

→

Er will sich für den Farmer opfern.

→

Er fängt mit dem Farmer wieder neu an.

   b) ⊗ Er will nicht schuld am Tod eines anderen Menschen sein.
   ⊗ Er fühlt sich verantwortlich für seinen Arbeiter.
   ⊗ Er möchte nicht hilflos und allein zurückbleiben.

   c) <u>vorher:</u> Feindschaft, Egoismus, Überlebenswille, Widerstand
   <u>nachher:</u> Treue, Freundschaft, Dankbarkeit, Ergebeheit, Kameradschaft, Aufgabe, Lebensmüdigkeit
   <u>Erklärung:</u> Der Peon hat das Gefühl, gleichwertig wie ein Kamerad behandelt zu werden. Er ist gerührt und will sich bedanken, da für ihn das Leben ohnehin sinnlos geworden ist. So kann er wenigstens seinen Herrn retten.

5. a) Von seinem Land und den Ernteerträgen erhofft der Farmer, sich ein angenehmes Leben leisten zu können. Da das Land nun unter Wasser steht, sind es auch die Hoffnungen, die in diesem Bild „ertrunken" sind.
   b) Der Farmer und sein Peon fassen neuen Mut. Sie schöpfen neue Hoffnung, denn nachdem der Regen aufgehört hat, wird auch das Hochwasser abfließen und die „ertrunkene" Hoffnung freigeben.
   c) Es liegt im Wesen des Menschen, nach Katastrophen wieder neu anzufangen. Dazu gibt es unzählige Beispiele auf dieser Welt. Wenn das nicht so wäre, würde unsere Erde aus Chaos und ewiger Zerstörung bestehen. In dieser Geschichte ist es der Farmer, der den Peon anherrscht, nicht den Mut zu verlieren, denn ohne Mut gibt es auch keine Hoffnung und Tatkraft. Beide fangen neu an, weil sie die Hoffnung haben, dass es wieder aufwärts gehen wird.

Seite 114

<u>8. Möglicher Schülertext zu den Teilaufgaben ❶ und ❷:</u>
In der Kurzgeschichte „Zwei Männer" von Günther Weisenborn geht es darum, wie sich zwei Männer in einer ausweglosen Extremsituation bewähren. Eine Hochwasserkatastrophe hat die Existenz eines Farmers und seines

Peons vernichtet. Das mitmenschliche Verhalten des Farmers führt dazu, dass beide die Krise überstehen und als Kameraden den Neuanfang wagen.
Ein Farmer und sein Peon sitzen inmitten ihrer überfluteten Teeplantage. Der Peon hat seine Frau und sein Haus in den Fluten verloren, der Farmer seine Ernte und er weiß, dass sie dieses Hochwasser nicht überleben werden. Das Unglück wird noch verschärft durch die Wassermassen des Paraná, des größten Stroms Argentiniens, der tosend in die Teeplantage einbricht. Gegen diesen Feind sind sie machtlos. Sie haben schon viele Todesgefahren mit Mut und Entschlossenheit überstanden, aber das Wasser können sie nicht angreifen oder erschießen. Es steigt einfach, lautlos und allmählich. Nach und nach reißt es alles mit sich: das Haus, die Tiere. Die Männer haben sich abends auf das Schilfdach des Hauses gerettet und treiben in der Finsternis mitten in diesem Todeszug einem ungewissen Ende entgegen. Gegen Morgen wird dem Peon klar, dass das Dach sie beide nicht mehr tragen wird und er beschließt, den Farmer vom Dach zu stoßen. In dem Moment bietet ihm der Farmer die Hälfte seiner letzten Zigarette an. Da wird aus dem Gefühl der Feindschaft ein Gefühl von Treue. Der Peon fühlt sich als Kamerad akzeptiert und will sich nun für den Farmer opfern. Im Moment, als er springt, reißt ihn der Farmer aber zurück und herrscht ihn an, er solle sich zusammennehmen. Als sie schließlich an Land getrieben werden und der Regen aufgehört hat, beschließen beide, zurückzugehen und wieder anzufangen.
Selbst diese Männer, die viele gefährliche Situationen gelassen überstanden haben, sind dieser Naturgewalt hilflos ausgeliefert. Das Wasser wird als Feind dargestellt, der die Menschen übermächtig und furchteinflößend vernichten will („Man hörte in der Ferne ein furchtbares Donnern. Dieser Feind hier ...", Z. 43–45). Es ist so gewaltig („Dieses Donnern war das Todesurteil für die Männer von Santa Sabina.", Z. 48–50), dass es mutlos macht und es besitzt eine derartige Kraft, dass es Mauern lässig umstößt. Es wird personifiziert, wie ein wildes Tier dargestellt („bösartig wie hundert Schlangen", „todesdurstig wie der größte Puma", Z. 65–67). Der Autor verwendet aussagekräftige Adjektive, lautmalende Substantive und plastische Vergleiche.
In der dargestellten Bedrohung durch das Wasser ist eine Steigerung erkennbar. Zunächst ist es ein großes Meer, in dem das Land, Menschen und Tiere versinken. Dann kommt Dynamik in das Geschehen, als der Paraná herantobt und die Menschen wie ein wildes Tier bedroht. Dabei merkt man kaum, wie das Wasser steigt, aber es ist durch nichts aufzuhalten. Das allmähliche Ansteigen wird anschaulich durch das Zurücksetzen des Fußes, dann der Maiskiste beschrieben, bis die Männer sich schließlich auf das Dach flüchten müssen und in einem „Zug des Todes" (Z. 134/135) mitgerissen werden.
Der Peon will sein Leben retten und glaubt, dass ihm das nur gelingt, wenn er den Farmer ins Wasser stößt, denn das sich auflösende Schilfdach kann sie beide nicht mehr tragen. In diesem Augenblick höchster Dramatik bietet ihm der Farmer die Hälfte seiner letzten Zigarette an, wie es unter Männern Brauch ist – und alles wird anders. Der Peon erkennt, dass er von seinem Herrn als gleichwertiger Kamerad akzeptiert wird. Er ist gerührt und dankbar und aus der Feindschaft wird ein Gefühl der Treue und Freundschaft. Sein Leben erscheint ihm auf einmal sinnlos und er will sich für den Farmer opfern, einen letzten Dienst der Freundschaft leisten. Doch als er gerade springen will, reißt ihn der Farmer voller Zorn zurück. Er will nicht schuld am Tod eines anderen Menschen sein, aber er möchte natürlich auch nicht allein und hilflos zurückbleiben. Er weiß: Gemeinsam sind sie stärker. Er fühlt sich verantwortlich für seinen Peon, aber er sieht ihn auch als Partner, mit dem er der Bedrohung trotzen will. Durch das menschliche Verhalten des Farmers und seinen Lebenswillen gelingt es schließlich, die tödliche Bedrohung durch die Natur zu überwinden. Gestärkt durch die gemeinsam überstandene Gefahr, beschließen sie, wieder anzufangen. Der Mensch lässt sich also nicht unterkriegen.
Zunächst einmal scheint es so zu sein, dass das Wasser alles zerstört hat, was für den Farmer ein Leben in Wohlstand bedeutet hat: die Ernte, die Felder, das Wohnhaus. Ich glaube aber, dass die Erfahrung auf dem Schilfdach beiden Männern neuen Mut und neue Tatkraft gegeben hat.
Es liegt im Wesen des Menschen, nach Katastrophen wieder neu anzufangen. Dazu gibt es unzählige Beispiele auf dieser Welt. Wenn das nicht so wäre, würde unsere Erde aus Chaos und ewiger Zerstörung bestehen. In dieser Geschichte ist es der Farmer, der den Peon anherrscht, nicht den Mut zu verlieren, denn ohne Mut gibt es auch keine Hoffnung und Tatkraft. Beide fangen neu an, weil sie die Hoffnung haben, dass es wieder aufwärts gehen wird.
Es gibt im Leben eines Menschen also immer wieder Situationen, die einen zunächst hoffnungslos machen. Man hat dann das Gefühl, alles sei aus. Auch ich kenne das.

E Prüfungsaufgaben zum Themenbereich „Medien"

E 1 Leseverstehen: Wozu Werbung?

Seite 116

❶ b) Laut Text ist Werbung der Versuch der zwangfreien Meinungsbeeinflussung durch besondere Kommunikationsmittel.

❷ Damit soll ausgedrückt werden, dass die Menschen schon über die Produkte verfügten, die sie für ihre Existenz brauchten. Deshalb wurden manche Produkte nicht mehr so häufig gekauft. Mit „Sättigung" ist also gemeint, dass es keinen Bedarf mehr gibt.

❸ „Potenzielle Käufer" sind zukünftige Kunden, d.h. Menschen, die dieses Produkt vermutlich kaufen würden. Der Ausdruck „potenziell" bedeutet „möglich".

Seite 117

❹

Abschnitt	Zeilenangaben	Überschrift
1	Z. 1–16	Einleitung: Definition von Werbung / jeder wird beeinflusst / Werbung ist überall
2	Z. 17–54	Ziele der Werbung / Entwicklung der Werbung

3	Z. 55–88	Grenzen der Werbung für Kinder und Jugendliche: Jugendmedienschutz-Staatsvertrag
4	Z. 89–98	Beschränkung der Lockvogelangebote
5	Z. 99–120	Beschränkung der vergleichenden Angebote
6	Z. 121–127	Bedeutung der Online-Werbung

5 Werbeträger: Kino, Internet, Zeitschriften, Fernsehen, Werbeflächen in den Straßen (Plakate, Litfaßsäulen ...), Zeitungen, Stars, Sport (Trikots von Mannschaften, Banner im Stadion ...)

6 a) Der Text „Wozu Werbung?" gibt einen Überblick über die Bedeutung und die Grenzen der Werbung.
Begründung: Meiner Ansicht nach passt die Aussage a) am besten zum Text, da dieser zuerst beschreibt, wie Werbung definiert wird (Z. 1–16) und wozu Werbung eigentlich dient. Damit wird die Bedeutung der Werbung deutlich. Im weiteren Verlauf werden die Grenzen der Werbung beschrieben, denn es wird dargestellt, welche Beschränkungen, es bei der Werbung für die Zielgruppe der Kinder und Jugendlichen gibt (Z. 55–88) und welche Werbung nur eingeschränkt möglich ist, nämlich „Lockvogelangebote" und „vergleichende Werbung" (Z. 91–107). Der erste und der letzte Abschnitt passen allerdings besser zur Aussage c). Aussage b) bezieht sich lediglich auf den zweiten Sinnabschnitt, in dem auf die Entwicklung der Werbung eingegangen wird.

Seite 118

7 a) trifft zu b) trifft zu c) trifft nicht zu d) trifft nicht zu, e) trifft zu f) trifft zu

8 Ziele der Werbung:
- Erhöhung des Gewinns und damit Steigerung des Absatzes (Z. 25–28)
- Erschließung neuer Käufergruppen (Z. 49)
- bessere Kundenbindung (Z. 50)
- neue, verrückte Ausdrucksformen finden (Z. 56–57)
- das zu verkaufende Produkt ins beste Licht rücken (Z. 104–106)
- potenzielle Käufer ins Geschäft locken (Z. 95–96)

9 b) Neologismus

10 b) Der Nebensatz (Gliedsatz) gibt die Bedingung für die vorangestellte Hauptaussage an.

Seite 119

11 zu a): In der Werbung für die Zielgruppe der Kinder und Jugendlichen dürfen keine jugendgefährdenden Medien eingesetzt werden. Das könnten zum Beispiel pornographische Filmausschnitte sein oder Computerspiele, die erst ab 18 Jahren geeignet sind. Diese Einschränkung wird in Paragraph 6b) ff. weiter erläutert, denn Werbung darf nicht dazu führen, dass Kindern und Jugendlichen körperlicher oder seelischer Schaden zugefügt wird, wie das bei den oben genannten Beispielen der Fall sein könnte.

12 c) Der Autor möchte einen kurzen Überblick über die Entwicklung der Werbung geben und über ihre Bedeutung und Grenzen informieren.

13 Begründung: Meiner Ansicht nach ist diese Art der Werbung unzulässig, da durch diese Aussagen das Produkt der Firma xy, der Müsliriegel, herabgesetzt wird (Z. 116). Durch die Bezeichnung „minderwertige Ware" wird der Schokoriegel gleichzeitig verunglimpft (Z. 117). Anders wäre es, wenn man in der Werbung die Inhaltsstoffe (Ballaststoffe und Vitamine) in genauen Angaben gegenübergestellt hätte. Dann hätte der Kunde sich zwischen den Produkten selbst entscheiden können, denn dann hätte es sich um überprüfbare Angaben gehandelt (Z. 118–120).

E 2 Aufgabentyp 2: Die Veränderung des Leseverhaltens

Seite 121

Möglicher Schülertext:

1 **Brauchen wir bald keine gedruckten Bücher mehr?**
Fast jeden Tag gibt es in der Zeitung oder im Internet neue Angebote für Lesegeräte für E-Books. Gleichzeitig lässt die Ausleihe von gedruckten Büchern in unserer Schulbibliothek nach. Bestimmt werdet ihr euch nun fragen, ob die Erfindung der E-Books also vielleicht dazu führt, dass es in Zukunft gar keine gedruckten Bücher mehr geben wird? Daher möchte ich euch erklären, was ein E-Book genau ist und welche Vorteile es euch bietet.
Im Gegensatz zum ausgedruckten Buch ist das E-Book eine Datei, die man direkt auf dem PC, dem Handy oder einem speziellen Lesegerät speichert und liest.
Der größte Vorteil der E-Books ist ihre Mobilität. Ihr müsst nicht mehr viele schwere Bücher mit euch herumschleppen. Stattdessen könnt ihr eine Vielzahl von E-Books auf eurem Laptop, Handy oder Lesegerät speichern und sofort abrufen. Das ist besonders praktisch, wenn ihr z.B. auf Reisen seid. Wenn ihr ein Buch zuende gelesen habt, könnt ihr per Internet einfach das nächste herunterladen. In der Regel sind E-Books sogar billiger als „normale Bücher". Oft kosten Hunderte von Seiten nur ca. zehn Euro. Das Lesen ist somit überall zu einem bezahlbaren Preis möglich. Ein weiterer Vorteil ist, dass ihr auch die Schriftgröße der Texte verändern, Datenbanken aus dem Internet oder multimediale Komponenten wie Bilder und Fotos nutzen könnt.
Damit müsste also das gute alte Buch ausgedient haben!
Das stimmt nur zum Teil, sagen Experten. Sie erwähnen, dass der Preis der speziellen Lesegeräte für E-Books in den letzten Monaten zwar weiter gefallen ist, aber bei den guten Geräten immer noch mehr als hundert Euro pro Stück beträgt. Außerdem müsst ihr die Stromkosten einrechnen. Oft, z.B. am Strand oder im Freibad, seid ihr auf den Akku angewiesen. Immer wieder hört man auch davon, dass die Lesegeräte bei Sonneneinstrahlung schlecht nutzbar sind. Den meisten von euch macht auch der dauernde Blick auf einen Bildschirm nicht viel aus. Aber Menschen, die dazu neigen, Kopfschmerzen zu bekommen, wenn sie lange am

PC sitzen, sollten lieber auf die altbewährte Art und Weise lesen. Gerade die Leseratten und die älteren Leser halten zudem gern ein gedrucktes Buch in der Hand, möchten umblättern können und dabei das Papier fühlen.
Wie soll es aber nun in unserer Schulbibliothek weitergehen? Wenn Ihr euch die Ergebnisse der PISA-Studie anschaut, fällt auf, dass 29 Prozent der in 15-jährigen Mädchen in Deutschland gar nicht mehr lesen, bei den Jungen sind es sogar 54 Prozent, also mehr als die Hälfte. Beliebt sind stattdessen, so haben Interviews mit Jugendlichen gezeigt, Freizeitbeschäftigungen wie das Fernsehen oder die Beschäftigung mit dem Computer. Vielleicht lassen sich so mittels des E-Books wieder mehr Jugendliche in unsere Bibliothek locken und für das Lesen begeistern. Deshalb schlage ich vor, dass die Verantwortlichen für unsere Schulbibliothek zunächst einige Lesegeräte anschaffen und dazu die passenden E-Books. Diese Geräte sollten zunächst nur in der Schule ausgeliehen werden, denn sie sind ja teuer. Erst wenn sich herausstellt, dass die Lesegeräte nicht schnell kaputt gehen, sollten sie auch für längere Zeit ausgeliehen werden können. Zusätzlich sollte unsere Schulbibliothek Lizenzen für mehrere E-Books kaufen, die man gegen eine geringe Gebühr auf den eigenen Computer oder das eigene Lesegerät herunterladen kann. So wie es schon seit Jahren in unserer Schulbibliothek Hörbücher zum Ausleihen gibt, so sollte es in Zukunft auch E-Books geben. Das heißt aber nicht, dass keine gedruckten Bücher mehr angeschafft werden sollten. Eine Umfrage hat ergeben, dass 64 Prozent der Befragten der Meinung sind, dass E-Books und gedruckte Bücher in Zukunft parallel existieren werden. Auch ich stelle mir vor, das das gedruckte Buch und das E-Book parallel existieren werden, denn wenn das E-Book auch viele Vorteile hat, so macht es doch Spaß, ein schön gestaltetes Buch zu lesen. Aber wenn wir mit Lesegeräten und E-Books für unsere Bibliothek werben könnten, müssten auch die Ausleihzahlen wieder steigen. Und bestimmt entdecken auch einige Schülerinnen und Schüler, die eigentlich wegen der E-Books gekommen sind, das gedruckte Buch wieder für sich!
Für meinen Text habe ich die Materialien M1, M2, M3 und M4 verwendet.

E 3 Aufgabentyp 2: Internetabhängigkeit

Seite 123

Möglicher Schülertext:

❶ Internetabhängigkeit? Kein Problem!

Das Internet ist aus dem heutigen Leben nicht mehr wegzudenken, überall auf der Welt bedienen sich die Meschen dieser Erfindung. Man kann im Internet bequem einkaufen, Wissen abrufen, lernen, spielen oder fernsehen. Das ist gut, aber wusstet ihr, dass es in Deutschland mittlerweile über 560.000 Menschen gibt, die süchtig nach dem Internet sind? Am höchsten ist die Zahl der Betroffenen in der Altersgruppe von 16 bis 24 Jahren. Daher ist es sehr wichtig, dass wir Jugendlichen uns mit dem Thema auseinandersetzen.
Was genau versteht man aber unter Internetabhängigkeit? Forscher ordnen unter diesem Begriff verschiedene Tätigkeiten ein, bei denen sich vor allem Jugendliche stundenlang im Internet aufhalten und darüber andere alltägliche Aufgaben vernachlässigen. Da gibt es erstens die Sucht nach den verschiedenen Online-Rollenspielen, zweitens die Sucht nach Onlinekommunikation (Nutzung von Chaträumen und sozialen Netzwerken) und drittens den Konsum pornografischer Angebote. Abhängig ist man dann, wenn man fast wie unter Zwang ins Internet geht und ständig an die Beschäftigung damit denken muss. Deshalb erkennt man betroffene Jugendliche auch daran, dass sie bis spät in die Nacht vor dem Rechner sitzen, schwer aufhören können und ohne Computer gereizt, nervös oder sogar depressiv werden. Oft verdrängt der Computer auch frühere Hobbies und die schulischen Leistungen leiden. Auch wer sich von Familie und Freunden zurückzieht und auf Mahlzeiten verzichtet, kann internetabhängig sein.
Die Gründe für eine derartige Sucht sind vielschichtig. Zunächst einmal sind die Angebote im Internet verlockend. Viele Online-Rollenspiele z.B. sind auch so raffiniert angelegt, dass es schwerfällt, damit aufzuhören. Viele Jugendliche wollen aber auch einfach nur mitreden können. Andere aber haben psychische Probleme, leiden z. B. unter geringem Selbstwertgefühl, Versagensängsten, einem Mangel an Erfolgserlebnissen, Schüchternheit, Depressionen oder Stress. Da scheinen Computer oftmals Lösungen und Befreiungen anzubieten. In Online-Rollenspielen kann man verschiedene Rollen einnehmen und Erfolge verbuchen. In sozialen Netzwerken kann man Beziehungen aufbauen, die im alltäglichen Leben unmöglich erscheinen. Dabei bewegen sich Internetabhängige in einer Art Scheinwelt, von der sie glauben, sie sei die Realität. Im Alltag hingegen hagelt es Misserfolge und Niederlagen, mit denen sie nicht umzugehen wissen. Also bleibt nur die Flucht ins Internet, der Teufelskreis nimmt seinen Lauf.
Was ist dagegen zu tun? Das Wichtigste ist wohl, dass man sich darüber informiert, welche Gefahren im Umgang mit dem Internet lauern. Auch muss man die Tricks und Verführungsmechanismen des Mediums Internet kennen und sich selbst natürlich auch. Jeder sollte sich fragen: Wie leicht bin ich beeinflussbar? Bei der Beantwortung dieser Frage können Gespräche mit Eltern, Geschwistern und Freunden helfen, die ehrlich und offen geführt werden müssen. Wichtig sind auch bestimmte Regeln im Umgang mit dem Internet, beispielsweise feste Internetzeiten, die auch eingehalten werden müssen.
Außerdem sollte man überlegen, wie man seine Freizeit auch außerhalb des Internets sinnvoll nutzen kann. Wichtig sind dabei soziale Kontakte, die einen ins Leben einbinden, wie reale Freunde, mit denen man etwas unternimmt. Gut ist es, wenn man z. B. Mitglied in einem Sportteam ist, das man nicht einfach im Stich lassen kann.
Für meinen Text habe ich die Materialien M1, M2, M3 und M4 verwendet.

E 4 Aufgabentyp 4a: Die toten Hosen: Kauf MICH

Seite 124

Möglicher Schülertext zu den Teilaufgaben ❶ und ❷:

In dem Song „Kauf MICH!" von der Rockand „Die Toten Hosen" geht es um die Einflussnahme von Werbung auf die Konsumenten. Es wird dargestellt, welche Tricks die Werbung nutzt, um Kunden zum Kauf zu bewegen.
Der Kunde/die Kundin wird direkt angesprochen (du) und soll verschiedene Produkte kaufen, wie z. B. Lottoscheine, Sonderangebote, ein neues Auto, Dinge, die sexy machen,

frischen Atem geben oder glücklich machen. Schlussverkauf und Wühltisch sollen günstiges Kaufen vorgaukeln. Die Produkte sind zum kurzlebigen Gebrauch bestimmt und man kann sie deshalb nach dem Gebrauch einfach wegwerfen. Das klingt unkompliziert, einfach und billig. Insgesamt werden Gefühle und Wünsche bei den Käufern geweckt, die im Grunde jeder Mensch hat. Wer möchte nicht reich, glücklich, attraktiv und frei sein? Und all' diese Eigenschaften kann man sich angeblich kaufen.
Der Text ist in vier Strophen gegliedert, auf die jeweils ein Refrain folgt. Der letzte Abschnitt enthält eine Zusammenfassung der Textaussage. Aus der Perspektive des Produkts (z. B. ich, die Lottozahl) wird der Käufer (du) angesprochen. Beschwörerisch wird ihm eingeredet, was das Produkt ihm bietet, wenn es gekauft wird. So wie die Werbung den Kunden optisch anlockt und gedanklich beschäftigt, bearbeitet das Produkt ihn hier sprachlich. Es wendet sich an den Kunden und im Refrain beschwört es ihn, bittet ihn, umschmeichelt ihn, befiehlt ihm zu kaufen. Im letzten Abschnitt wird das Verhältnis zwischen Werbung, Produkt und Kunden auf den Punkt gebracht: Werbung und Produkt sind Täter, der Kunde ist Opfer. Denn es wird klargestellt, dass der Kunde unterliegt. Er gibt dem Druck der Werbung nach und kauft. Um Produkte zu kaufen, muss der Kunde den Wunsch haben, sie zu besitzen. Diese Wünsche werden von der Werbung künstlich erzeugt, wobei weniger der Verstand, sondern das Unterbewusstsein angesprochen wird. Wünsche und Sehnsüchte („Lottozahl, die dir fehlt zu deinem Glück ...") werden mit dem Kauf befriedigt. Damit sich die Wünsche beim Käufer auch festsetzen, bearbeitet die Werbung den Kunden täglich in Zeitung, Radio und Fernsehen. Schließlich glaubt der Kunde, ohne dieses Produkt nicht mehr auskommen zu können. Dieser Mechanismus des Einflüsterns und Einhämmerns wird in dem Song gut deutlich, weil ständig die Aufforderung erklingt: „Kauf mich!". Ich finde, die Textzeile trifft das Problem sehr gut, denn wie ein Opfer, das z. B. einem Verbrechen wehrlos ausgeliefert ist, können auch die Bürger der Werbung nicht entkommen. Sie „schlägt" auf sie ein und „zwingt" sie (unbewusst) zum Nachgeben. Oft sind die Opfer tatsächlich geschädigt, denn wenn sie z. B. Geld für unnütze Dinge ausgeben, fehlt es vielleicht für lebensnotwendige Anschaffungen. Ich denke, dass die „Toten Hosen" mit ihrem Song zwar auf diese Problematik aufmerksam machen wollen, glaube aber nicht, dass der Text etwas ändern wird. Das wissen die „Toten Hosen" sicher auch. Sie wollen lediglich ein aktuelles Thema aufgreifen und ihre Fans unterhalten.

E 5 Aufgabentyp 4a: Textauszug aus Stefan Zweig: Schachnovelle

Seite 126

Möglicher Schülertext zu den Teilaufgaben ❶ und ❷:
In dem vorliegenden Textausschnitt aus der „Schachnovelle" von Stefan Zweig geht es um einen Mann, der als Gefangener zu absoluter Untätigkeit verdammt ist und darunter leidet. Unter großer Gefahr stiehlt er daher ein Buch. Seit zwei Stunden steht ein Gefangener, der Erzähler, bereits in einem Raum und wartet wohl auf ein Verhör. An der Wand neben ihm hängen Mäntel, die vermutlich den verhörenden Beamten gehören. Plötzlich entdeckt der Erzähler in einer Manteltasche eine Ausbuchtung, die von einem Buch herrühren muss. Bei dem Gedanken an ein Buch gerät er in helle Aufregung. Seit vier Wochen hat er nichts gelesen und er berauscht sich an der Vorstellung, irgendetwas lesen zu können, fremde Gedanken aufzunehmen, die ihn ablenken könnten. Er möchte das Buch wenigstens fühlen und so schiebt er sich vorsichtig näher an den Mantel heran, ohne dass der Wärter etwas merkt. Während dieser Aktion gehen ihm viele Gedanken und Gefühle durch den Kopf, die deutlich machen, wie ungeheuer wichtig ihm das Lesen ist, was natürlich besonders durch seine Lage bedingt ist. Als er durch den Mantelstoff schließlich das Buch fühlen kann, fasst er den gefährlichen Entschluss, das Buch zu stehlen. Äußerst vorsichtig und geschickt bringt er das Buch an sich.
Der Erzähler ist bereits seit vier Monaten in Haft (Z. 10: vier Monate, Z. 37: der Wärter, Z. 55: in der Zelle). Offenbar geht man sehr streng mit ihm um, denn er muss z. B. zwei Stunden stehen und auf das Verhör warten und er darf nichts lesen. Gerade diese Tatsache verstärkt seine Haft, denn er kann sich nicht ablenken. Deshalb bekommt der Gedanke an ein Buch eine so große Bedeutung für ihn. Sein Denken und seine Gefühlswelt geraten bei der Vorstellung von einem Buch völlig aus dem Gleichgewicht. Er ist „betäubt" und „berauscht". Er kann die Augen nicht von der Manteltasche wenden, weil er „hypnotisiert" ist. „Gier" bestimmt sein Verhalten. Sein Gefühlszustand steigert sich derart, dass er sogar körperliche Anzeichen verspürt. Seine Augen „glühen" (Z. 25), die „Nerven in den Fingern" glühen „bis zu den Nägeln" (Z. 33 / 34), „die Ohren brausen", „das Herz hämmert", „die Hände werden eiskalt und gehorchen nicht mehr" (Z. 60–63). Er befindet sich im Zustand eines Kranken, als ob er Drogen genommen hätte – und das bei dem Gedanken an ein Buch. Dem Autor Stefan Zweig gelingt es, eine Spannung aufzubauen, die den Leser mitreißt. Das geschieht einmal über die beschriebene Steigerung des Gefühlszustandes. Hinzu kommen sprachliche Vergleiche: „wie ein Schuss durchzuckt ihn der Gedanke" (Z. 52 / 53), er wirkt „wie ein starkes Gift" (Z. 59). Dazu wird eine Spannung in der Handlung aufgebaut, die auch den Leser erfasst. In dieser Haftsituation ist es gefährlich, was der Erzähler vorhat. Wird es ihm gelingen, das Buch an sich zu bringen? Das Misslingen kann schwerwiegende Folgen haben. Stück für Stück tastet er sich heran, höher und höher schiebt er das Buch aus der Tasche, bis er es in der Hand hat.
Der Erzähler scheint ein gebildeter Mensch zu sein, der regelmäßig liest. Bücher enthalten fremde Gedanken, Erlebnisse, Bilder, an denen er teilhaben möchte. In diesem Fall ist es besonders wichtig für ihn zu lesen, denn er braucht die Möglichkeit, sich mit anderen Gedanken zu beschäftigen. „Lesen, endlich wieder einmal lesen" (Z. 56/57) ist für ihn ein hohes Glücksgefühl, das er zum Leben braucht.

F Original-Prüfungsaufgaben: Mittlerer Schulabschluss NRW

F 1 Leseverstehen: Seine Augen sind die Finger (2012)

Seite 130

❶ a) trifft zu.

❷ d) trifft zu. ❸ c) trifft zu.

❹ Tastsinn, Geruchssinn

❺ Die Natur mit ihren Geräuschen bietet dem blinden Kletterer Orientierung. Wenn z.B. der Wind um die Ecke pfeift, weiß er, dass einige Meter entfernt eine Kante aufragt. Schnalzt er mit der Zunge, werfen die Bergwände das Geräusch zurück und er kann sie besser orten.

Seite 131

❻ a), b), e), h) trifft zu. ❼ a) trifft zu.

❽ a) trifft zu.

❾ a) Abschnitt 1 b) Abschnitt 2
c) Abschnitt 4 d) Abschnitt 3

Seite 132

❿ a) trifft nicht zu. f) trifft nicht zu.

⓫ Vorteil: Kanten werden ortbar; Gefahr: Orientierungsgeräusche werden überhört

⓬ d) trifft zu.

⓭ Durch eigene Klettererfahrung hat Holzer herausgefunden, dass jeder Berg einen Punkt hat, von dem aus es in jede Richtung nur abwärts geht.

Seite 134

⓮ Ich stimme dieser Aussage zu, denn Holzer begibt sich in für ihn unberechenbare Situationen. Er kann die Gefahren nicht einschätzen und ist auf das Urteil anderer angewiesen. Er ist ständig und unmittelbar abhängig von der Witterung, die seine Sinne beeinflusst.

F 2 Aufgabentyp 4a: Rudolf Otto Wiemer: Alte Zeitungen (2012)

Seite 134

<u>Möglicher Schülertext:</u> Das Gedicht „Alte Zeitungen" von Rudolf Otto Wiemer stammt aus dem Jahr 1975. Es handelt davon, wie das lyrische Ich alte Zeitungen in seinem Alltag verwendet und dabei die Sensations- und Schreckensmeldungen auf den Titelseiten ignoriert.

Das lyrische Ich gebraucht alte Zeitungen in vielen alltäglichen Situationen. Es verwendet sie als Verpackungsmaterial und nutzt sie zum Trocknen von Schuhen oder zum Abdichten von Fenstern.

Immer wenn das lyrische Ich eine Zeitung in die Hand nimmt, fallen ihm Schlagzeilen ins Auge, die fast alle von Katastrophen berichten (Strophe 1 – 6). Dabei ist keine zeitliche Zuordnung der Ereignisse möglich, die Meldungen sind alle unterschiedlich alt, was sich auch daran erkennen lässt, dass in den einzelnen Strophen verschiedene Zeitformen gebraucht werden. Alle Ereignisse müssen allerdings in der Vergangenheit liegen, denn bereits der Titel des Gedichts sagt ja aus, dass es sich um alte Zeitungen handelt. Auch beziehen sich alle Meldungen auf Ereignisse, die geographisch gesehen weit entfernt vom Wohnort des lyrischen Ichs stattfanden. Die letzte im Gedicht erwähnte Zeitungsmeldung (Strophe 7) unterscheidet sich von allen vorher erwähnten, denn sie ist positiver Natur: Es wird den Lesern viel Spaß während der Karnevalszeit gewünscht.

Die ersten sechs Strophen des Gedichts sind ähnlich aufgebaut und bestehen aus jeweils vier Zeilen. In den ersten beiden Zeilen nennt der Autor die Gelegenheit, zu der das lyrische Ich die Zeitung verwendet. Die letzten beiden Zeilen enthalten die Schlagzeile, die auf der jeweiligen Titelseite der Zeitung zu finden ist. Die vierte Strophe fällt etwas aus dem Rahmen, da nicht angegeben wird, wofür das lyrische Ich die Zeitung verwendet. Stattdessen wird erwähnt, dass diese sich auf dem Tisch befindet. In den letzten beiden Versen von Strophe 4 wird jedoch beschrieben, dass auf der Titelseite der Zeitung eine negative Schlagzeile zu finden ist (Zeile 15 / 16). Somit lässt sich der Bezug zu den Strophen 1 – 3 sowie 5 und 6 herstellen. Indem der Autor beschreibt, wie das lyrische Ich die Zeitung in alltäglichen Situationen verwendet, schafft er einen Kontrast zu den Schreckensmeldungen auf den Titelseiten. Dieser wird durch die umgangssprachliche Gestaltung unterstrichen. Da es kein festes Reimschema gibt, wirkt die verwendete Sprache alltäglich. Hinzu kommen die vielen umgangssprachliche Formulierungen (siehe z.B. Zeile 4: „versackt" oder Zeile 5: „arg zerfleddert") oder akustische Wortverkürzungen wie „'ne" oder „'ner". Auch diese passen zwar zu den alltäglichen Situationen, die beschrieben werden, stehen aber in Gegensatz zur Bedeutungsschwere der Zeitungsmeldungen. So entsteht der Eindruck, dass das lyrische Ich sich längst an die vielen Schreckensmeldungen gewöhnt hat. Es nimmt sie zwar noch wahr, sieht aber keinen Anlass zu handeln.

Die siebte und letzte Strophe des Gedichts nimmt inhaltlich gesehen eine Sonderstellung ein. In den vorangegangen Strophen werden auf den Titelseiten der Zeitungen nur Schreckensereignisse und Katastrophen an weit entfernten Orten beschrieben. In Strophe 7 jedoch tritt die Gegenwart des lyrischen Ichs in den Vordergrund. Hier wird den Lesern der Zeitung viel Spaß im Karneval gewünscht. Da der Karneval immer im Februar stattfindet, ist diese Ausgabe der Zeitung also noch recht aktuell, denn das lyrische Ich erzählt in Vers 25 davon, dass der Februarwind die Zeitung umherweht. In Strophe 7 werden die Menschen durch die Zeitungsmeldung also bewusst dazu aufgerufen, Lebensfreude zu entwickeln. Vor dem Hintergrund all der schrecklichen Ereignisse, die in Strophe 1 – 6 auf den Titelseiten der Zeitungen genannt werden, wirkt dies fast zynisch. Das persönliche Vergnügen scheint im Hinblick auf all die Katastrophen sinnlos. Eine weitere Deutungsmöglichkeit wäre, dass die Menschen nur an ihrem persönlichen Vergnügen interessiert sind, während anderswo Menschen leiden oder die Natur zerstört wird.

In diesem Zusammenhang ist vielleicht auch die Aussage der Schülerin zu sehen, die sagt: „Es ist verständlich, dass man durch die Flut von Schlagzeilen abstumpft." Ich teile diese Sichtweise aber nicht. Natürlich hat man manchmal das Gefühl, es würden besonders viele Schreckensmeldungen auf uns einstürmen. Leider ist dies schon fast alltäglich geworden. Da diese schrecklichen Ereignisse oft weit entfernt stattfinden, ist es leicht, das ganze Elend einfach beiseite zu schieben. So beschreibt es ja auch Rudolf Otto Wiemer in seinem Gedicht. Dort hat das lyrische Ich bereits resigniert, denn es verwendet die Zeitung für

alltägliche Dinge, ohne sich weitere Gedanken über die Meldungen darin zu machen. Zwar nimmt es noch wahr, dass eine Schreckensmeldung auf die nächste folgt, hat aber nicht die Kraft, etwas zu unternehmen.
Ich finde allerdings nicht, dass wir, wie im Gedicht beschrieben, all die Schreckensmeldungen einfach hinnehmen sollten. Vielmehr sollten wir das Gedicht als Appell auffassen und überlegen, was wir tun können, um das Leid in der Welt zu verringern. Sicher kann ein Schüler wie ich keinen Krieg oder keine Hungersnot verhindern, aber ich habe die Möglichkeit, mich in meiner unmittelbaren Umgebung zu engagieren, z.B. kann ich Geld sammeln und an eine Hilfsorganisation spenden. Allein die hohe Spendenbereitschaft in Deutschland zeigt doch, dass den Menschen das Schicksal anderer nicht egal ist. Auch denke ich, dass wir uns angesichts all der schlimmen Ereignisse in der Welt den Spaß am Leben nicht nehmen lassen dürfen. Sicherlich wirkt es oft befremdlich, wenn wir uns an scheinbar belanglosen Dingen erfreuen, während in anderen Teilen der Welt Kriege herrschen, Naturkatastrophen passieren oder wenn in unserer unmittelbaren Umgebung Menschen leiden. Trotzdem denke ich, dass wir gerade deshalb die schönen Dinge im Leben schätzen sollten, denn sie sind nicht selbstverständlich.

F 3 Aufgabentyp 2: Robinson Crusoe (2012)

Seite 136

Möglicher Schülertext: Robinson Crusoe – Passt seine Geschichte noch in unsere Zeit?
Die Figur des englischen Kaufmanns und Seefahrers Robinson Crusoe wurde von dem englischen Schriftsteller Daniel Defoe erfunden, der gleichnamige Roman ist weltweit bekannt. Robinson Crusoe rettet sich nach einem Schiffbruch in der Karibik auf eine unbekannte Insel und muss dort fast 28 Jahre allein verbringen. Ihm gelingt es, Gefahren wie Unwettern, Kannibalen und vor allem der Einsamkeit zu trotzen. Sein Überlebenswille, seine Erfindungsgabe und seine Geschicklichkeit helfen ihm, die Jahre auf der Insel zu überstehen.
1659 sinkt das Schiff, auf dem sich Robinson Crusoe als 18-Jähriger befindet, in einem schweren Sturm. Crusoe kann sich als einziger Überlebender auf eine unbewohnte Insel retten. Dort muss er unter einfachsten Bedingungen ums Überleben kämpfen. Vom Schiff kann Crusoe lediglich ein Messer, Musketen samt Schießpulver, ein Tagebuch und Tinte erbeuten. Nach und nach richtet er sich aber auf der Insel ein. Seine wichtigste Aufgabe ist es, sich mit Nahrung zu versorgen. Zum Glück gibt es Ziegen, die er jagen kann, ihre Felle verarbeitet Crusoe zu Kleidung. Es gelingt ihm zudem, Getreide anzubauen. Mit Einfallsreichtum und Geschick stellt er aus einfachsten Mitteln Gegenstände des alltäglichen Lebens her. Er schafft sich z.B. eine Behausung, die er mithilfe der Gewehre zu einer Festung ausbaut, da er Kannibalen und wilde Tiere fürchtet.
Crusoes größter Feind ist die Einsamkeit. Etwas Abhilfe schafft er mit dem Schreiben eines Tagebuches, irgendwann geht jedoch die Tinte aus. Um nicht zu vergessen, wie lange er bereits auf der Insel ist, erfindet er eine Art Kalender, indem er in ein großes Holzkreuz für jeden auf der Insel verbrachten Tag eine Kerbe ritzt.
Die Romanfigur Robinson Crusoe geht zurück auf eine historische Vorlage, den 24-jährigen Alexander Selkirk. Zwischen Crusoes und Selkirks Schicksal gibt es einige Ähnlichkeiten, denn beide verbrachten längere Zeit allein auf einer einsamen Insel. Schaut man genauer hin, so lassen sich aber auch viele Unterschiede finden. Während Selkirk in der Zeit von 1704 bis 1709 auf einer einsamen Insel ausharren musste, spielt Crusoes Geschichte vor dieser Zeit, nämlich von 1659 bis 1687.
Alexander Selkirk, der im Gegensatz zu Crusoe kein ehlicher Kauf- und Seemann, sondern ein Pirat war, musste auch nicht auf einer unbekannten Insel ausharren, sondern wurde vom Kapitän seines Schiffes auf der Insel Isla Más a Tierra vor der Küste Chiles zurückgelassen. Er befürchtete nämlich, dass das Schiff wegen starker Beschädigung sinken würde, konnte die Mannschaft aber nicht davon überzeugen. Im Gegensatz zu Robinson Crusoe war Selkirk in gewissem Sinne auf seine Situation vorbereitet. Er war zudem sechs Jahre älter als Robinson Crusoe und hatte sicherlich mehr Lebenserfahrung. Als Ausrüstung gab man Selkirk eine Muskete samt Pulver, Tabak, einen Feuerstein, ein Beil, ein Messer und eine Bibel mit. Seine Ausrüstung war damit weder komfortabler noch umfangreicher als die von Crusoe. Dieser hatte zwar mehrere Gewehre, dafür aber kein Buch, das ihm die Zeit vertreiben konnte. Insgesamt musste Selkirk auch nur fünf Jahre allein auf der Insel ausharren. Er konnte außerdem hoffen, dass man ihm Hilfe schicken würde. Crusoes Schicksal wirkt daher viel eindringlicher, weil er nahezu die Hälfte seines Lebens in Einsamkeit verbrachte, und zwar ohne Hoffnung auf Rettung.
Auch heute noch beeindruckt uns das Leben Robinson Crusoes. In zahlreichen Büchern, Filmen oder Musikstücken spielt seine Geschichte die Hauptrolle oder es wird darauf Bezug genommen. Gerade in unserer durchtechnisierten Welt, die von Lärm, Stress und Hektik erfüllt ist, ist es für viele Menschen ein Herzenswunsch, einfach und naturverbunden zu leben. Man möchte gewissermaßen im Überlebenskampf fernab der Zivilisation bestehen. Viele Menschen sind sicher auch beeindruckt vom Leben Robinson Crusoes, weil er gezwungen war, in einer Extremsituation über sich selbst hinauszuwachsen, um diese Situation zu meistern. Sie bewundern dies und wollen ähnliche Erfahrungen machen.
Der Name Robinson Crusoe steht in diesem Zusammenhang stellvertretend für den Wunsch nach Freiheit und Abenteuer. Nicht umsonst hat sich der Begriff „Robinsonade" entwickelt, der ein Abenteuer beschreibt, das dem des Robinson Crusoe ähnlich ist und vom Leben auf einer einsamen Insel handelt. Mittlerweile ist dieser Begriff zu einem Synonym für ein einsames Leben in der Natur weitab der Zivilisation geworden. Genau diesen Traum von Freiheit und Abenteuer wollen sich heute immer mehr Menschen erfüllen. So lebte z.B. der Mittzwanziger Adrian Hoffmann mit seiner Frau fünf Monate allein auf einer kleinen Insel, die zur Inselgruppe der Fidschis gehört. Zwei Stunden dauerte die Bootsfahrt zur nächsten größeren Insel und Hoffmann und seine Frau mussten sich an den Verzicht auf westlichen Luxus erst einmal gewöhnen. Allerdings besaßen sie sogar einen solargetriebenen Riesenkühlschrank und fünf Monate sind eine absehbare Zeit. Während Robinson Crusoe sich seine Situation nicht aussuchen konnte und jeden Tag ums blanke Überlegen kämpfen musste, erlebten die beiden gewissermaßen eine Robinsonade auf gehobenem Niveau.
Ich habe die Materialien M2, M3, M4, M5, M6 und M7 benutzt.

Adressat:

Situation/Thema:

Schreibziel:

b) Einleitung

c)

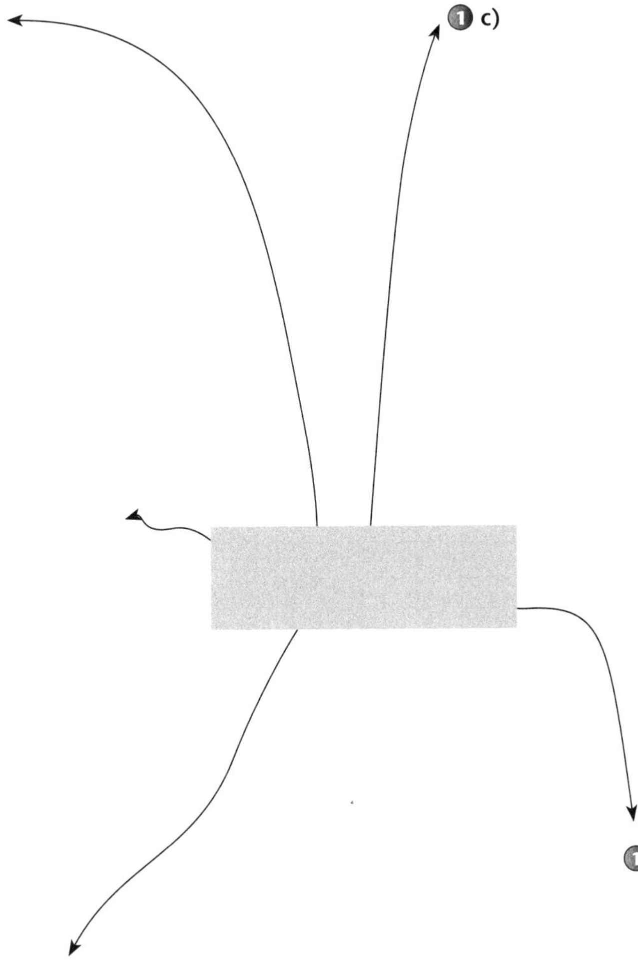

Daran muss ich denken:

Materialsichtung:

Textplanung:

d)

Textformulierung:

e)

Verwendete Materialien:

Adressat:

Situation/Thema:

Schreibziel:

Aufgaben / Material	1 b) Einleitung	1 c)	1 d)	1 e)	Daran muss ich denken:
M 1					Materialsichtung:
M 2					Textplanung:
M 3					Textformulierung:
M 4					Verwendete Materialien:
M 5					